回到中國歷史現場

生而为人

㊤

关山远 著

GEP
广西教育出版社
南宁

图书在版编目（CIP）数据

生而为人 / 关山远著. -- 南宁 ：广西教育出版社，2021.3
（回到中国历史现场）
ISBN 978-7-5435-8908-7

Ⅰ. ①生… Ⅱ. ①关… Ⅲ. ①随笔-作品集-中国-当代 Ⅳ. ①I267.1

中国版本图书馆 CIP 数据核字(2021)第 041652 号

策划编辑：黄红杰　王飞峙　孙华明
责任编辑：陆施豆
责任校对：刘汉明
封面设计：王　媚
内文设计：今亮后声
责任技编：蒋　媛

出 版 人：石立民
出版发行：广西教育出版社
地　　址：广西南宁市鲤湾路 8 号　邮政编码：530022
电　　话：0771-5865797
本社网址：http://www.gxeph.com
电子信箱：gxeph@vip.163.com
印　　刷：天津奥丰特印刷有限公司
开　　本：880mm×1230mm　1/32
印　　张：12.375
字　　数：300 千字
版　　次：2021 年 3 月第 1 版
印　　次：2021 年 3 月第 1 次印刷
书　　号：ISBN 978-7-5435-8908-7
定　　价：68.00 元（全两册）

自序

我们和我们的历史

2009 到 2019 年，我给《新华每日电讯》每周五的副刊《草地周刊》写读史专栏，整整十年，每周一篇，几未间断。这篇自序，算是十年写作的一个小结。此文写得断断续续，动笔时正值 2020 年艰难的春天，完成时又逢北京控制疫情、南方暴雨成灾，而世界日甚喧哗与骚动，充满了不确定性。

2020 年刚刚过半，却真正让人感悟到何为“百年未有之大变局”，回想此前岁月，甚至有何等平淡无奇之感慨，我们从未如此真实地拥有“历史感”。从这个意义而言，此文也算“应运而生”。

故　事

我并非职业的专栏作家，平时工作繁忙，经常要出差。《草地周刊》每周三晚上截稿，我是一个让编辑很崩溃的作者，基本上都是拖到每周三晚上开始写稿。晚餐后开始动笔，很多时候要写到凌晨两三点，我常对编辑说：“你睡吧，明天一早就能看到稿子了。”我在飞机、高铁上写过，在休假旅游途中写过，在一场大醉后写过，偶尔还用手机写过，逐字揿出六七千字的长文。新冠疫情暴发后，时间被迫缓下来了，不再熬夜写专栏，但每到周三晚上，我总有些怅然若失，睡不着觉，背后似乎有只手推着，想去打开笔记本电脑。

不止一人跟我讲过：关老师，每篇都是六七千字，干吗要写这么长呢？多累！确实累。现在网络流行的写法是长诗式，一行一句，把当年武侠小说作家古龙以尽可能少的字数来撑完一页纸的狡猾手法发挥到了极致。就此而言，我是一种古典的厚道。我的回复是：按字数算稿费的啊。对方无不大笑。稿费很重要，至少在心理层面——“北漂”伊始，我的房租就来自每周专栏的稿费，颇感自豪，但是当房东顺应大势毅然提价后，这笔稿费就不足以支付每月房租了。稿费确实不高，我还在每周吭哧吭哧地写，就不是单纯为了稿费了。那又是为了什么呢？一是逼自己多读点书，二是让读者每周能通过我的文章有一次深度阅读。

第一点容易做到。我曾经有过良好的阅读习惯，用我妈妈的话来说，走到哪里，手里都拿着一本书。她深感自豪。如今她老人家很伤心：儿子走到哪里，手里都拿着一个手机了。我妈妈学历不高，她不知道尼葛洛庞帝，不知道移动传播，不知道算法。在她朴素的认知里，万般皆下品，唯有读书高。我得继续保持读书的好习惯。毕竟，每周写一篇专栏，每篇六七千字，不读点书，是比较吃力的。

第二点就比较难了。中国人历来信奉“己所不欲，勿施于人”，但是“己所欲”而“施于人”，在当今也是容易招致反感的。虽然中国读书人一直努力在践行对己“明德”、对人“新民”的“大学之道”，但是在今天的互联网环境下，中国人尤其是年轻人最反感的就是说教，不过大家对故事是不抗拒的。每篇六七千字，能够完整地讲一个故事了。六七千字，大约 15 分钟读完，我的愿望是：读完后，读者能够若有所思，或者再读一遍。这个时间，大约半小时。每周能有这么一次，足矣。

中国的历史，有多少故事值得后人去讲！这套丛书名为《回到中国历史现场》，我试图在几千年的中国历史中找到一个片段，可以是一个故事，可以是一个人物，也可以是一段思考，还可以是一种情绪，将其置于一个充满戏剧张力的场景中，有矛盾，有冲突，有悬念，读罢让人若有所思，最后有些收获。

基于信史，阐释历史，讲述故事，非常重要。英国哲学家科林伍德有句名言：“一切历史都是思想史，是历史学家心灵中重演过去的思想。”但这句话必须要有一个前提：信史。历史不是主观认定的，它必须有确凿的根据。力求真实地反映和再现历史，是史学家最为基本的学术道德准则。我不是一个专业的历史研究者，不做历史考据，也不写历史小说，更不戏说历史，最为反感的是那种精心预设一个子虚乌有的“历史标靶”，然后集中火力攻击，并以此来进行证明或否定。此种手法，有时很讨巧，但终非正道。

近年有种似是而非的观点，认为所谓爱国主义之类的宏大叙事都是不可信的，只有个体叙事才是真实的，甚至有人试图以所谓个人叙事、小叙事去解构宏大叙事。唯物史观认为：历史细节的真实，不等于历史事实的真实。因为历史细节纷繁复杂、有轻有重，并不是所有细节都有助于弄清真相，有些细节还可能掩盖真相。比如，我们不能因为慈禧太后纠正了“杨乃武与小白菜”的冤案，就认定她是一代明君。对历史事实的阐释，应当重视的是那些重大的、具有决定性意义的细节。

因此，我一方面在史料中努力选取重大的、具有决定性意义的细节，让人读懂个人与家国发展至今的内在逻辑；另一方面，努力提高自己“讲故事”的能力，注重鲜活与真实的融合。

“讲故事”的能力很重要。《人类简史》的作者赫拉利甚至说，史前时代，智人获得了最终的成功，就在于“会讲故事”。人和人之间的合作，不需要彼此熟悉，只需要认同同一个故事即可。这些故事可以是同一套法律规则，同一种宗教信仰。当然，赫拉利所说的是广义的“讲故事”。但我理想中的历史故事，也是如此境界，即共识之构建，重点在于对历史的共识。好的历史故事，不是告诉读者一些历史细节，比如慈禧太后每顿饭都吃些什么，也并非教人如何从纷纷扰扰的历史中学习生存之道，而是努力告诉读者：我为什么会这样？我们为什么会这样？中国人为什么会这样？

哪个人的身上不带着历史的烙印？科幻小说《沙丘》中，生活在沙漠深处的弗雷曼人有极具仪式感的穴地狂欢，喝下沙虫的生命之水，得以抹掉回忆、忘记历史。但这只是科幻小说。恩格斯说过：“历史就是我们的一切。”历史是一个民族、一个国家形成发展和盛衰兴亡的真实记录。一个人的身体发肤，来自父母，传承着父母的基因。但这个人的精神和思想中，却流淌着历史的基因。只有我们读懂了中国历史，尤其是自1840年以来的近现代史，才会明白：为什么有那么多仁人志士，又有那么多汉奸败类；为什么有人基于中国的历史对未来充满信心，而有些人却鼓吹历史虚无主义，甚至歪曲、抹黑历史，无所不用其极；为什么很多人充满自信，“此生无悔入华夏，来世还生种花（种花，谐音中华）家”，而有些人却恨父母没给自己生一副白皮囊……

我们都背负着历史往前走。在路上，共识很重要，共识也很难得。讲好历史故事，构建国人共识，正是我辈的使命。

损　益

十年读史，读出的是对中国文化的自信。

从古至今，中国读书人的读书大境界不是升官发财，而是“美其身”。乡贤唐浩明先生以研究曾国藩著称，我曾上门请教曾国藩修身之道对今人的意义。唐先生说：“曾国藩一直走在成为圣贤的路上。”

汲取营养，摒弃糟粕，让自己变得更好——这是中国历史的魅力与生命力所在，也就是孔子所言的“损益”（《论语·为政》）二字。“损益”意即传承之道，对于上一朝代，不是完全颠覆，也不是萧规曹随、全盘照搬，而是有继承有发展，去其糟粕，留其精华。

“损益”是一个动态的过程，对于中华文明至关重要。众所周知，古代四大文明中唯一延续至今的，是中华文明。相比于人类文明重要的起源地——西亚两河流域、地中海与印度，战争与征服频频带来文明更迭（今天的印度早就不是当年唐僧西游取经的那个印度了），中华文明更多的是一种“孤独的成长”，这一格局一直延续到 1840 年第一次鸦片战争才被打破。

“孤独的成长”，并不是静止的，因为有“损益”。在漫长的历史中，中国历史文化的核心并没有发生根本变化，确保了中华文明的延续性，与此同时，中华文明因不断地大浪淘沙、自我调适，具有高度的生命力。

今天所说的中国、中国人，其实是一个复杂的范畴。它既包括5000年灿烂文明，也有近代史开启以来100余年的屈辱与抗争，还有新中国建立后的社会主义建设的探索与实践，还有改革开放40余年的积累……我们无法以某一段历史来限定中国、中国人，甚至不能以简单的时间递进来概括。它有5000年文明的基因，有革命年代、社会主义建设年代打上的烙印，也有不断学习外国文化，尤其是对西方文化的批判和吸收。那种僵化的“非黑即白”式的思维，是无法真正理解当今中国和中国人的。

事实上，人类的历史也是一个“损益”的过程。人类有过那么多至暗时刻：奴隶制的罪恶、奥斯威辛集中营、南京大屠杀……回首历史，人们总是痛惜美好被毁灭，并努力阻止这种毁灭，这就是人类进步的意义。让自己变得更好，是自身努力的过程，也是学习他人的过程，“各美其美，美人之美”的过程。

这个过程是动态的，人类向上向善向美向好之心，是人类相信未来的最大动力。这个过程有时也是曲折的，甚至还可能在一定时期后退。傲慢与偏见是人类的大敌，但历史螺旋上升，此消彼长，处于不同文明之中的人们，都在追求一个更好的未来。历史不可能终结，福山自己也承认了“历史终结论”的错误。不同的文明有不同的产生环境，也选择了不同的发展道路，“美美与共，世界大同”才是人类文明理想境界。

我们从“损益”的角度来看待中国历史，自信无疑会油然而生。譬如今天谈儒家，有人往往嗤之以鼻，以为要“复古”，但是，儒学一直处于消化、吸纳外来思想后不断前行的动态之中。汉儒融入了道，宋儒吸纳了佛，今天的儒学更是消化、吸取了众多外来思想，儒学内部也在不断反思、检讨、演变，剔除了其中落后的部分。从北宋的二程、张载，到南宋的朱熹、陆九渊，再到明中期的王阳明，儒学一直在变化，及至明末清初，大思想家王船山痛定思痛，基于问题导向，对儒家与时代的不适应进行了系统性的批判。他批判过朱熹、王阳明、司马迁，甚至还有孔子。他提出“理势合一”的历史观，痛斥“复古论历史观”“循环论历史观”，认为历史是发展变化的，不是“今不如昔”，要回到过去，也不是一段时期就简单循环一次，而是“新故相推，日生不滞”。

王船山先生是我老家湖南衡阳先贤。衡阳县有乡野名菜“夫子肉”和“夫子辣椒”，后来我才知道源于王船山（船山先生本名“王夫之”）。他逃避清廷追捕，隐居于尚未开化之穷乡僻壤，思考著述之余，利用当地食材发明了这两道美味。但王船山对衡阳乃至湖南的贡献，又岂止这两道菜？船山精神是以求实、创新为内核的湖湘文化的一个源头，曾国藩、胡林翼、郭嵩焘、谭嗣同、梁启超、黄兴、章炳麟、杨昌济、毛泽东等名人固然均不同程度受过他的影响，就连没读过几天书的衡阳乡民也不尚空谈，埋头苦干。

船山思想的传播过程，堪称“中国文化自信”的经典诠释。生前，船山先生的著作主要在其亲族好友中小范围传播。作为终其一生不向清朝低头的“硬骨头”，他自言200年之后才会有人知道他。但是不用等到200年，船山先生逝世150年后，“湘学复兴之导师”（梁启超语）邓显鹤发现了《船山遗书》，欣喜若狂，刊布了船山先生著作 18 种，共 150 卷。湖湘学子开始深受影响，其中包括曾国藩。曾国藩祖籍衡阳，妻子欧阳氏是衡阳人，他少年时代亦在衡阳石鼓书院（王船山曾任此书院教职）念过书，奉旨搞团练后，从长沙负气出走，来到衡阳操练湘军及水师，由此腾飞。就是在衡阳练兵时，曾国藩立下承诺：平定太平天国后，校勘刻印《船山先生全集》。攻克南京一年后，1865 年，曾国藩、曾国荃兄弟在此大量刊行《船山遗书》刻本，计 57 种 258 卷，船山先生重要著作基本纳入此丛书，曾国藩作序。从此，天下皆知王船山。1914 年，长沙成立了船山学社，时常举行讲座，其中一个认真的听众就是青年毛泽东。新中国成立后，毛泽东曾为船山学社题额。他如是评价：西方有个黑格尔，东方有个王船山。

可以说，晚清以来，处于忧患之中的中国知识分子，无论是自我修炼还是寻求“变法”，无论是推翻清王朝还是抵抗日本入侵，都能从王船山的著述中汲取营养，都能从中找到批判的武器。

值得一提的是，曾氏兄弟当初刊印《船山遗书》时，还是冒着一定风险的；20 世纪 90 年代初，衡阳人唐浩明推出长篇小说《曾国藩》，让读者看到了一个与此前语境中完全不同的曾国藩，也是冒着一定风险的。有意思的是：唐家的祖先曾经办了一个私塾，请了名塾师汪觉庵，后来汪觉庵成为曾国藩的恩师，而汪觉庵的小女儿还嫁给了王船山七世孙王世全的第四子。

这是中国一代代读书人基于文化自信而自觉传承的担当，更是中国优秀文化的生命力！

中 庸

与“损益”一样，“中庸”也是理解中国历史的关键词。

有人常把“中庸”视为圆滑，大谬矣！“中庸”，朱熹注为“不偏不倚、无过无及”，是儒学推崇通过“至诚”而达到的道德行为的最高标准。照我的理解，“中庸”是寻找平衡点的哲学，这个点往往并非对称点，可能是黄金分割点，也可能是体育比赛的“赛点”；这个点还是时常变换的，寻找这个点并不容易，有时需要斗争，甚至可能会矫枉过正。但一旦把握到了这个点，就抓住了主要矛盾和矛盾的主要方面，从而使矛盾不致恶化，避免局势失控，进入均衡状态。但这种均衡状态也不是恒久不变的，所以读历史常有惊心动魄之感，国家、民族如同在时间的惊涛骇浪之上走钢丝，于动荡中寻找平衡。

中国人很早就认识到：不变的，就是变。中国古代哲学认为宇宙中充塞着“气”，“天地间只有一气充周，生人生物”（黄宗羲语），而“气”是处于不断的运动变化之中，也让天地万物相互关联，“生生日新”。主宰这一切的不是上帝，“所谓主宰者，即是理也”（朱熹语）。因此，人对“理”或“天理”或“道”的追求，就能达到追求整体和谐的目的，“致中和，天地位焉，万物育焉”（《中庸》），“阴阳合和而万物生”，最终达到“天人合一”“天人相通”的境界。

今天看来，这确实是中国先贤苦苦探索天地造化规律的智慧结晶。更重要的启示是“人本主义”在中国早有萌芽。人本主义、人本精神是中国文化的一个核心，早在西周时期，中国人就意识到自己与“天”的关系，是“法天”“以天为则”，把“天”作为学习的一个榜样（这正是孔子迷恋西周的原因），而不是匍匐在“神”的脚下做奴隶。“天人合一”“天人相通”的境界，让人能够拥有与天、地一样平等的地位。如何走到这一步？靠人的自我德行提升。中国精神的精髓，就蕴藏在两句古语中：“天行健，君子以自强不息”，“地势坤，君子以厚德载物”。

“中庸”不仅仅是中国人的方法论，更是价值观，甚至可以视为折射中国文化包容性的一种善意设计，让人平衡心灵、不走极端。譬如儒道释，往往三者一体，趋于平衡，让人得意时不忘形，失意时不绝望，能入世也能出世，给了中国传统文人多少生存的智慧，更让苏轼这样的人成为中国人优雅人格的典范！唐浩明先生治有一印，印缺了一角，正是他推崇的曾国藩“守阙”之道。真正得道之君子，要安于有缺陷的生存状态，如曾氏所言：“平日最好昔人‘花未全开月未圆’七字，以为惜福之道、保泰之法莫精于此。”在曾国藩眼里，“花好月圆”，不是最佳状态，最佳状态是花尚未全开、月尚未全圆的时候。大智慧！

上述的“天”是崇高的、善意的，但中国古人也深知，有时“天地不仁”、天意难测，这个时候怎么办？“中庸”之道，教出的确实不是迂腐的精致利己主义的孱弱儒生，而是为“道”“理”可以殉道的霹雳书生。孟子说“虽千万人，吾往矣”，天地将倾，如果没人挺身而出，那只会顺势往一边倒。挺身而出者很清楚，以孤勇之躯又哪能力挽狂澜于既倒？但还是挺身而出了，他们是悲剧英雄，但他们的牺牲并非没有价值，他们是确保中国精气神千年赓续的守护者。历史的天平正因为有他们存在，才不会一头坠向暗黑深处。孤勇者的传承更让人感动。有古人将于谦、史可法视为南宋文天祥再世，这就是历史基因的传承！读抗战史淞沪会战一段，装备低劣的中国海军派出两艘排水量仅10吨的鱼雷艇，出发主动攻击日军旗舰——排水量近万吨的重型巡洋舰“出云号”，这两艘鱼雷艇一艘名“史可法102号”，一艘名“文天祥171号”，读到此处，怎能不热泪长流……

我在《回到中国历史现场》中写了很多先贤，从孔子、墨子到苏轼、辛弃疾，再到王船山、谭嗣同……我在故纸堆里寻找他们的故事，仿佛也在与他们进行跨越时空的对话，感受他们伟大的人格力量。世界从来不是按照理想模式运行的，但永远有人为了理想而奋不顾身。罗曼·罗兰在《米开朗琪罗传》有一句话被引用滥了：“世上只有一种真正的英雄主义，那就是在认清了生活的真相后，依然热爱生活。”相对应的，中国思想家李泽厚先生在《中国哲学如何登场？》中有同样表述，但更让中国人“心有戚戚焉”：

佛知空而执空，道知空而戏空，儒知空却执有，一无所靠而奋力自强。深知人生的荒凉、虚幻、谬误却珍惜此生，投入世界，让情感本体使虚无消失，所以虽心空万物却执着顽强，洒脱空灵却进退有度。修身齐家，正心诚意，努力取得超越时间的心灵境界……

为这段话，当浮一大白！

长 征

中国共产党的历史上，有太多这样壮烈的“殉道者”，他们殉的“道”，是共产主义理想。

人们习惯说“中国共产党员是用特殊材料制成的”，确实，在中国以往的历史中，可以依稀找到类似的为了理想信念赴汤蹈火的先贤影子，但找不到像中国共产党这样一个群体，他们把价值观与方法论、理想与纪律进行融合，更重要的是，没有自己的特殊利益，这使中国共产党拥有了区别于人类历史上一切其他党派的独特属性。

读懂了中国共产党的历史，才会读懂中国的近现代史；同样，读懂了中国的近现代史，才会读懂中国共产党的历史。

1944 年夏天，中国守军与日寇在衡阳有一场惨烈的大战。我父亲当年二十出头，曾被日军征去当挑夫，后来伺机逃脱。衡阳保卫战，被誉为东方的斯大林格勒保卫战。但是，衡阳保卫战注定不是斯大林格勒保卫战。斯大林格勒保卫战历时半年。德军突入了城区，占领了市中心，继而占领了整座城市 80%的地区。苏联红军一度岌岌可危，但硬撑着没有崩溃。最后崩溃的是德军，严寒降临，他们被增援的苏联红军“包了饺子”，此役最终成为第二次世界大战东部战线的转折点。但是在衡阳，在中日双方都快支撑不下去的时候，始终没有等来援军的衡阳守军最终被迫投降了。后人无法指责衡阳守军，他们尽力了，他们也赢得了对手的尊重，但这毕竟是留给历史的最大遗憾。多遗憾啊，衡阳守军都听到了遥远的枪炮声，如果援军能打进来，崩溃的就是日军，但历史又哪能假设……抗战期间，中国军队确实找不到几场酣畅淋漓的胜利。这是历史注定的遗憾——那个时代的中国，虽竭尽全力，仍身不由己。

这种无力感弥漫在1840年以来的中国历史中，有些人甚至已习惯了跪姿，把他搀起来，他双腿发抖，忍不住还想继续跪下去，直到抗美援朝几场对外敌酣畅淋漓的胜利之后——1950年冬天，在朝鲜半岛的长津湖，美军号称最能打的精锐部队被中国人民志愿军打残了，清长大捷的消息传来，不仅美国人震惊了，100年来就没有正眼看过中国人的日本人也受到了巨大的震撼。一个国家靠什么赢得尊重？实力。这才是世界的真相。中国文化历来强调和谐大于冲突，信奉“国虽大，好战必亡”，但是，没有实力守护和平的时候却去奢望和平，就是莫大的悲剧。

中国共产党给中国带来了翻天覆地的变化，最明显的就是这股在20世纪50年代注入的“精神国力”。这种强大的力量，是中共在无穷的苦难中磨砺出来的。

前些年，趁公干出差或休假旅游，我断断续续走完了长征路。2011年夏天，我们驱车翻越夹金山，这也是当年红军长征途中翻越的第一座大雪山。山路盘旋，海拔渐高，车到山顶王母寨，大雾弥漫，几步之外的山路林石皆隐没不见。山顶氧气稀薄，我们走得很慢，轻声说话，突然间，大雾中现出一座碑来，“红军长征翻越夹金山王母寨纪念碑”，碑前有香，青烟袅袅。跟山下宝兴县城青衣江畔的长征纪念碑相比，这座碑低矮且简陋，但于沉沉雾中蓦然显现时，扑面而来的历史感，真切且深刻。

在长征路上，我一直在思考一个问题：中国共产党与国民党同样诞生于中国内忧外患之际，同样有救国救民的初心，甚至连党的组织形态都同样“以俄为师”，堪称“一根藤上结出的两个瓜”，但为什么却在历史中走向了两个方向？除了信仰、理想、纪律、政治建设、群众关系等因素，国民党还缺少了一场苦难的长征。

读懂了中国共产党在历史上遭遇过的一次次苦难，才会理解她的一切：不会屈服于外力压迫的“硬骨头”，独立自主的强烈愿望，自我纠错能力，对纪律的严格要求，“理想信念大于天”的忠诚……

很多人误以为，长征之后，中共和红军就安全了，但鲜为人知的是，西安事变爆发前的1936年年底，中共和红军已山穷水尽，濒临绝境。一方面，陕北地瘠民贫，难以支撑一支大军；另一方面，红军寻求战略空间的努力严重受挫，西渡黄河失败，西路军损失殆尽。虽然红军当时已与张学良的东北军、杨虎城的西北军秘密结成三位一体，也在与国民党秘密谈判，但蒋介石手握一手好牌，自然想赢光对手。他逼迫张学良给疲惫不堪的红军补上最后一枪，你不开枪，就调走，换嫡系部队上来。张学良左支右绌。红军局势日急，甚至计划再来一次长征——分路突围转战内地，经山西、河南、陕南，一年之后再打回到陕北或甘北。此行将途经国民党中央军势力范围，可以想象，这将远比此前的长征更艰难，红军和大批干部能否还保持下来，都将成问题。恰恰此时，西安事变爆发了。

这是历史对中共的眷顾吗？“运气”无法解释，更多是历史的必然：长征后期，面对国内国际局势，中共进行了重大战略转变，由“武装保卫苏联”转为建立抗日民族统一战线，不但促成了全面抗战局面的形成，也极大地改变了中国共产党自身的处境和形象。在外部因素中，张学良的转变至为关键。这个身负家恨国仇的军阀，在与红军秘密谈判时突然提出加入中国共产党的要求（见谢春涛主编《入党：40个人的信仰选择》）。当时中共中央同意，但由于共产国际的反对，张学良没能入党。张学良要求入党是一时冲动吗？探寻风雷激荡下的人物内心，确实是一场生动的历史课。张学良在晚年的口述历史中说道："可以说我就是共产党……不但同情他们，我拥护他们，这是真正我（的）内心。"

为什么逆境中苦苦求存的共产党能够绝处逢生、绝地反击，而手握一手好牌的国民党，却把牌打得稀烂？答案，可以写成皇皇巨著，也可以很简单：

从诞生之日起，中国共产党就不是一个利益集团，而是因为共同的价值观才走到了一起。还可以说，中国共产党一直在路上，新的长征，新的磨砺，从未停歇。

融 生

历史会重演吗？

这是很多人喜欢问的问题。我总是回答："人不能两次踏进同一条河流"，时过境迁，一切都在变化。相比于"人类从历史中学到的唯一教训，就是人类无法从历史中学到任何教训"这句广为人知的名言，美国史学家约翰·托兰在《日本帝国衰亡史：1936—1945》序言中的一句话，或许更精辟："历史不会简单地给人以教训，只有人类本性的再现，而不是历史的重演。"

用发展的眼光来看待历史、研究历史、书写历史，非常重要。例如，不能在今天一说儒学，就强调"半部《论语》治天下"，一部《论语》在当前是无法实现国家治理体系与治理能力现代化的。当代中国，经过70余年的社会主义建设、40余年的改革开放，经历了工业体系的建设、市场经济的洗礼，从世界看，从历史看，均无法套用任何一种模式：不是简单延续中国历史文化的母版，不是简单套用马克思主义经典作家设想的模板，不是其他社会主义国家实践的再版，也不是西方现代化道路的翻版。

没有一套现成的理论可以解释今天的中国，同样，也没有一套现成的理论，可以解释今天的世界。跨入21世纪第三个十年的人类，正亟待突破一个瓶颈：人文社科与自然科技同样在低迷徘徊。

譬如，2020年，世人最大的疑问应该是：以“上帝的选民”自诩的美国怎么了？

以往理论，无法解释。

旅美一甲子的历史学家许倬云先生倒是提供了一个新的视角：美国信仰淡薄，个人主义沦于自私，“在城市之中，芸芸众生熙来攘往，满街是人，却都是社会学家所谓寂寞的人群”。

许倬云先生提及的“寂寞的人群”，堪称一针见血。当今世界，“人”的问题愈发凸显，战争、饥饿、贫富分化、大国霸凌、传染疾病等老问题尚未解决，新的问题又接踵而来：科技发展带来的人际关系的疏离，虚拟世界对现实世界的侵蚀，反智主义与技术迷信同样盛行……人类上一轮解放还没彻底完成，又面临第二轮解放。

真的有“上帝的选民”吗？在当今世界，历史青睐的，是真正用心去解决“人”的问题的大智慧者。“人”，不是乌合之众，也不仅仅是一张张“选票”，而是一个个有尊严、有价值、正在创造历史的真实的人。

此时再读马克思在《资本论》中提出的“自由人联合体”，似乎听到了激荡至今的历史风雷之声。马克思、恩格斯在创立唯物史观过程中就确立了以人的发展为核心的价值取向，《共产党宣言》大气磅礴地预测了未来理想的社会形式：“将是这样一个联合体，在那里，每个人的自由发展是一切人的自由发展的条件。”在《资本论》中，马克思更是力透纸背地写道：要建立“一个更高级的、以每一个个人的全面而自由的发展为基本原则的社会形式”。

生而为人，既脆弱又高贵。“自由人联合体”，蕴藏着对人的彻底解放和自由全面发展的价值追求。在弊病丛生、焦虑盛行的当今世界，面对各种糟糕的“人类本性的再现”，“自由人联合体”怎么不可能站到人类社会道义的制高点?

“自由人联合体”，前提应是“以人为中心”。这无疑与当今中国的实践高度契合，诚如许倬云先生所云：“中国取精用宏，最后组成至今仍在人心的文化体系——一个以‘人’为中心的社会伦理观。”

“以人为中心”，是当今马克思主义中国化的最佳切入点。哲学大家汤一介先生曾提出马克思主义与儒学有四个契合之处：其一，儒学与马克思主义具有共同的社会理想；其二，儒学与马克思主义都是注重实践的学说；其三，儒学与马克思主义都是从社会关系来定义“人”，而不是从抽象的个人来定义“人”；其四，儒学和马克思主义都主张自然社会万事万物通过斗争而最终达到和谐。其实，还有一个更重要的契合点，就是对“人”的重视。马克思主义强调“人的解放”与“人的全面发展”；中国古人则强调“天人合一”，共生和谐，《周易》更是有“天地人三才”之说，将人与天、地并论，高扬人道旗帜。

但是，中国共产党的群众观点跟儒家文化的“民本”思想相比，并不在一个层面。儒家文化提出“民为邦本”，把民比作水，“水可载舟，亦可覆舟”，孟子甚至还说“民为贵，社稷次之，君为轻”，归根结底，就是劝导君主要施“仁政”，使君民之间的对立不尖锐化，本质还是基于“君”与“民”的对立。与“民”相比，儒家精英是高高在上的，“民本”很多时候只停留在宏观的理论层面。儒学走向衰败，就源于儒家精英与普罗大众的距离，儒家精英高高在上，高谈阔论而无实干之才，社会治理基本由胥吏掌握，“官无封建而吏有封建”（语出南宋思想家叶适）。所谓“皇权不下乡”，政府对基层失去有效控制，结果可想而知。马克思主义群众史观则强调“人民群众主体地位”，新中国成立后，中国共产党紧紧依靠人民、带领人民，进行了犁庭扫穴式的深度社会变革，缔造了一个真正的“以人为中心”的新中国。

中国共产党源自人民，根基在人民，血脉在人民，除了最广大人民的利益，没有自己特殊的利益，党和人民不是对立的，而是一致的、统一的。任何试图把中国共产党从中国人民中间“剔除”出去、制造对立的人，确实是太不了解中国共产党了。以前，有人喜欢宣称“我爱中国，但不爱政府”之类的言论，也有人振振有词：“我爱国家，但国家爱我吗？”但是，这次新冠疫情给大家上了何等生动与深刻的一堂课！“让子弹飞一会儿”，很重要，曾经的愤怒，曾经的迷信，过段时间再看，对照着再看看，并非那么回事儿。中国人有什么理由不自信？！

历史的规律是大乱之后有大治。相信诞生过众多伟大思想家的西方文明，未来还能够继续诞生伟大的思想家。而在中国，我们这一代人则将幸运地看到中国智慧融合而生，为人类文明提供宝贵借鉴。

“中国智慧”，并不简单只是马克思主义与中国传统文化尤其是儒学的若干契合，更不是谁占多少比例的简单拼盘，而应是基于中国立场、摆脱西方话语体系之后的“融生”，是全新的中国思想、哲学指引，可视为在中华民族优秀传统文化、西方先进文化“损益”的基础上，对“中庸”的全新的追求：在传统与现代、本土与西方之间，找到一个坚实的平衡点。

我们这个时代，注定深邃，不会平庸。

我们的历史和未来

我们的未来会好吗？

我们这一代人“历史感”很强。我在乡村长大，村子一直到我上初一时才通电。没有电的晚上，用煤油灯照明，煤油灯还有一个用处：夏夜燎蚊子，放下蚊帐，把煤油灯上的鼓形玻璃罩朝蚊子一凑，嗤一声轻响，冒一股焦香。这是一段难忘的回忆。现在，煤油灯几乎只有到博物馆才能见到了。我们这一代中国人，经历的是浓缩的加速度的“中国时间”，一个贫穷的农业国家几十年便完成了工业化进程，骤然开始了欢呼尖叫、目眩神迷之旅。未来充满不确定性，但未来就在前方。

相较于“历史会重演吗”这个问题，“未来会好吗”是一个更难回答的问题。预测未来，比阐释历史要困难得多。但是，今天决定明天，历史决定未来。科幻大家阿西莫夫在代表作《基地》中写了一种神奇的心理史学，成功地预测了银河帝国的命运和人类的未来。书中的心理史学是以物理学的气体分子动力学转化而成的社会学说：

气体分子动力学不能估计每个分子的运动，但能计算出整体是膨胀还是收缩；同样的道理，心理史学不能预测个人的命运，但把经济及社会力量的影响导入模型后，就完全可以通过统计科学的计算，准确地预测出社会的发展走向，甚至可以在关键点导入适当的变数，进而改变以后社会发展的可能途径。

初读《基地》，甚感玄幻，但是，在今天大数据与每个人发生关联时，心理史学或许很快成为现实。我们应该充满自信：中国选择了一条正确的道路，加上中国人历来勤奋，且有从古至今形成的价值观，比如做到个人服从集体、责任大于权利等，虽然曾被人诟病，但在这次疫情期间，中国年轻人表现出来的自律力与责任感，让人深感中国未来大有希望。亿万在路上的中国人，只要坚持，保持定力，中国更美好的未来是可以预测到的。至于我本人，还将继续撰写读史专栏，但不打算再熬夜了，宁肯少写几篇，也要重视健康。按第二个百年目标，至 2050 年，中国将建成富强民主文明和谐美丽的社会主义现代化强国。而我是 1972 年生人，届时年近八旬，还能热烈拥抱历史，老泪纵横，且步履矫健。

最后，不能免俗，要感谢很多人，感谢为本书出版付出辛勤劳动的人，感谢为本书赐墨题写书名的唐浩明先生，感谢《草地周刊》陪伴我十年的方立新、田朝晖、姜锦铭、李牧鸣、易艳刚、刘小草和《瞭望智库》的夏宇等人，还要感谢广大读者，认识与不认识的均给了我巨大的鼓励。最感谢的还是我的家人，支持理解，十年不变。

是为序。

2020 年 7 月 16 日于北京

目录

人文 润物细无声

人文

润物细无声

为没名没姓的年头干一杯

在徐克监制的电影《新龙门客栈》中，梁家辉饰演的周淮安卓立于一群凶残的东厂太监之间，仰天长笑："为这个没名没姓的年头干一杯。"一杯酒喝下，接踵而来的就是生死搏杀。

《新龙门客栈》之经典，毋庸赘言，人们誉之"华语武侠片最美好的时光"，所谓"最美好"，不仅仅是这部电影中众多明星的传神演绎，也不仅仅是汪洋恣肆的想象力，更是贯穿其中的英雄豪迈之气，即使在最黑暗的岁月、"没名没姓的年头"，也能从容豪饮，继而血战到底。

周淮安只是一个虚拟人物，但像他这样的真实英雄很多，至今屹立于历史各个时期，迤逦千年，不管其间有多少黑暗的、不靠谱的、没名没姓的漫长时光，这英雄之气，却始终浩浩荡荡、赓续不绝，让我们今天还能把手探进这浩然之气中，细腻触摸到春秋的侠义、汉唐的豪情、宋明的不屈。

一

周淮安的武器，是一柄伞中剑，锋芒内敛得极好。他本是一位高级军官，但能跟三教九流打成一片，也能跟一众太监虚与委蛇，甚至为了寻找逃生之道，还能假结婚。但是，他一出场，就很好认，他不是那种头脑简单、四肢发达的武夫，也不是李寻欢式的病恹恹型高手，他是一个有着君子之风的侠士。

这部电影最动人的一句台词，是周淮安对邱莫言的那一声长叹："人说乱世莫诉儿女情，其实乱世儿女情更深。"

那确实是一个乱世，阉党当道，残害忠良，连孩子都不放过，一路追杀，从京城到大漠，就是要斩草除根。跟一般武侠电影不一样的是，男主角不是武功最高的，片中第一高手是东厂大太监曹公公。而周淮安一方，势单力薄，命悬一线，可谓天下之大，却没有他们的藏身之地。

周淮安有很多选择，即使不像当时很多人一样投靠阉党求一场富贵，也能想办法置身事外——既然这是一个没名没姓的年头，他完全可以选择做一个没名没姓的人，躲到乾坤朗朗、天下清平之时，没有人会指责他。

但他没这么干，他长笑着为这个没名没姓的年头干了一杯，毅然与这个没名没姓的年头决绝。利剑出鞘，豪气干云。

我们似乎能听到在过去的岁月里，酒碗摔碎时清晰的破裂声，还有随着这破裂声腾空而起的豪气，像暗夜中迸放的烟花，瞬间填满虚空，撼人心灵。

趋利避害，是人之天性。经济学中，有"理性人"一说。理性人是抽象的，其基本特征是：每一个从事经济活动的人都是利己的。换句话说，每一个从事经济活动的人所采取的经济行为都是力图以自己的最小经济代价去获得自己的最大经济利益。在现实中，很多人，做人做事，都是如此，很理性，很聪明。

但用“理性人”的概念，无法解释周淮安的选择，更无法解释历史上一些人的行为。

公元1283年初，文天祥就义于元大都柴市刑场。此前，他已被囚禁三年，始终没有屈服。

南宋已灭，文天祥的昔日同僚纷纷降元，劝他也降，他不降。元廷又让降元的宋恭帝赵㬎来劝降，文天祥北面跪于地，痛哭流涕，对赵㬎说：“圣驾请回！”赵㬎无话可说，怏怏而去。皇帝都投降了，他仍然不投降。囚禁文天祥三年后，元世祖忽必烈召文天祥上朝，亲自劝降。文天祥对元世祖仍然是长揖不跪，元世祖也没有强迫他下跪，只是说：“你在这里的日子久了，如能改心易虑，用效忠宋朝的忠心对朕，那朕可以在中书省给你一个位置。”

如果文天祥这时降元，没有任何人会指责他，他为自己的坚持已经吃了足足三年苦头，而崖山海下南宋故国的沉舰，早已长满了水草，爬满了贝螺，已不需要文天祥为一个逝去的王朝负责了。

但他仍不降。他最终选择了从容赴死——虽然在死亡前最后一刻，元廷仍然没放弃劝降。

文天祥并非钢铁战士，他在狱中曾收到女儿的一封来信，得知妻女均沦落为奴，悲惨不堪。若他降元，全家立刻荣华富贵。文天祥在写给自己妹妹的信中说：“收柳女信，痛割肠胃。人谁无妻儿骨肉之情？但今日事到这里，于义当死，乃是命也。奈何？奈何！……

可令柳女环女好做人，爹爹管不得。泪下哽咽、哽咽……”

他认为自己为“义”而死，是他的宿命。这个“义”字，是文天祥那些“理性”的同僚，还有那个皇帝，无法承担的。

二

一个“义”字，能值几个钱？——或许有些人听了文天祥的故事后，会有这种不解或不屑，还有些人会说：你自己可以舍生取义，但为什么就不考虑一下自己的老婆孩子呢？

这确实是一个不好回答的问题。

接下来要讲一讲冯道的故事。冯道是历史上著名的“不倒翁”，在没名没姓的年头，他总是有名有姓的宰相。史载：冯道先后效力于后唐庄宗、后唐明宗、后唐闵帝、后唐末帝、后晋高祖、后晋出帝、后汉高祖、后汉隐帝、后周太祖、后周世宗十位皇帝，其间还向辽太宗称臣，始终担任将相、三公、三师之位。不管城头变换什么大王旗，冯道这面宰相旗，始终高高飘扬，没有倒下。

这样的人，要有多好的心理素质啊。从史书来看，冯道是趋利避害的高手，能够迅速地判断舍弃谁、奉迎谁。如果在今天，冯道来炒股，肯定是不败神话，别人还在重仓某个皇帝，冯道早已偷偷清空，重金全仓潜力股了。他很牛，纵然全盘皆绿，他所执那一股也是逆市涨停的。

冯道当然也知道自己为人所不齿，但他颇有自嘲精神。比如，据说，后晋时期，有人牵驴入市，驴脸挂着一个牌子，上写“冯道”

二字，赤裸裸地羞辱当朝宰相。冯道亲信看不下去了，向他禀报。他居然毫不动怒，只说："天下同名同姓的人很多，这可能是有人在为驴找寻失主，有什么奇怪的？"又如，契丹灭后晋，冯道到汴京朝见耶律德光。耶律德光指责冯道，认为他效力后晋，却毫无功绩，冯道无言以对。耶律德光又问道："你为什么来朝见我？"冯道答道："我没有地盘，没有兵马，怎敢不来。"耶律德光嘲笑道："你是个什么老头？"冯道回答说："我是个无才无德、愚蠢迟钝的老头。"

"无才无德、愚蠢迟钝"，当然是冯道顺从皇帝心理的自轻自贱之言，他可精明得很哪。

后人对冯道评价普遍不高，欧阳修骂他是"无廉耻者"，司马光更斥其为"奸臣之尤"。现代史学家范文澜更怒骂冯道"丑恶"，他评价说："（冯道）尤其擅长的手段是揣度胜败，估量强弱，舍弃败弱，奉迎胜强，按照时机做来，不过早也不过迟，被舍弃者来不及怨恨，被奉迎者正适合需要，他就这样避免危害，长享富贵。"

但从另外一个角度来说，"没有节操"的冯道，做官的口碑还是不错的，下不欺男霸女，上能讽喻皇帝，性情宽厚，做事务实，对自己要求也比较严格。

相比那些失势时阴险潜伏、上台后无恶不作的坏蛋，冯道只是个不管老板是谁都专心干活的技术官僚。在冯道看来，天下兴亡，是老板的事，作为一个高级打工仔，无力改变这乱世，不如顺应大势，好好活着，颐养天年。

冯道晚年自号"长乐老"，这个"乐"，不是纵情享乐之乐，而是劫后余生之乐。他著有《长乐老自叙》，历叙平生所得官爵，引以为荣，结尾时这么写道："时开一卷，时饮一杯，食味别声被色，老安于当代耶！老而自乐，何乐如之！”

是啊，周淮安即使能侥幸干掉曹公公，但能干掉一个庞大的阉党集团吗？

周淮安为没名没姓的年头悲壮地干一杯，而冯道却在为自己有名有姓的小日子悠然喝上一杯。

三

每个人都有自己的活法。人性极其复杂。看梁家辉的电影，就能明白其中的复杂性：他演过帝王将相，也演过流氓无赖，演过主旋律电影，也演过喜剧片，每个形象均饱满丰富，惟妙惟肖——你能想象，那侠骨柔情的周淮安与阴鸷恐怖的座山雕，是同一个梁家辉扮演的吗？

同一个梁家辉，前进一步，是周淮安；后退一步，是座山雕。他是一个好演员。同一个中国，一个历史大舞台，有侠客义士、忠烈英豪慷慨激昂，也有恶棍奸佞、魑魅魍魉粉墨登场。史实往往比戏剧更精彩。网上有篇文章叫《我的中国性格》，开头写道：“什么是中国？中国是诗书礼易、唐诗宋词、高宗孝武、仓颉玄奘、解县关云长、常山赵子龙。不过，中国也是夏桀殷纣、赵高秦桧、酷吏来俊臣、阉竖魏忠贤；口蜜腹剑李林甫……”

我们假设一下，如果中国历史上没有岳飞、文天祥、陆秀夫、史可法、于谦……如果中国历史上只有赵高、秦桧、李林甫、魏忠贤、和珅，或者只有冯道式人物，那么，中国还是中国吗？

1940年初，抗日英雄杨靖宇的生命即将走到终点，当时他碰到了上山砍柴的濛江县保安村的村民赵廷喜等人。杨靖宇此时已经好几天没吃饭了，鞋也破烂不堪，脸上、手上、脚上都是冻疮。他对赵廷喜说："下山帮我买几个馒头，再买双棉鞋，给你们钱，不要告诉日本人。"赵廷喜对杨靖宇说："你还是投降吧，如今满洲国不会对投降者杀头的。"杨靖宇沉默一会儿，对赵廷喜说："我是中国人，良心不允许我这样做，这样做也对不起广大人民。一句话，我是中国人，不能向日本侵略者投降。"

后来，赵廷喜下山了，很快就向日本人告发：杨靖宇在山上。日伪军包抄上来。杨靖宇，一代名将，旋即殉国。

在抗日战争胜利七十多年后的今天，我们回忆起杨靖宇的话"我是中国人，不能向日本侵略者投降"，情绪仍然难以平复。

没错，在一个没名没姓的年头，不讲规则、胆大包天的恶人，是最大的得利者；而那些"识时务者"，及时转向、为虎作伥，也能在恶人的饕餮大餐之余，分一杯残羹；而那些避世隐身、远离是非的人们，虽不能大获利，却也能保全性命。风险最大的，当然是不愿苟活于乱世的人，他们昂首面对这没名没姓的年头，端一杯决绝的酒，一口饮尽，殊死对抗。

但有些人，偏偏就选择了风险最大的这条路。

梁羽生写过一部武侠小说《唐朝游侠传》，里面有个绝顶高手南霁云，排行第八，人称"南八"，梁羽生在书中如此评价他："敢笑荆轲非好汉，好呼南八是男儿。"跟周淮安不一样，历史上真有南霁云其人，而且也是一个武林高手。安史之乱中，他协助张巡镇守睢阳。睢阳保卫战十分惨烈，眼看城破在即，南霁云奉命杀出重围，向唐将贺兰进明请求救援。贺兰进明见死不救，但久慕南霁云的英勇，想把他留下来，陈设酒肉，具备歌舞，邀请南霁云入座。南霁云悲愤地说："我来的时候，睢阳城内的人已经有一个多月没东西吃了。我即使想一个人吃，道义上不忍这样做，即使吃也咽不下去。"然后，他当众拔刀砍断自己的一根手指，满座的人都感动流泪。但贺兰进明仍然不肯派兵救援，南霁云无奈飞马离去。快出城时，南霁云一箭射向佛寺的高塔，箭头穿进砖里，他发誓："我这次回去，如果打败了叛贼，一定回来灭掉贺兰！这一箭就作为我报仇的记号。"

南霁云没有等到灭掉贺兰的机会。他本可以继续以借兵之名，远离睢阳，但他居然又单骑杀进城去，城破后，与张巡一起被叛军杀害。他在睢阳城破后，这么回答劝降者："不可向不义者屈从。宁掉头颅垂青史，不留骂名在人间。"

又是一个"义"字！

四

英雄死了，败类还活着，而且活得很好：贺兰进明在安史之乱后，照样当他的节度使和御史大夫；而"跳槽"高手田承嗣，官运亨通，他曾是安禄山、史思明的手下大将，先后两次攻陷洛阳，又先后两次投降唐朝，在安史之乱后，还被朝廷委任为魏博节度使，南霁云的家乡恰恰就在他的势力范围……

南霁云的牺牲值吗？

后人曾有诗写道："洒血睢阳谁笑痴？故乡俎豆靡穷期。李唐社稷今何在？不及将军尚有祠！"

李唐的社稷已经不在了，但南霁云将军的祠堂，还被人们祭祀，传颂着他捍卫的那个"义"字。

但南霁云的选择，是为了后世的名声吗？是为了身后留一所供奉他的祠堂吗？

很多时候，很多人都面临着艰难的抉择：为自己，为家人，还是为天下？

彭湃家里的田地多得数不过来，长工就超过千人。但就这么一个富家子弟，居然号召农民来革自家的命。农民不相信，不愿意跟他"胡闹"，家里人也哀叹："祖宗无积德，就有败家儿。"彭湃就一家一户地做工作，好不容易把大家的工作做通了，然后聚在一起，一把火把分给自己的一大捆田契铺约给烧了……1929 年 8 月 30 日，33 岁的彭湃在上海走上刑场前，还将身上衣服脱下来赠给狱中的战友。

后人回忆彭湃，说从他身上感受到了"理想的庄严，理想的尊贵"。无法从所谓"理性"的角度，来理解一个追求理想的人，正如爱因斯坦所言："要追究一个人自己或一切生物生存的意义或目的，从客观的观点看来，我总觉得是愚蠢可笑的。可是每个人都有一定的理想，这种理想决定着他的努力和判断的方向。"

这样的人，连敌人都会肃然起敬。清朝乾隆皇帝曾这么评价明末死守扬州力拒清兵的史可法："至若史可法之支撑残局，力矢孤忠，终蹈一死以殉；又如刘宗周、黄道周等之立朝謇谔，抵触佥壬，及遭际时艰，临危授命；均足称一代完人，为褒扬所当及。"

史学家钱穆评价说：史可法堪与岳飞、文天祥“齐称为民族精神之三良”。他还对比分析过东晋两名将军陶侃与桓温，时人称前者“机神明鉴似魏武，忠顺勤劳似孔明”，“桓温亦是一文人，兼是一能将，但以‘大丈夫不能留芳百世，亦当遗臭万年’，一念之错，身败名裂。……陶侃可比诸葛亮，桓温只能比曹操。可见军人还如其他一切人，兵事、政事、人事、干济、学问、修养之外，最高还要有一人品在。此乃中国文化传统中，至高无上的特点”。

人品，是对一个中国人的终极评价，过去如此，今天亦如此。

所以，中国自古以来有各色人等，但真正延续这个国家澎湃有力的生命魂魄的，是那些纵然不能力挽狂澜却也不愿同流合污、随波逐流的中国人，腰杆挺得笔直，向一个没名没姓的乱世，坚毅决绝，大声说“不”。这样的中国人是不少的，他们值得被永远铭记。就像演过那么多角色的梁家辉，被人深深记住的，还是那位身上洋溢着古典英雄豪迈壮烈悲剧美的中年侠士周淮安，儒雅正统，沧桑凝重。

杀机四伏的客栈，冷漠无情的沙漠，他长身而立，强忍愤怒，蔑视对手，淡然一笑，举起杯来。

从历史深处走来的“赵氏孤儿”

2010年，陈凯歌的电影作品《赵氏孤儿》热映。这是在中国传统文化中占据重要地位的一个故事，程婴的忠义壮烈，相传千百年，感染无数人。陈凯歌也表示希望通过电影来歌颂忠义精神。看了这部电影的观众，赞之骂之皆有，而历史爱好者也跳出来，指责陈导演“戏说”。

赵氏孤儿的真伪，一度是史界的讨论焦点。如果上溯至“赵氏孤儿”产生的春秋时期，再来看今天这个版本的“赵氏孤儿”，能够发现最原始版本的惨案是如何一步步得到演绎，变成影响深远的复仇故事的，这或许是对中国人心路历程的一种审视。

一

赵氏孤儿的故事，最早的文字记载见于《左传·成公八年》：

晋赵庄姬为赵婴之亡故，谮之于晋侯曰：“原、屏将为乱。”栾、郤为征。六月，晋讨赵同、赵括。武从姬氏畜于公宫。以其田与祁奚。韩厥言于晋侯曰：“成季之勋，宣孟之忠，而无后，为善者其惧矣。三代之令王，皆数百年保天之禄。夫岂无辟王，赖前哲以免也。《周书》曰：‘不敢侮鳏寡。’所以明德也。”乃立武，而反其田焉。

也就是说，赵氏之惨剧，源于赵庄姬这个可怕的媳妇，她跟晋景公说了赵家要造反的坏话。在电影《赵氏孤儿》中，赵庄姬面对杀戮，拼死护子，但历史上并不是如此。赵家惨遭屠戮时，作为公主，她带着儿子赵武回宫里去住了——《左传》中没有说赵武是不是赵家遭遇大难时呱呱落地的。其实，当时赵武年纪应该较大了，因为他父亲赵朔在灭门之灾发生前就已经去世了。根据《左传》，也没有等到漫长的 15 年之后，赵武才作为赵氏孤儿重新执掌家业。

惨案发生后，韩厥（此人是赵盾提拔的，对赵家有情有义）来找晋景公，说：“赵衰的功勋、赵盾的忠诚，如果竟没有后代来继承，做善事的人恐怕就要畏缩了。……《周书》说‘不敢侮鳏寡’就是为了宣扬德行。”于是晋景公指定赵武当了赵家的新掌门人，把让人夺去的田地又还给了赵家。其实也就是在一年时间里发生的事情。

在晋国历史上，赵家有显赫地位：赵武的曾祖父赵衰当年跟随晋公子重耳逃亡，重耳后来成为一代明君晋文公，患难之交赵衰的地位可想而知；赵衰的儿子赵盾，更是权倾朝野，对外代表晋国征战，对内胆敢废立君主。当然，这也给后来家族的悲剧埋下了隐患。晋成公六年，赵盾去世，赵朔继承家业，两年后，就发生了惨剧。

那么，作为公主的赵庄姬，为何对夫家实施如此报复？其实，惨剧的源头在晋成公四年，《左传·成公四年》中载：“晋赵婴通于赵庄姬。”赵婴是赵盾的弟弟，赵庄姬的丈夫赵朔是赵盾的儿子，也就是说，赵庄姬与叔叔辈的赵婴私通了，发生了不伦之恋。赵盾的两个哥哥赵同、赵括当然非常愤怒，但又不敢得罪公主，于是把赵婴给赶出晋国了。所以，才有了后来“晋赵庄姬为赵婴之亡故……”也就是说，最原始的赵氏孤儿故事，其实是一场家族内部冲突引发的血案。

当然，这也是表面现象，就如同“一个馒头引发的血案”不足以概括《无极》一样，真正的悲剧是源于赵氏功高震主、威胁王室。这样的故事，在中国历史上屡有发生。

赵家与几代晋侯的关系，那是相当复杂。那个小时候顽劣不堪、喜欢以弹弓打人的晋灵公，跟赵盾关系不好，想把他干掉，但几次都不成功。于是赵盾要逃跑，还没跑出晋国，赵盾的弟弟赵穿就把晋灵公给干掉了，于是赵盾回到都城，迎立了晋成公。晋成公此人出生时屁股上有一大块黑色胎记，所以他被称为“公子黑臀”。赵庄姬就是晋成公的姐姐，也是赵盾之子赵朔的妻子。黑臀晋成公死后，晋景公上台，想起祖辈与赵氏恩怨，他自然对赵家没好感。这时赵庄姬及时告状，所以晋景公趁势大开杀戒，而且是借刀杀人，血洗赵家的是当时晋国两大权势家族栾氏、郤氏，大恶人屠岸贾是后来才出现的。

清洗对君权有威胁的望族，在历史上从不罕见。从屠杀赵氏、转立赵孤这事来看，晋景公既凶狠又狡猾，历史上确实如此。晋景公曾攻败楚国，使楚庄王、楚共王霸业结束，晋景公亦曾攻败齐国。不过此人死得很不光彩。《左传·成公十年》记载，公元前 582 年，晋景公“将食，张，如厕，陷而卒”，就是说，他在吃饭前感到腹胀，去上厕所，却掉到粪坑中淹死了。

二

恶媳因恨进谗、君王借刀杀人之事，为何会演变为今天搜孤救孤的忠义传奇？因为司马迁。

在《史记·赵世家》中，赵氏孤儿的故事跟《左传》已经完全不同了。

在司马迁所著的《史记·赵世家》中，晋景公年间，奸臣屠岸贾杀害了晋国宰相赵盾的全家，赵家只有赵庄姬一人得免（因为她是晋成公的姐姐），她在宫中生下一子，是名赵武。屠岸贾想灭绝赵家之后，但搜查孤儿未得。赵家门客公孙杵臼和程婴商议后，程婴假装做叛徒告发公孙杵臼藏匿赵武，公孙杵臼和赵武的替身一起被杀害。程婴身负“忘恩负义，出卖朋友，残害忠良”的骂名，忍辱负重，隐居 15 年，将赵武养大成人。程婴与赵武在朝中韩厥的帮助下，灭掉了权臣屠岸贾。最后，程婴自刎告慰公孙杵臼，赵武为其服孝三年。

大夫屠岸贾欲诛赵氏。……屠岸贾者，始有宠于灵公，及至于景公而贾为司寇，将作难，乃治灵公之贼以致赵盾，遍告诸将曰：“盾虽不知，犹为贼首。以臣弑君，子孙在朝，何以惩罪？请诛之。”韩厥曰：“灵公遇贼，赵盾在外，吾先君以为无罪，故不诛。今诸君将诛其后，是非先君之意而今妄诛。妄诛谓之乱。臣有大事而君不闻，是无君也。”屠岸贾不听。韩厥告赵朔趣亡。朔不肯，曰：“子必不绝赵祀，朔死不恨。”韩厥许诺，称疾不出。贾不请而擅与诸将攻赵氏于下宫，杀赵朔、赵同、赵括、赵婴齐，皆灭其族。

司马迁记载的，完全是一波三折、慷慨悲歌的传奇故事了，此后的诸多版本，虽然细节、人物有所调整，但大致出于此了。司马迁为何如此改写，后人只能揣测了：汉初，“任侠”成风，司马迁深受侠义精神的影响，在《史记》中为侠客、刺客作传。其中人物，至今读来仍然令人肃然起敬。司马迁所颂扬的侠义精神，集中在危难时刻不变节、不图报答、见义勇为、不惜以死抗争等方面，而这些均集中体现在《史记·赵世家》的故事中。处于当时“禁游侠”的背景下，自己又遭受腐刑，侠义精神又何尝不是司马迁内心的呐喊？

三

赵氏孤儿的故事在中国传统文化中能有今天这般重要位置，除了司马迁，更离不开一个名叫纪君祥的人，他创作的杂剧《赵氏孤儿》，成为中国戏剧史上的不朽名作。王国维在《宋元戏曲考》中认为这部作品“即列之于世界大悲剧中，亦无愧色也”。这出戏也是第一部传入欧洲的中国戏剧，曾在西方被多次改编。1755 年前后，伏尔泰曾将其改编成《中国孤儿：孔子道德五幕剧》，并在巴黎法兰西剧院公演，演出多达 190 多场，一时名声大噪。

纪氏版本主要沿袭《史记·赵世家》的故事，但更紧凑更富戏剧性，纪君祥将原来别人的婴儿改为程婴献出自己的儿子，并把程婴的身份设定为民间医生，又增加了程婴忍辱负重带着赵武投奔屠岸贾门下、让赵武认屠岸贾为义父等情节。

在元杂剧《赵氏孤儿》中，程婴有这么一段道白：

（程婴云）谁想公主自缢死了也。我不敢久停久住，打开这药箱，将小舍人放在里面，再将些生药遮住身子。天也，可怜见赵家三百余口，诛尽杀绝，止有一点点孩儿。我如今救的他出去，你便有福，我便成功；若是搜将出来呵，你便身亡，俺一家儿都也性命不保。

此版突出了复仇的主题，每一个牺牲者都嘱咐“你将的赵氏孤儿抬举成人，与他父母报仇”，孤儿最后也咬牙切齿对仇家“他他他，把俺一姓戮；我我我，也还他九族屠”。

赵氏孤儿的新编故事出现在元代，有其深刻原因。

北宋覆亡后，南逃的赵宋皇朝以赵武的直系后裔自称，倡导文武百官像程婴、公孙杵臼一样保存赵氏血脉，于是，程婴被加封为忠节成信侯，公孙杵臼被加封为通勇忠智侯，京城临安出现了专祭这两位古人的祚德庙。这种风气同样影响到已被金人占领的河北大片土地。

1278 年，在蒙古大军步步紧逼之下，端宗死，陆秀夫等拥立赵昺为帝，改元祥兴，逃往崖山。次年，宋水师败，陆秀夫背负年仅 8 岁的赵昺，投海而死，从此宋朝宣告结束。这一壮烈场景，让陷入元代黑暗统治的百姓无比伤感与痛愤。保存赵氏血脉的故事，无疑是时人的精神安慰。文天祥在被俘北上途中曾赋诗云：“英雄未死心为碎，父老相逢鼻欲辛。夜读程婴存赵事，一回惆怅一沾巾。”纪君祥的《赵氏孤儿》，无疑迎合了当时的人心，在民间几乎达到了家喻户晓、妇孺皆知的程度。

此后，赵氏孤儿故事还有多个版本，京剧有《赵氏孤儿》《搜孤救孤》《兴赵灭屠》，秦腔、川剧有《赵氏孤儿》《八义图》等，胡蝶、梁醒波还主演过电影《万劫孤儿》。

在陈凯歌版《赵氏孤儿》中，赵孤与屠岸贾决斗，在复仇最后一刻，少年面对义父无法下手，程婴为护赵孤，以身殒命，而赵孤最后把屠岸贾给杀了。跟元杂剧《赵氏孤儿》的复仇心切、杀气腾腾相比，无疑多了人性的内容。

我们不能忘记的英雄张议潮

每年农历四月初八，是释迦牟尼佛的生日，称为“浴佛节”，也是唯一一天敦煌莫高窟破例允许游人在景区护栏外围烧香拜佛。

敦煌是古代丝绸之路上的一颗璀璨明珠，莫高窟壁画凝固着历史的辉煌，是游人必至之处。莫高窟壁画，绝大多数是佛教故事。但是156窟却有一幅少见的现实题材作品，同时又是有重大史料价值的历史画。这幅壁画题为《张议潮统军出行图》。

一

张议潮是谁？

他是我们中华民族不应该忘记的人。

公元850年，整个长安，都在恭候一位僧人的到来。

人们身着盛装，涌上街头，朝廷也举行了隆重的仪式，欢迎这位九死一生、远道而来的高僧。当他终于风尘仆仆地出现在大家的视野中时，欢声雷动，他也百感交集，淌下泪来。

他不是后人熟悉的《西游记》中的玄奘，他俗姓唐，法号悟真。

玄奘当年归来时，长安城亦是举城欢迎，但悟真来到长安时，已跟前辈玄奘相隔了二百余年。玄奘归来时，唐朝国势正处于狂飙突进期，国强民富，四海咸服，万邦来朝，唐朝皇帝被奉为“天可汗”，丝绸之路将唐朝与世界紧密地联系在一起，长安是当时最繁华、最富裕、国际化程度最高的城市。但是，当悟真来到长安时，这座伟大的城市，已被轮番蹂躏了数次，而丝绸之路也被阻断了将近百年。“白头宫女在，闲坐说玄宗”，唐人沉浸在对远去的辉煌盛世的回忆中，有一种不甘的酸楚与无言的惘然。

正是因为这种复杂的情绪，居住在有着绵绵记忆的长安城里的人，无论是皇帝，还是士卒，无论是贵族，还是平民，无论是诗人，还是文盲，都对悟真的到来，欢欣鼓舞，因为，悟真带来了一个消息：

沙州光复了！

沙州，就是今天的敦煌。今天从敦煌到西安，直线距离有 1700 多千米。为了把这个消息带到长安，悟真花了将近两年的时间。当时他们分成十路，带着一模一样的文书，分不同方向朝长安进发。传统的路线是通过河西走廊一路向南，但这条路已成一条死路。十路信使只能绕道，从包围着沙州的茫茫大漠和戈壁中闯出一条路来。这十路人，最终只有悟真一路成功抵达长安。其他人，或惨死于追兵，或迷失于大漠。

悟真不走寻常路，长安在沙州的东南方向，但他一路向东北方向走，走到了天德军——当时唐朝北方边疆的军事要地，在今天内蒙古的乌拉特前旗。从今天的地图上能够看到，从敦煌到乌拉特前旗，直线距离 1400 多千米。这一路，绝大多数地方都是无人区，悟真一行，历经了多少身心磨难，遭遇了多少生死危机？天德军防御使李丕见到悟真，感动不已。在他的帮助下，悟真从天德军出发，一路向南，终于到了长安。今天从乌拉特前旗到西安的这段路，直线距离也有 900 多千米。

谁说悟真的送信路艰难险阻逊于玄奘当年？

悟真抵达长安这一年，是公元 850 年。对长安人来说，他来自一块在时间中湮没已久的土地，唐朝失去这块土地，已经超过一个甲子了。

这片丢失的土地，是唐朝刻骨铭心的恨、椎心泣血的痛。

当时的唐皇是宣宗，他接见了悟真，喜不自禁，感其功绩，将其封为“京城临坛大德”。但悟真带来的另外一个诉求，皇帝却默然了。悟真说：沙州的起义军，希望朝廷派正规部队支持，南北夹击，光复失地。但唐宣宗知道，现在的唐朝不再是当年的唐朝了，现在藩镇割据，边境烽烟四起，那支天下无敌的唐军，到哪里去了？

悟真只能在长安城里，遥向西北，祈祷：

英雄，挺住！

二

悟真说的英雄，就是张议潮。

张议潮是沙州本地人，出生于公元 799 年。这一年，沙州沦陷于吐蕃之手，已经有十几年了。也就是说，张议潮只是在老人的讲述中才知道有一个唐朝。

沙州位于河西走廊的西端。汉武帝时，卫青、霍去病北击匈奴，将此纳入中原帝国的疆域，自汉至隋，设敦煌郡。唐初改名为沙州，下辖敦煌、寿昌二县，州治敦煌。沙州是丝绸之路上的重要站口，也是进入西域的东大门，可谓中西交通的“咽喉锁钥”，经济繁荣，文化发达，被誉为“华戎所交，一都会也”。唐朝李吉甫编的《元和郡县图志》这么解释敦煌得名之由来：“敦，大也。以其广开西域，故以盛名。”

这片土地的劫难，始于安史之乱。

安史之乱让唐朝由盛到衰，为了镇压叛军，骁勇的边防驻军纷纷被调走勤王，对唐朝具有无可替代战略地位的陇右、河西地区，逐渐为吐蕃所占领。吐蕃是古代藏族在青藏高原建立的政权，自囊日论赞至朗达玛延续两百多年。吐蕃王朝崛起后，与唐朝时和时战时会盟，当时唐朝力量处于优势，文成公主、金城公主先后嫁往吐蕃，双方有过一段蜜月期。但是安史之乱爆发后，吐蕃乘虚而入。到了公元 776 年，吐蕃已攻陷了除沙州以外的整个河西地区。

从公元 770 年开始，吐蕃围攻沙州。当时沙州已经孤悬唐朝控制疆域之外，与唐朝的联系完全中断，但沙州军民誓死不降，婴城固守。当时沙州刺史是周鼎，他率众苦苦抵抗几年后，感觉城守不住了，于是与诸将商议，说咱们突围吧，把城市烧掉，一起往东边杀出去。部众都不同意，但感觉周鼎的态度很坚决，于是军官阎朝把周鼎给勒死了，自己承担起刺史的责任，继续抗击吐蕃军。确实剽悍！

当时沙州，内无粮草，外无救兵，处境十分艰难。为了解决军粮问题，阎朝“出绫一端，募麦一斗，应者甚众”，也就是说，以物易物，用绸缎来换粮食，当时丝绸是硬通货，大家纷纷响应。但随着时间推移，“粮械皆竭”，城里已经弹尽粮绝了。为了保护城内兵民，阎朝与吐蕃将军谈判，“苟毋徙佗（他）境，请以城降”，即在对方承诺不将沙州人民外迁的前提下，出城投降，时在公元 781 年。也就是说，沙州军民喋血孤城奋战了十数年！

沙州被占后，整个河西地区全部沦陷，吐蕃对待河西人民，非常残暴。吐蕃军打仗凶悍，但是管理能力跟不上，河西地区的生产力遭到极大破坏，基础设施被荒废，丝绸之路亦中断了。

但好在吐蕃兑现了不迁沙州人的承诺。张议潮的家族，仍然在城里生活，反抗的火种虽然微弱，却一直没有熄灭。

唐朝人国家荣誉感极强，开成年间（836—840），唐使者赴西域，途中“见甘、凉、瓜、沙等州城邑如故，陷蕃之人见唐使者旌节，夹道迎呼涕泣曰：‘皇帝犹念陷蕃生灵否？’其人皆天宝中陷吐蕃者子孙，其语言小讹，而衣服未改”。脱离唐朝如此之久，他们的语言已经发生了变化，但是，衣服一直没有改变，对唐朝念念不忘。

张议潮少年时期就对故国心驰神往，“誓心归国”。他“少习文史，长通韬略。……虽生长虏中，而心系本朝，阴结豪俊，密谋归唐……”他苦练武功，熟读兵法。他没有忘记：

我是唐朝的人！

三

张议潮一直在默默等待机会，漫长的时间过去了，他一直在坚定地等着。等到自己年过半百的时候，机会终于来了。

吐蕃先是遭遇连年饥荒，王朝内部又因为争权夺利自相残杀，势力迅速衰落。唐朝趁机兴兵，收复了几块失地。吐蕃贵族此时没想到去安抚控制区内的各族百姓，反而纵兵四处劫掠，终于把河西给点爆了。张议潮在沙州起事，发动起义，一呼百应。《新唐书》载：“一日，众擐甲噪州门，汉人皆助之，虏守者惊走，遂摄州事。”成功夺取沙州后，张议潮向长安派出了十路信使，希望得到朝廷援助。

但是当悟真在长安为张议潮祈祷时，后者并没有把希望全部寄托在援兵身上。他没有闲着，“摄州事。复缮甲兵，耕且战”。不得不说，张议潮是历史上难得的既擅长打仗又有管理才能还非常懂政治的全才。

军事上，他堪称“战神”，组建了一支骁勇善战的多民族部队，日夜操练，秣马厉兵，从未给敌人任何染指的机会。

经济上，他废除了吐蕃贵族统治时的各种歧视政策，恢复了灌溉和水利系统，让沙州出现了多年未有的五谷丰登的景象。

行政上，他恢复唐制，设置“州—县—乡—里”，在城内还恢复了唐前期实行过的城坊制度和坊巷的称谓，恢复了当年的文书、行政制度，重新登记人口、土地，编制户籍，制定赋役制度，唐朝的边疆竟然再度重现盛唐的光芒，商旅和使节不绝于道。

在文化上，他注意团结各族人民，河西地区秩序井然，稳定而繁荣。“独有沙州一郡，人物风华，一同内地。”

张议潮不仅一次次打退了吐蕃的进攻，还主动出击，收复了瓜州、伊州、西州、甘州、肃州、兰州、鄯州、河州、岷州、廓州等十州。

他派自己的兄长张议潭率队前往长安报捷，并献瓜、沙等十一州的图籍。此时，信使再也不用像悟真那样绕个巨大的弯子了。这个时候，除凉州以外，陷于吐蕃近百年之久的河西地区复归唐朝。

唐宣宗欣喜若狂，特下诏令，大力褒奖张议潮等人的忠勇和功勋，将他擢升为沙州防御使。没多久，唐朝下令在沙州置归义军，统领瓜、沙、甘、肃、鄯、伊、西、河、兰、岷、廓十一州，由张议潮担任节度使、管内观察处置、检校吏部尚书等职，兼金吾大将军、特进，食邑二千户，实封三百户。

张议潮的人生巅峰马上到来：公元861年，他与自己的侄子张淮深共率七千官兵进攻吐蕃在河西地区占领的最后一个城市凉州，即今天的甘肃武威。战争很激烈，在敦煌出土的《张议潮变文》中这么描写当时的战况："汉家持刃如霜雪，虏骑天宽无处逃。头中锋铓陪垄土，血溅戎尸透战袄。"

值得一提的是，围攻凉州的七千归义军中，相当数量是吐蕃降军——可见张议潮的政治才能与人格魅力，能够团结一切可以团结的人。

经长时间血战，凉州终于被攻克，张议潮马上表奏朝廷，"河、陇陷没百余年，至是悉复故地"。这是一次堪称伟大的胜利：自此之后，河西关陇连成一片，"西尽伊吾，东接灵武，得地四千余里，户口百万之家。六郡山河，宛然而旧"，从长安经萧关通往西北的道路，已完全打通！

这条路，已经中断了将近100年……

四

张议潮人生最后一段时间，是在长安城里度过的。

他在起义之前，就“誓心归国”。起义后，多年孤军奋战，收复沦陷国土，创造了“败吐蕃，河西、陇右之地尽归唐朝”的不世武功。时人作诗赞曰：“河西沦落百余年，路阻萧关雁信稀。赖得将军开旧路，一振雄名天下知。”他也实现了自己少年时代就有的“归国”梦。

公元 867 年，张议潮在长安留为人质的兄长张议潭去世，这一年，张议潮已经 68 岁，在当时已属高龄。他做了一个决定：去长安！

依唐旧制，大将在外，必有亲近留质京师。安史之乱后，唐朝已被野心勃勃的节度使，弄得完全没有安全感可言。张议潮为了表示对唐朝的忠诚，“先身入质，表为国之输忠”，将河西军政要务交由侄子张淮深，离开沙州，沿河西走廊南下，一步步走过曾经沦陷如今又归于唐朝的广袤土地，一步步走过一座又一座他收复的城市……很遗憾，他没有留下诗文，记载自己的心路历程，但完全可以想象这位老人的欣慰、自豪和感慨。

张议潮到达长安后，满朝文武叹颂，他的爱国赤诚之心，得到朝廷上下的褒奖，唐廷授以右神武统军，赐田宅于京师，享以厚遇。公元 872 年，他在长安寿终正寝，朝廷赠官太保。

他逝世的消息传到河西，各族军民，无不悲泣。

很遗憾的是，无论是《旧唐书》还是《新唐书》，均未单独给张议潮作传。近代学者罗振玉撰写了《补唐书张义潮传》[1]。中国哲学

[1] 《旧唐书》《新唐书》作“张义潮”，敦煌文卷作“张议潮”，因其在归义后改作“义潮”。

社科“六五”期间国家重点项目（历经十年完成）、白寿彝总主编的《中国通史》第六卷第四十五章，为张议潮单独立传，详细记载他的事迹，对这位英雄给予了高度评价：

从此河西走廊又畅通无阻，对于加强西北与中原地区的联系和中外经济文化交流起了积极作用。

在武力保卫河西的同时，张议潮还进行积极治理，大力发展生产，恢复经济。河西地区是民族杂居地区，有的务农，有的放牧，还有的经商。张议潮着手恢复农业生产，注意兴修水利，发展灌溉农业。当时沙州修建了许多沟渠，每一沟渠还设有“渠头”“升门”等专门管理人员。水利灌溉工程的兴建，促进了农业生产的发展，河西地区出现了五谷丰登景象。

张议潮还大力传播汉族的先进文化……使河西地区的风貌有了较大的变化。他能团结各族人民，妥善安置他们的生活与生产活动……使他们和睦地杂居在一起。

镇守河西的张淮深也很能干，多次打败各种入侵，全力经营河西，文治武功，不逊于张议潮。公元 890 年，张议潮女婿、沙州刺史索勋发动了政变，张淮深兄弟猝不及防，均被杀害。索勋自立为节度使，唐朝后来予以承认。张议潮第十四女对索勋诛杀张淮深兄弟不满，后来又率将士诛杀了索勋，大家拥立张议潮之孙张承奉为归义军节度使，张议潮之祚得以复振。公元 900 年，唐朝皇帝下诏，追认了这一既成事实。

此时的吐蕃王国，已经覆亡。而唐朝，风雨飘摇，岌岌可危，也到了覆亡的前夕，但张承奉一直奉唐为正朔。《中国通史》上说："终唐之世，始终为唐经理河西，亦可谓不忝祖德。"

五

莫高窟156窟画的是当年张议潮打仗凯旋的场景。开头是骑兵仪仗，甲械齐整，旌旗鲜明。中间有八名舞者排成两队，甩动长袖相对而舞。后面跟着乐队，有十余人，演奏各种乐器。后卫也是骑兵仪仗，剽悍的骑兵环护着旌节，那是皇帝敕封的标志。整个壁画色彩华丽，气势壮阔，彰显威仪赫赫的唐朝气象。

史载：吐蕃被驱逐后，吐谷浑王又进犯沙州，张议潮出兵讨伐，两军相遇，张议潮首战破敌，吐谷浑王败逃，张议潮率军乘胜追击1000余里，并大获全胜，活捉吐谷浑宰相等三人，并斩首示众，而后全军高唱《大阵乐》凯旋。

《大阵乐》是汉朝军歌，悲壮雄浑，亦是汉代以来中华民族的血性与忠诚之声。若知道这些背景，今人欣赏《张议潮统军出行图》时，在静默中，心中怎能不涌动汉唐之声、崇敬之情！

侠之大者

在金庸小说中，郭靖、黄蓉夫妇是“侠之大者，为国为民”精神之典范，他们以布衣之身帮助宋军守护襄阳十余年的壮烈故事，从《射雕英雄传》起，贯穿于《神雕侠侣》，最终在《倚天屠龙记》中落幕：孤城陷落时，郭靖、黄蓉与儿子郭破虏一起殉难。

元军与南宋围绕襄阳展开的攻防战，其重要与惨烈程度，堪称古代版的“列宁格勒保卫战”。当然，襄阳之战中，并无郭靖、黄蓉，但有一对平民兄弟张顺、张贵，他们当年上演了一幕气壮山河的真实传奇，绝不亚于虚构人物郭靖、黄蓉。

一

《宋史·忠义列传》记载了张顺、张贵兄弟的故事。感谢史官，让这两位草根英雄能够青史留名。

在今人看来，张氏兄弟的故事，完全就是一部武侠大片。

那是公元1272年，襄阳城已被元军围困了整整五年。襄阳地理位置非常关键，清代大学者顾祖禹就曾形容：“夫襄阳者，天下之腰膂也。中原有之，可以并东南。东南得之，亦可以图西北也。”对于南宋来说，襄阳是战略要地，堪称“国之西门”，襄阳失，则江陵危；江陵危，则长江之险不足恃；而长江天险一旦被突破，江南一马平川，还有什么能够阻挡元军铁骑？

自从襄阳被围后，南宋朝廷就一直没有停止过救援。襄阳是个易守难攻的要塞，“城高而池深，兵精而食足”，元军骑兵天下无敌，但并不擅长攻坚，所以采取筑壁建垒的方式，长期围困。如果当年能够从高空俯瞰，可以看到，南北夹汉水而建的襄阳、樊城，旌旗猎猎，城墙上堆满了各式守城武器，而在两城外围，是一个环状的长达数十里的堑壕栅壁，元军重兵驻扎；再往外，纵深数十里，是元军一个又一个要塞，连珠扎寨，星罗棋布，要断绝襄阳跟外界的一切联系。当时宋军增援，只能驾船冲破元军相对弱小的水军，沿汉水进入襄阳。

张顺、张贵兄弟，就是在这个背景下登场亮相的，此次增援堪称13世纪最强悍的一次敢死队突击。他们三千人在夜色中乘百艘船沿汉水顺流而下，直奔襄阳。当时仅仅在襄阳城下长期围困的元军就多达十万人，张氏兄弟知道此行凶险，启航前，便对众人说：“此行有死而已，汝辈或非本心，宜亟离开，毋败吾事。”但三千勇士慷慨激昂，无一人退出，“虽千万人，吾往矣”。

他们以三艘船为一组，并排联结，每船30名战士，配备火枪、火炮、炽炭、巨斧、劲弩，当中一船装载盐一袋、布二百匹，还有其他城内紧缺物资，而将左右两船中间船舱的船底去掉，舱面掩盖草席。为何如此布置？马上揭晓。

船队呼啸而下，旋即与元军水军相遇，展开激战，且战且进，拼死向前。宋军船队越靠近襄阳，元军船队越密集，离城不远处，元军战船已布满江面，并用铁索联成一排，封锁江口，无隙可入。三千勇士呐喊冲杀，一边抵抗围拢上来的元军水师，一边用巨斧砍断横贯江面的铁索，一连砍断几百道。元军舰队靠近，士兵纷纷跳上宋船，却纷纷双脚踏空，掉入水中，稀里糊涂就给淹死了——张氏兄弟把左右两船船舱底板去掉，要的就是这个效果。

遥想当年这个时刻，汉水江面在燃烧，犹如一个巨型舞台，演出着铁与火的战争大片。宋军船队势如破竹，向死而生，元军虽然凶悍，却也不敢硬撼，纷纷避其锋芒。当晨曦初露时，宋军船队成功抵达襄阳城下。

《宋史》记载，这一夜，他们转战一百二十里！

二

但是，当被围困已久的襄阳守军为援军欢呼雀跃时，张顺却不见了。

数日之后，有一具遗体浮浪而上，直抵襄阳城下的浮桥边，《宋史》上这么写道："被介胄，执弓矢，直抵浮梁，视之顺也，身中四枪六箭，怒气勃勃如生。"这是张顺的遗体，仍然披着甲胄，手执硬弓，伤痕累累，仍"怒气勃勃如生"。他应该是殿后时被元军困住，一直战斗到生命最后一刻。守军见到，惊以为神，将张顺殓葬江边，并立庙祭祀。

张贵进了襄阳城，受到英雄礼遇。守将吕文焕竭力留他共同守城。跟《射雕英雄传》中那个被敌人吓得躲到桌子底下的胆小鬼不同的是，历史上真实的吕文焕是一员悍将，此时正缺人手，见到悍勇无比的张贵，自然喜欢得不得了。但张贵却婉拒了，他另有打算：想再杀出一条血路，与驻郢州的宋将范文虎联络，约定南北夹击元军，打通进出襄阳的通道。那真是一个传奇年代，张贵找了两个高手，能够潜伏水下数日不食，让他俩执蜡书泅水潜出赴郢州求援。这是一个艰难的任务，元军严密封锁水道，用大木桩在江中打下“撒星椿”，号称“虽鱼虾不得度”。但是这两个高手在途中遇到锁江木桩，就一一锯断，居然成功泅水潜出。出去了，过几天又从水路潜回了襄阳，并带来了范文虎的蜡书：范部发兵五千人，与张贵一起在龙尾洲夹击元军。

按照事先约定的日期，张贵带着勇士们整装待发，意外却发生了：他的一名帐前亲随不见了，此人数天前因为犯了过错被鞭打处分。张贵知道坏事了！他不得不改变计划，由偷袭改为明攻，乘着夜色，“乃举炮鼓噪发舟，乘夜顺流断絙破围冒进，众皆辟易”，他们又一次砍断元军锁江铁索，勇往直前，直奔约定地点——龙尾洲。事先得知消息的元军布下重重包围，两岸点燃火把，“火光烛天如白昼”，宋军勇士们拼死杀出，仍然有不少元军想跳舷夺船，结果又双脚踏空，没入冰凉水中。

龙尾洲在望，但见战船林立，军旗飘扬，宋军大喜，发出信号示意，那些船见到信号，疾驰过来，但那些是元军水师——得知宋军计划的元军已抢先占据了龙尾洲。经过一夜血战的宋军，已经筋疲力尽，不料此刻又遭元军突袭，纷纷倒下，张贵也身中数十枪，力竭被俘。他宁死不屈，被元军杀害。

元军主帅刘整命令四名宋军降卒将张贵的尸体运到襄阳城下，转告守军说：“认识矮张吗？这个就是。”

守军见到张贵尸体，纷纷跪倒痛哭，他们知道，外援已彻底断绝了……

吕文焕把四名降卒全部杀掉，将张贵合葬于张顺之墓，立双庙祭祀。这对英勇兄弟，又在一起了。

三

张顺、张贵率三千死士救援襄阳的传奇，堪称南宋军事史上一次史诗般的极具悲剧冲击力的壮行，影响深远。宋史专家顾宏义在《天平》一书中这么写道：

> 二张援襄虽然最终全军覆没，但这一颇具传奇色彩的军事行动，大大延缓了元军对襄樊发动的总攻。然而，二张所部壮士英勇殉国，对襄樊守军及外围准备增援的宋军士气的打击也极大。二张之后，再也无宋军冲破重围进入襄樊城中，而襄、樊两城于二张死后未满半年，便先后失守。二张援襄壮举的意义及其败亡的影响，于此可见一斑。

史书上没有过多交代张氏兄弟的背景，只是说他们是襄阳西北均、房两州人，该地区属于山区，历史上就以民风强悍著称，因屡遭元军杀掠，纷纷结寨聚兵，保卫家园，张顺、张贵因为作战勇猛，

“俱智勇，素为诸将所服”，因而成为头领。也就是说，他们不是南宋正规军，是民兵。

相比于这两位草根英雄死不回头的决绝与壮烈，南宋一些权贵的行为，则让后人无语了。

襄阳失陷后，元军旋即攻占阳逻堡，进入长江水域，而后宋元之间爆发了丁家洲大战，这也是一次决定历史走向的大决战。

丁家洲一役，双方军力对比如下：南宋以权臣贾似道督军，主将为孙虎臣，集中了当时宋军的水陆主力部队，约 16 万人，军舰就有数千艘，横布长江之中，占据了地利；元军由伯颜统率，兵力总数要少于宋军，也缺乏宋军那样的巨舰。

战斗从元军在岸上以巨炮轰击宋军舰队开始，宋军中不少巨舰中炮沉没，船阵开始散乱。元军于是发动水面进攻，数千艘小划船乘机冲出，直冲宋阵，呼声震天，宋先锋将领姜才率军拼死向前抵抗。姜才是一个在南宋军事史上不得不提的人物，他身材短悍，以善战闻名，知兵善骑射，抚士卒有恩，而临阵军律甚严格，凛凛不可犯，时人称“两淮多健将，然骁雄无出姜才之右者”。这么一员猛将身先士卒浴血搏杀，很快将元军的攻势遏制了。

但是，关键时刻，一件极其龌龊而又匪夷所思的事情发生了：姜才正在前头奋战，而在中军处却有一个人公然想趁机霸占姜才的女人。姜才有一美妾，他对她特别宠溺，携之在舟。此役主将孙虎臣早就对姜才的美妾垂涎三尺，他一瞅姜才率军向前激战了，大喜：机会来了！于是急忙乘机登上姜才爱妾所乘大舰，扑向美女，欲行非礼。

宋军士兵见到这一场景，大怒，便大喊：“步师（孙虎臣）遁！”

于是宋军大乱，而元将督军猛冲，突入宋阵。另一宋军大将夏贵见状不妙，不战而退，驾快艇东走，在经过贾似道座舰时大喊“彼众我寡，势不可支”，扬长而去。贾似道一听此语，于惊慌失措之下也不辨真伪，急忙鸣锣收兵。宋船纷纷在波涛之中掉头，顿失常形，元军趁势率轻锐战舰突入宋阵，士无斗志的宋军顿时溃逃，不复成军，孙虎臣也弃阵而逃。伯颜指挥步骑沿岸夹击，宋军死伤惨重，江水赤红。此役元军大获全胜，俘获南宋将领三十余人，士兵五千余人，战船一千多艘，所获军资器械不可胜计，连贾似道的都督府官印也被元兵所得。此役过后，宋军水陆精锐尽失，更严重的是士气丧失殆尽，宋“国事已不可支”，覆亡已为期不远。

这完全可以称之为“一个急色鬼导致的惨剧”。

当天晚上，贾似道收拾残兵。孙虎臣来了，居然还有脸大哭：“吾兵无一人用命者！”“用命者”如张顺、张贵，若还在世，会不会亲手宰了这个在战场上还色胆包天的蠢货？

四

孙虎臣确实是个蠢货，在南宋末年的将领中，他根本没啥名气，无勇无谋，就是因为攀附上了贾似道，才飞黄腾达，成为丁家洲一战的主将。所以对南宋而言，这场战役一开始就注定是失败的：孙虎臣不会打仗；贾似道不想打仗，他只想着通过割地纳贡的办法求和，早日回京；而擅长水战的夏贵，也不愿打仗，原因很简单——你孙虎臣算个什么东西，居然排在我的前面？在嗷嗷叫着的凶悍元兵面前，心怀鬼胎、钩心斗角的南宋一帮人，怎么能打胜仗?

贾似道是个著名的奸臣，可以说南宋覆亡，跟他有极大关系。此人为人卑劣，睚眦必报，而权力欲望极强，独断专行，将昏庸的皇帝玩弄于股掌之上，导致朝政日坏，吏治极为腐败，内外交困，难以自拔，社会危机越来越严重。当时的学者黄震曾指出社会有四大弊：民穷，兵弱，财匮，士大夫无耻。贾似道堪称“影帝”，他最经典的“演出”，就是屡屡以辞职相要挟，来获取更多更大的权力。他疯狂到何种程度?差点让皇帝来跪求他。就在元军酝酿对襄阳总攻之前，贾似道在干什么?钱塘西山樵家女张淑芳甚有才色，宋理宗末年曾应选入宫，贾似道垂涎其美色，便收作己妾，每每与张氏作尽日欢、长夜饮，而置朝政于不理，置襄阳于不顾。

这种疯狂至极的“末日心态”在南宋朝廷弥漫，所以不难理解，为什么孙虎臣在大战开始之后，还有心思贪恋别人家的女人。

今人说宋，总称“弱宋”，读宋史尤其是南宋覆亡前的历史，常有椎心泣血之感——那种无可挽回的失控、崩溃，让辉煌文化在野蛮铁蹄前无力抵抗而被毁灭。但是，从另一个角度看，蒙古铁骑所向披靡，天下无敌，短短七十年，灭国数十，包括一些强悍的北方和西方游牧民族；而偏居一隅的南宋却能在当时世界最强大的对手面前，苦苦支撑了四十余年，这在蒙古征服史上绝无仅有。所以，南宋并非想象中羸弱，因为有那么多名将，有那么多悍卒，还有那么多像张顺、张贵这样的民间侠士，《宋史·忠义列传》中就收录有爱国志士 277 人，其中大部分是南宋人。

在史料中，南宋君臣消极抗战、苟且偷安，“不战而降”“举城出降”之类记载，比比皆是；但同时，“不屈被杀”“力战而死”的壮烈之士，也随处可见。事实上，在南宋覆亡最后关头，朝廷正规军已溃不成军，民族英雄文天祥只能凭借忠义民兵的帮助，苦苦支撑到最后一刻。

要说“弱宋”，弱的其实是掌握南宋命运的权贵们，他们在历史关键时刻颟顸且愚蠢。今天回看襄阳围城战，宋元双方均倾尽国力投入此役，谁也输不起。几年下来，南宋耗费巨大，而元朝也一度陷入无以为继的困境，元朝的疆域太过广大，围困襄阳那几年，既有天灾又有人祸，蒙古贵族叛乱不断，元军多线作战，焦头烂额。历史关键时刻，就看谁能坚持，谁能捕捉稍纵即逝的机遇。贾似道缺乏这样的雄才大略，而他的对手，却是元朝历史上具有雄才大略的忽必烈。

拥有一批名将，还有张顺、张贵这样的誓死报国的民间侠士，也不乏同仇敌忾的军民共识，如果战略高明，用人得当，南宋的国运，或可再延续一段时间。但主导国家命运的，却是贾似道这般货色。

幸好还有张顺、张贵，纵然无法改变历史，却也留下传诵千古的侠义传奇。

五

张顺、张贵兄弟死后半年，樊城、襄阳相继沦陷，吕文焕降元，忽必烈因此坚定了灭亡南宋的信心。在金庸笔下，郭靖、黄蓉夫妇力战而死。这对完美伴侣，用生命为“侠之大者，为国为民”做了注解。曾有人狗尾续貂，写过他们的死亡：刀剑之下，黄蓉倒在郭靖身上，郭靖最后一刻，想起少年时代，他背蓉儿赴一灯大师处求救时，蓉儿唱的那段《山坡羊》：“活，你背着我！死，你背着我！”

《宋史·忠义列传》中，真有一人名叫郭靖，北宋人，因为不愿臣服金国，赴江而死。而救援襄阳的张顺、张贵兄弟，被说唱人纳入梁山好汉中，后又被写入《水浒传》。其实，这对兄弟的侠义传奇，又岂是《水浒传》所能承载?

他们是划过历史黯淡天空中的流星，短暂却灼目，光辉永不湮灭。

一个叫阎应元的霹雳书生

有不少战争电影讲述了一个小人物在危难之际彰显不朽价值的故事，让我不由得想起了一个不应被遗忘却被长久湮没于历史的名字：阎应元。

阎应元是一个小人物，一个科举考试中的失败者，但他又是一个伟人，一个胜利者。当年，他卓立孤城江阴的身影，犹如中国历史上的一座能量塔，在最黑暗处迸发出最耀眼的光芒。

一

在崇祯帝自缢景山、清军铁骑南下时，谁也想不到，规模最大亦最惨烈的一场守城战会发生在弹丸小城江阴。

对明朝子民而言，那是一个绝望的时代，数十万朝廷正规军，像没头苍蝇一样，无法组织一场有效的防御，一触即溃，一溃千里，一座座坚固的城池，一个个显赫的将军，不战而降。那时尚且彪悍的八旗子弟，真正是“气吞万里如虎”。如果能够用动态图来描述当年的态势，我们能看到清军的攻势，如同汹涌的血红大潮，势不可挡，漫过明朝的锦绣河山，零星的抵抗此起彼伏，但瞬间被大潮淹没，只剩几个涟漪，但这股大潮，却在江阴城下，停滞了整整八十一天。

如果能够还原江阴城那八十一天的坚守，我们能看到孤城内外无尽流淌的鲜血，红衣大炮的轰鸣让大地一次次震颤，硝烟中人们的怒吼、呻吟与哭喊，尖刀砍入铠甲，利箭穿透肉体。一次次冲锋被击退，攻守双方的尸体，填满了城墙破损处。

发生于公元1645年夏秋之际的江阴之战，在卷帙浩繁的《明史》和《清史稿》中，几乎很难找到记载。但幸运的是，还有古人的两则记载，一是邵长蘅的《阎典史传》，一是韩菼的《江阴城守纪》，从某种程度上来说，这两篇文字，堪称优秀的战争文学。

当时，攻城与劝降一直在进行中。有一次，城里派出一群白发老人假装投降，他们奉送“降礼”，但白花花的银子底下，全是火药。清军欣喜若狂，升帐纳降，观者云集，老人们引爆了炸药，“烟焰蔽天，震响如雷，触者咸死”。可以想象，那是一场何等剧烈的爆炸。当城外爆炸声响起时，江阴城头也响起了悲怆的炮声，那是在为慷慨赴死的乡贤耆老们致哀……

还有一个细节，更是让人感慨万千：江阴城在重重围困中迎来了中秋节，虽然粮食已经匮乏，但城中军民还是做了月饼，百姓带酒登城，举杯痛饮，善歌的人登高传唱，以笙笛箫鼓相和。《江阴城守纪》详细地描写了此时此刻：“时天无纤翳，皓月当空，清露薄野，剑戟无声。黄弩师鼓胡琴于西城之敌楼。歌声悲壮，响彻云霄。外兵争前窃听，或怒骂，或悲叹，甚有泣下者。”

这样的守军，怎么会投降？

这一切，都离不开一个人——阎应元。

二

阎应元所担任的典史，是个未入流（九品之下）的文职外官，比芝麻官还小，为县令的佐杂官，不入品阶，原本职责是“典文仪出纳”，在明清两代，这是知县下面掌管缉捕、监狱的属官。当时还规定，县里的县丞、主簿等职位裁并时，其职责由典史兼任。值得一提的是，阎应元率江阴军民守城时，身份还是个退休的典史。

这么一个身份卑微的退休小公务员，率领守城的也是一群没经过什么军事训练的民兵，但他的才能和战绩却让同时代拥兵数以十万计的重臣或将军都自愧不如。后人曾感慨：这么一个军事天才，登上历史舞台的时间太晚了，而且历史给他的舞台太小，就一座小小的江阴城。

但在这么一个寒碜的窄小的舞台上，阎应元却主演了一场惊天动地的史诗大戏。

二十四万大军围城，武器精良，日夜强攻，城内军民加上妇孺，也就十余万人，外无援军，却能坚守八十一天，离不开阎应元强大的组织统筹能力。他深谙守城之术，又娴熟用人之道，积极招募人才，把小小江阴城变成一座不断科研创新的兵器工厂，他们创造了“化学武器”：箭头敷火药，见血立死。还有重型兵器：弩长尺余，箭长五寸，百步之外，皆可命中目标。更有各种火药武器，轰然爆炸，铁片纷飞，有点开花炮弹的意思了。守军兵器如此强大，所以清兵虽多，每每望城兴叹，战栗无人色。即使是清兵也闻之胆落，每次攻城下来都要为幸免不死而大肆庆祝。

在关于江阴之战的记载中，颇多“一物降一物”的较量，例如守军火力强劲，清军就弄了防护罩，即三层牛皮帐，帐内有九梁八柱，矢石投在上面，都被反弹起来，不能进入。阎应元后来设法破解了这一障碍。

在艰苦卓绝的战斗中，阎应元除了在“物”的层面上想方设法，还在“心胜”方面，竭尽全力。他一方面身先士卒，战斗在守城第一线，近身搏斗，激励军民；另一方面，他严防内奸，将清军奸细和守军叛徒逐一歼灭，确保了城内人心稳定，而中秋节组织军民登城高歌，更是对围城者的一种攻心。

作为一个小小的典史，阎应元在科举考试中是失败的，没有取得功名，但他在战场上的机智表现，却比那些只会做八股文的同时代人，不知高出多少。

阎应元同时代的读书人，最大的问题就是只会读书。江阴之战前 150 年左右，明朝伟大思想家王阳明曾一针见血指出：“儒者患不知兵。仲尼有文章，必有武备。区区章句之儒，平日叨窃富贵，以词章粉饰太平，临事遇变，束手无策，此通儒之所羞也。”意思是：儒生最大的缺点就是不懂兵法，虽然孔子说“有文事者，必有武备”，但当世的儒生仅仅是巧于章句，平时只关注科举及第和荣华富贵，儒生做文章粉饰太平，一旦遇事，就束手无策，实乃儒生之耻。王阳明本身就是一个通晓兵法的读书人，文才武略，完美结合，达到中国古代文人用兵的巅峰。

是的，以前读书人是很在乎能文能武的，例如孔子，他臂力过人，尤其善射，试想想，他带着学生周游列国，频频遇到凶险，没点功夫确实不行。事实上，孔子提倡“礼、乐、射、御、书、数”六艺，要求学生掌握这六种基本才能，可不仅仅只是读书一项。能文能武，很长一段时间是儒生的毕生追求，无论是“上马击狂胡，下马草军书”，还是“上马杀贼，下马赋诗”，都是儒生向往的境界。

历史上，这样文武双全的儒生也不少，譬如南宋辛弃疾，二十多岁时就敢率众起义抗击金兵。有一次，叛徒张安国杀死义军首领后潜逃至金军，辛弃疾当即组织敢死队，率领五十多人冲进几万人的敌营，居然成功地把叛徒抓住并带了回来——简直就是南宋版的特种部队斩首行动。所以，他的诗词，无论是“夜半狂歌悲风起，听铮铮、阵马檐间铁”，还是“射虎山横一骑，裂石响惊弦”，与那些只会嘴上豪迈的文人作品相比，给人的感受是完全不一样的。

遗憾的是，口若悬河、文章做得花团锦簇的书生们，却逐渐失去了文武双全的能力，像阎应元这样堪称“霹雳书生”的，更是少之又少。

后人曾经设想，与阎应元同一时期的英雄史可法，如果也有阎应元这样的军事才能，那么，他率领重兵守卫的扬州城，又怎么会在一天之内就被攻下呢？

可惜，历史不能假设，虽然史可法在后世的名气，远远大于阎应元。

所幸，很难留下小人物名字与事迹的历史，还是在一个角落，给了阎应元一席之地。

三

阎应元死得非常悲壮。

江阴城被攻破的时候，他带着千人顽强巷战，杀死清兵无数，欲从西突围而不得。他环顾从者道：“为我谢百姓，吾报国事毕矣！”后自拔短刀，刺胸血出，投在前湖中。义民陆正先想把他从水中扯起，正赶上清军将领刘良佐遣兵来擒，刘良佐自称与阎应元有旧，要生擒他，于是清兵把他捞起绑住，没有杀他，送到刘良佐处。

对于攻城者刘良佐来说，阎应元是他的噩梦，小小一个典史，守着小小一座江阴城，却让他率领的大军攻不下来，差点把他逼疯了。但阎应元对他而言，还有比噩梦更复杂更丰富的含义，其中或许有钦佩、迷茫、自秽。因此，当浑身是血的阎应元被押进来时，正傲慢踞坐的刘良佐马上跳起来，双手拍着阎应元的背，居然哭了起来。

在苦战中，刘良佐曾一直幻想劝降阎应元，却只换来后者的怒斥：“有降将军，无降典史。”这是一句响彻历史的名言。

是的，刘良佐是一个投降的将军，他本是明朝重要将领，还被南明封为“广昌伯”，地位尊崇，却在清军下江南时，带兵十万投降，转眼就变成灭亡南明的主力。所以江阴城上，阎应元这么骂他：“将军位为侯伯，掌握重兵，进不能恢复中原，退不能保障江左，有何面目见我江东忠义士民乎？”

阎应元本来可以不死，江阴城被围困时，他不在城内，受城内军民相邀才临危受命，组织守城；守城守得很好，清军损失惨重，不断劝降，承诺种种条件。刘良佐更说得很明白：“弘光已北，江南皆下。若足下转祸为福，爵位岂在良佐下，何自苦如此？”意思是说，明朝皇帝都投降了，你还这么坚持做什么呢？如果你投降，爵位肯定不在本人之下。

是的，如果阎应元“见好就收”，以他如此表现，自然能够在新政权中谋取一个好的位置，得一场大富贵。但是，总有超越爵位、富贵的选择，并非人人都是刘良佐。

刘良佐见阎应元的态度，知道他不会像自己一样选择屈辱地活着，所以才会拍着对方的背，哭几声。果然，阎应元很快被清朝亲王博洛拉过去亲自审讯。阎应元挺直腰杆站着，骂不绝口，绝不下跪。一卒以枪刺他的小腿，“血涌沸而仆”，阎应元血流如注，体力不支倒地，仍然没有跪下。博洛命人把他关到栖霞庵。当夜，寺中僧人不停听到“速杀我”的声音。天明时，阎应元遇害。

没人知道阎应元的墓地在哪里，甚至没人知道他牺牲时多大年龄。在很多人眼里，他是一个典型的“不识时务者”。

在中国历史上，“识时务”的“俊杰”太多了，所以才有女子鄙夷地写下如此诗句：“十四万人齐解甲，更无一个是男儿。”

阎应元是真正的男儿。

江阴城破若干年后，有个名叫赵翼的人，面对阎应元的画像，长久肃立。赵翼不是寻常人，他是清代著名的诗人和史学家，曾写下这样的名句“江山代有才人出，各领风骚数百年”，认为李白、杜甫也不过如此，但他站在阎应元的画像前，却沉默了，最终发出了“何哉节烈奇男子，乃出区区一典史”的感叹。

是的，阎应元或许读书读得不是很好，但他是个认死理的人：脑袋可以不要，但膝盖是不能弯的。

正是有这种坚持认死理的人，中国人的精神血脉才一代一代延续下来，时至今日，还有很多人不会轻易交出自己的膝盖。

四

当清军冲进让他们付出尸山血海代价的江阴城时，他们又恨又怕的阎应元正端坐于东城之上，要了一支笔，在城门上题联：“八十日带发效忠，表太祖十七朝人物；十万人同心死义，留大明三百里江山。”写完之后，他扔下笔，拿起刀，开始巷战。

很多人，一辈子都唯唯诺诺，小心揣摩别人，从来不敢为自己活着；也有很多人，随机应变，圆滑变通，从来没有什么值得始终坚守；但也有很多人清楚，有一些东西自己应该殊死争取与保卫：理想、信念、梦想，还有血性。

不愿下跪的阎应元死了，但他以另外一种方式永生。

据记载，阎应元躯干丰硕，双眉卓竖，目细而长曲，面赤有须。每次巡城，身边有一人执大刀跟随左右，颇有关云长再生之感。清兵望见，以为天神。

这个形象，应被我们永远铭记。

做人当学方以智

近读“明末四公子”之一方以智的故事，竟有相见恨晚之意。

在“明末四公子”中，方以智的名气，不如当时的文坛领袖陈贞慧，与侯方域、冒襄二人差距更大——侯方域、冒襄与“秦淮八艳”中的美女李香君、陈圆圆、董小宛的香艳故事，流传至今。

但方以智绝对是最值得一写的，不但因为他的才华，更因为他的忠诚——连敌人都佩服的忠诚。

一

常说“自古忠孝难两全”，然而在明末清初乱世之中，方以智达到了“忠孝双全”的极致。

先说“孝”。晚明内忧外患，天下大乱，方以智的父亲方孔炤任湖广巡抚时，正值农民起义军张献忠部攻入湖北，方孔炤激励将士英勇作战，连战连胜，一度杀得张献忠军躲着方孔炤走。此后朝廷重臣杨嗣昌督师平寇，调度失宜，导致方孔炤在襄阳一役中战败。此后，杨嗣昌反借此弹劾方孔炤贻误军机，方孔炤被逮捕下狱。“贻误军机”可是重罪，当时崇祯皇帝着急上火，杀了不少大臣，方孔炤凶多吉少。

时为1641年，方以智在京城任小官，挺身救父，“怀血疏讼冤”，蘸着自己的鲜血写下为父申冤书，长达一年多时间，每天替父亲奔走，哭号喊冤。这份孝心打动了崇祯帝，于是崇祯帝将方孔炤从轻处理，免去死罪，遣戍绍兴。

崇祯帝对方以智的印象本来就不错，方孔炤蒙冤前一年，30岁的方以智中了进士，选为庶吉士。有人向崇祯皇帝推荐方以智，崇祯召对德政殿，方以智“语中机要，上抚几称善”。许多年后，飘零江湖、削发为僧的方以智，又听到了崇祯生前对他的评价。当时，他的老乡兼老友钱澄之去看方以智，途中借宿一座寺庙时，遇到一位僧人，原来是服侍崇祯帝的内廷太监，两人聊得投机，前太监听说钱澄之与方以智相熟，于是发了一番感慨。《清史稿·方以智传》记载：

昔侍先皇，一日朝罢，上忽叹曰：“求忠臣必于孝子！”如是者再。某跪请故，上曰：“早御经筵，有讲官父巡抚河南，坐失机问大辟。某薰衣，饰容止如常时。不孝若此，能为忠乎？闻新进士方以智，父亦系狱，日号泣，持疏求救，此亦人子也。”言讫复叹。

这段话的意思是：崇祯帝拿一个讲官（为皇帝经筵进讲的官员）与方以智来对比，这个讲官的父亲在河南做巡抚，因罪问斩，那个讲官居然无动于衷，服饰、神情、举止如同平常。崇祯帝感叹：“不孝若此，能为忠乎？”相比之下，方以智为救父亲，日日持血书哭泣申诉，“这同样也是做人的儿子啊！”崇祯帝因此得出一个结论：忠臣，一定要从孝子中来找。

方以智听到这段转述时，距离崇祯帝在煤山自缢已整整十年，明朝早已覆亡，新朝已是顺治十一年。《清史稿·方以智传》中记载，当时方以智匍匐在地，失声痛哭。

再说“忠”。李自成攻破北京城，崇祯自尽，方以智在崇祯灵前痛哭，不愿离去，被抓住，“加刑毒，两髁骨见，不屈”。可见他当时遭受了严刑拷打，但确实是个硬汉子。不久李自成兵败山海关，方以智趁乱逃往南方，却被腐朽不堪的南明小朝廷排挤，四处流浪，饥寒交迫，却始终不肯投降清朝。1650 年，他在广西平乐被清兵抓获。史载：“其帅欲降之，左置官服，右白刃，惟所择，以智趋右，帅更加礼敬，始听为僧。”清军统帅给了方以智一道选择题：左边是官服，右边是钢刀，你选哪个？方以智毫不犹豫走向钢刀，宁可死，也不当清朝的官。

忠诚刚烈如斯，连敌人都很佩服，方以智被释放，当了和尚。

清康熙十年（1671）冬，方以智再次被捕，从江西押往广东时，途经江西万安惶恐滩头，因疽发卒于舟中。但另有一说，更为后人所接受：方以智行至惶恐滩头，想起前朝文天祥事迹，自沉殉国。

身为僧人，为何又遭清军逮捕？越来越多的考证认为，方以智是反清复明组织天地会的创始人。

无论多么绝望，他一直没有放弃基于忠诚的努力。

二

方以智是一个被后世严重忽略的人。

他顶着“明末四公子”之一的光环，后人津津乐道他们的风流韵事，感慨这些浊世翩翩佳公子与风华绝代的女人们，在天崩地裂中的悲欢离合、命运变迁。但方以智跟其他三公子陈定生、侯方域、冒襄真不一样。他是学霸，四公子中唯一考中进士的。四人均以才华著称，但方以智不仅仅写得一手好文章，更是一位旷世奇才。

方以智文武双全。好友陈子龙如此夸赞方以智：“六龄知文史，八岁游京师，十二工书法，隶草腾龙螭，十五通剑术，十八观玄仪，旁及易象数，物理不可欺。”方以智是剑术高手，日后创办天地会，亦在情理之中。但“文武双全”远不能概括方以智的才学，《清史稿·方以智传》中这么写道：“以智生有异禀，年十五，群经、子、史，略能背诵。博涉多通，自天文、舆地、礼乐、律数、声音、文字、书画、医药、技勇之属，皆能考其源流，析其旨趣。”

他是安徽桐城人，与其他三公子一样，均出身名门望族。方氏是桐城地区这一时期主要的世族：曾祖父方学渐，精通医学、理学，对诸子百家融会贯通，自成体系。祖父方大镇曾任大理寺左少卿，也是个大学问家，著作等身。外祖父吴应宾，精通释儒。父亲方孔炤，官至三品，通医学、地理、军事，并且较早地接触西学，主张研习经世致用的知识。这样的家族，对方以智影响至深。家里给他找的老师，也都是名流，除了醇儒，还有像傅海峰这样的名医。

方以智从小苦读诗书，随父宦游时，见名山大川，历京华胜地，阅西洋之书，颇长见识。值得一提的是，明末西学东渐，方以智一面秉承家教，以《易》学传世（方孔炤就是著名易学家），一面又广泛接触传教士，学习西学。他跟西洋传教士毕方济、汤若望都有很深交往，学习西方近代自然科学，也因此拥有了远超他那个时代同龄人的科学素养与世界观。

例如，他的科学著作《物理小识》辑录了各种学科的大量知识，涉及光学、电学、磁学、声学、力学诸多方面，尤其在光学方面的成就更为突出。他认为光不走直线，光在传播过程总要向几何光学的阴影范围内侵入，使有光区扩大，阴影区缩小，由此提出“光肥影瘦”现象，为此还做了小孔成像实验。“光肥影瘦”，与今天所说的衍射现象很类似，而且与西方科学家发现衍射现象在时间上大体相当。在声学方面，他对声音的产生、传播、隔音、共振等都进行了研究。他关于炼焦和焦炭作用的记载，是我国也是世界上炼炭和用炭最早的文字记载，比欧洲要早一个多世纪。

《四库全书总目》称《物理小识》“考证奥博，明代罕与伦比”。《物理小识》传入日本后，被日本学者评价为“当奈端之前，中国有些著作，诚可以自豪”的关于自然科学的百科全书著作。奈端，即牛顿。

后人评价方以智是“明代著名思想家、哲学家、科学家”，其实，他还是文学家、政治家、书画家、社会活动家、革命家，甚至还能称得上是医学家——他撰有多种医学著作，通过与传教士的交往，还了解了西医之解剖学，并撰文介绍给国人。愤而离开南明小朝廷后，他浪迹天涯，一度以卖药为生。

学者罗炽所著《方以智评传》一书，称方以智为明末清初中国的“百科全书派”思想家。熟悉他的网友则风趣地说：他是陈近南与王重阳的结合体——陈近南为《鹿鼎记》中天地会的总舵主，王重阳在《射雕英雄传》中抗金失败后愤而隐居并开宗立派——方以智合二为一。

他确实有武侠小说的传奇：晚年将自己的学问分别传授给三个儿子和侄子，四人各学一样，居然都成了大家。

三

后人说起方以智，除了景仰，就是叹息。

他生前坎坷，身后寂寞。

只能说，方以智生不逢时。方以智生于万历三十九年（1611），巧合的是，崇祯皇帝也是这一年出生。"万历中兴"的时代背影渐行渐远，皇帝已多年不上朝，荒于政事，君臣矛盾尖锐，国家运转几乎停摆，而辽东后金迅速崛起，明朝已不可避免地走向衰亡。方以智青年时，阉党当道，政治黑暗；壮年时，正值改朝换代，狼烟遍地，山河破碎，他也颠沛流离，零落天涯。

假如，方以智生在一个岁月静好的时代，有一间平静的书斋，这位不世出的人才，能有多大的成就？

《物理小识》的成书时间，和伽利略《关于托勒密和哥白尼两大世界体系的对话》这一西方科学巨著的出版时间（1632）差不多同一时间，方以智的科学理论水平，与西欧著名科学家相比，毫不逊色。

在《物理小识·总论》中，方以智气势磅礴地写道："智每因邵蔡为嚆矢，征河洛之通符，借远西为郯子，申禹周之矩积。"意思是他要以古代的博学者为师，广泛吸收中国和外国的自然科学知识和其他一切知识，以博古通今。这几句话，表露出他对知识的热切追求。当代著名哲学家陈来评价：方以智那种对于知识的热爱和追求，那种对摒弃知识的学说的憎恶和鄙夷，那种追求知识而不顾一切的勇气，那种博采万力的宏大胸怀，不能不使人联想到几乎与他同时代的英国哲学家弗兰西斯·培根。总使人觉得，他的“因、征、借、申”的豪言，与“知识就是力量”的壮语，表达的是同一种对新的科学的召唤。

西方称：培根是上帝派来的天才人物之一，他教会人们如何获得成功，如何造就伟大。方以智难道不也是上天派来的天才人物吗？遗憾的是，他生逢乱世。

但即使在天崩地裂、风雨飘零之际，仍然有后世公认的明末清初三大思想家：王夫之、顾炎武、黄宗羲，他们三人跟方以智均是同年代生人，他们也同样誓不降清，气节凛凛，但他们都比方以智长寿，顾炎武 69 岁，王夫之 73 岁，黄宗羲则活到了 85 岁。方以智去世时，正好是 60 岁。

现在有句流行语，“余生很贵，不要浪费”。假如，方以智跟王夫之、顾炎武、黄宗羲一样，晚年潜心著述，不再过问政治，那么，三大思想家也许就会变成四大思想家了。

四

其实，在方以智的生命中，明朝对他并不宽厚。

方家与东林党有很深的渊源，视阉党为仇寇，方孔炤就因为得罪了魏忠贤而被免职。方以智在青年时代，每与友人相聚，共愤国事，说起阉党当道，慷慨呜咽，拔剑砍地。崇祯帝虽然欣赏他，但他的意见并不为皇帝采纳。清朝入关后，方以智辗转南下，投奔南明弘光政权，却遇到仇敌阮大铖把持朝政。

阮大铖是才子，人品却低劣不堪，先依东林党，后依魏忠贤，崇祯朝曾以附逆罪被去职，在南京时便四处活动，想东山再起，却被驱逐，便认为是方以智从中作祟。但坏人总是能抓住机会，阮大铖在南明权倾一时，对东林、复社大加报复，他见到方以智，开口就是：李自成入京后，你怎么还活着，没有殉节？他便把方以智列入“从逆六等”中的第五等。

方以智只能继续逃亡，流寓岭南、两广一带，以卖药为生。后来他参与拥立永历政权，却发现这个小朝廷也是奸人当道。他遭到太监王坤诬陷，被免职后，不得不遁迹于湘、桂、粤西一带，过着“曲肱茅屋鸡同宿，举火荒村鬼作邻”的生活。

这样的朝廷，值得忠诚吗？

方以智有无数的理由，放弃“忠诚”二字。明朝覆亡、清朝夺得天下的过程，无时不在上演着“忠诚与背叛”的故事，明朝纵然有一批硬骨头，但软骨头更多，否则，清朝铁骑虽然骁勇，但单凭己力，又何能吞下明朝江山？

那个以没有“殉节”为借口来打击方以智的阮大铖，在南京城沦陷后，立刻降清，还随着清军去进攻明军，最终死于攻打仙霞关的石道上。

那个名满天下、与“四公子”相交甚深的钱谦益，身为东林党领袖，当清军兵临城下时，夫人柳如是劝他一起投水殉国，钱谦益沉思无语，最后走下水池试了一下水，说："水太冷，不能下。"柳如是"奋身欲沉池水中"，却给钱谦益硬拖住了。后来，钱谦益剃发降清了。

侯方域，"四公子"之一，《桃花扇》男主角的原型，在大势已去后，他并没有像《桃花扇》中那样去当道士，而是动摇了，写了诗文阿谀新朝，还参加了清朝的乡试，讽刺的是，他只考上了副榜。后人以诗相讽："两朝应举侯公子，忍对桃花说李香！"

方以智的不平凡，就在于此：他理解同时代人的所有选择，包括背叛；但他不会这么选择，哪怕名利诱惑，哪怕生死考验，他仍然选择了忠诚。

在一个背叛者遍地的乱世中，方以智为何还要坚持忠诚？

"天下至德，莫大乎忠。"忠诚，是人最宝贵的品质，古今中外皆然。无论对爱情，对朋友，对组织，对民族，对国家……无论哪个层面的忠诚，都是不可缺少的，即使是背叛者，也不希望别人对自己不忠诚。失去忠诚，就失去了信任，一个没有信任的社会，他人即地狱。哈佛大学哲学系教授乔西亚·罗伊斯 1908 年出版了《忠的哲学》，他认为，忠诚是人们一切道德行为的基础，人们差不多所有的行为均会涉及忠诚的问题。忠诚自有一个等级体系，并分档次级别：处于底层的是对个体的忠诚，其次是对团体的忠诚，而处于顶端的是对一系列价值和原则的全身心奉献。

方以智是忠诚于什么呢？

简而言之，应该就是使中国文化得以延续的士大夫精神，任沧海桑田，任天崩地裂，人在天地间，卓然而立，不失节操。

五

在留存于世的方以智的画像中，他面目清秀，神情淡然，眼神坚定，是一个有大智慧的人。

常人看来，方以智不是一个十分理智的人。但方以智的智慧本来就超越了常人。

在有些自私的人看来，“忠孝两全”似乎是过时的做法，方以智也只是愚忠。但是，今人又怎能超越特定历史时期来评判一个特定历史时期内的人？何况，假如今天身边有一个方以智这样的人，不会令人充满安全感吗？

做人，当学方以智。

何晏这一生

魏晋南北朝是夹在秦汉与隋唐大一统时代之间的分裂年代，扭曲，混乱，当时的人们，也呈现与汉唐完全不一样的气质。

何晏其人其事，是观察这段历史的极好切入口。

一

何晏是一个著名的美男子。

美成什么样子？他给后世留下了一个成语“傅粉何郎”，典出自《世说新语·容止》：“何平叔美姿仪，面至白，魏明帝疑其傅粉。正夏月，与热汤饼。既噉，大汗出，以朱衣自拭，色转皎然。”

这段话说的是：何晏有一张俊美的脸，细腻洁白。魏明帝曹叡心里嘀咕：这小子脸上搽了一层厚厚的白粉吧？曹叡也是个调皮的人，于是找了个大热天做实验，他把何晏叫来，赏了何晏一碗热汤面。何晏吃得满头大汗，小白脸上尽是汗珠，他撩起衣裳擦汗，曹叡瞪圆双眼，却没看到他期待中的白粉汗污、妆容破败的一幕，相反，擦完汗后，何晏的脸显得更白了……

真是俊美无比！

俗话说“一白遮百丑”，何晏不仅白，而且美；不仅美，而且臭美。史书中记载说，何晏超级自恋，“行步顾影”，走起路来一步三摆，顾影自怜，动不动就拗个造型。

多么辣眼睛的画面！

历史上有些美男子，因为感觉自己太美，有损男儿本色，因此想办法来遮掩一张俊脸，比如南北朝时的兰陵王，又比如北宋时的狄青，上阵杀敌时，都戴一张铜面具，一时杀气腾腾。何晏这般追求阴柔美，跟兰陵王、狄青相比，又走到另一个极端了。

何晏不仅美，还有才，少年时即以才华闻名，成年后，写得一手好诗文。更重要的，他还是引领潮流的时尚人士，他是魏晋玄学的创始者之一，火得不行。打个比方吧，就类似 20 世纪 80 年代的朦胧诗人、90 年代的摇滚巨星，当时可是天王巨星一样的人物。

当然，流行并不都是好的，比如今天的流感，比如魏晋的嗑药。何晏当年是个“瘾君子”，他喜欢服用寒食散。寒食散是道士炼出的一种丹药，这玩意儿是有毒的，但魏晋时代的人看不到《走近科学》一类的节目，误把毒丸当仙丹。何晏常说：“服食寒食散，不只能治病，也觉得精神很清爽。”他不仅自己服用，还用自己的明星号召力，带动大家一起服用，一时嗑药成瘾，乌烟瘴气。北宋大文豪苏轼就说过，嗑药肇始于何晏。

需要交代一下何晏的背景：他爷爷是东汉大将军何进，他继父是著名的曹操——何晏生父早逝，母亲尹氏美貌，被曹操纳为妾。作为“拖油瓶”的何晏，一起进了曹府，他从小聪明伶俐，人又长得俊俏，曹操很宠爱他。何晏长大后，曹操还把女儿金乡公主嫁给了何晏——如此说来，何晏可不是一般的文人雅士，他是皇亲国戚。

能够嫁给何晏这样的超级美男子，金乡公主应该还是比较满意的，但令她苦恼的是，何晏此人特别好色，又胡作非为，公主很是忧虑。

公主贤，谓其母沛王太妃曰："晏为恶日甚，将何保身？"

一语成谶。

二

如果满足于一个花花公子的人设，何晏其实可以善终，但是，性格决定命运。

何晏留给历史的一个重要身份是"玄学家"，他崇尚清谈，开一时风气。他著有《无为论》，理论是：天地万物皆以无为本，"无也者，开物成务，无往不存者也"。他认为"道"或"无"能够创造一切，"无"是最根本的，"有"靠"无"才能存在，由此建立起"以无为本"，"贵无"而"贱有"的唯心主义本体论学说。换作大白话来说就是顺其自然吧，这世间没有什么值得咱们折腾的。

但事实上，何晏是个特别喜欢折腾的人。他口口声声重"自然"而轻"名教"，向往岁月静好，但在实际表现中，却酷爱热闹喧嚣，对名利权位、金银珠宝等身外之物孜孜以求，甚至不择手段，绝对是个心口不一的"两面派"。

曹操很喜欢何晏，但曹丕特别烦他，叫他“假子”，这是说他不懂规矩，不知道自己的身份。当时宫廷礼法甚严，何晏却无所顾忌，所穿的服饰与世子相类似。曹丕这人连亲生弟弟曹植都想干掉，可见心胸不够宽广，对何晏自然没有好脸色：你不过一个养子，还真把自己当人物了？

不过，何晏没有栽在曹丕手里，曹丕厌恶他，没让他当官。曹丕驾崩后，接下来的曹叡也不喜欢何晏，认为这人虚浮不实，只给他担任一些闲职。何晏急啊，他自恃有才华，能担重任，怎么搞成这样？他大谈玄学，功名利禄之心却始终处于膨胀之中。殊不知，有才名却满心浮躁急于富贵者，在整个历史中，没有几人能得善终。

何晏等来了机会：曹叡驾崩，太子曹芳继位，由大将军曹爽与太尉司马懿辅政。曹爽跟何晏是好朋友。于是，何晏飞黄腾达了。

曹爽本来是个谦虚谨慎的人，但权力一大，尤其是重用何晏、邓飏、李胜、丁谧等有虚名而无实学之辈后，人就变了。他听从丁谧、何晏几个亲信的计谋，尊司马懿为太傅，乘机削去司马懿的军权。同时晋升司马懿的亲信蒋济为太尉，趁机免去蒋济执掌禁卫大权的领军将军一职，改任命其二弟曹羲为中领军，又废除禁军五营中的中垒、中坚两营校尉，把两营兵众交由曹羲直接统领。另以曹训为武卫将军，统领禁军武卫营，曹彦为散骑常侍，曹爽兄弟于是完全掌握京师禁军。他的表弟夏侯玄则被任命为中护军，负责总统诸将，选拔举用军队武官……慢慢地军队中全是“曹家军”，把司马懿给架空了。

何晏献计有功，当了吏部尚书、侍中，负责选拔干部。这是一个重要职位。只是何晏此时也被权力腐化了，完全不顾忌名士的身份，仗着曹爽的权势，在干部选拔方面，任性得很，迎合他的人升官加爵，违抗他的人罢黜斥退。朝廷内外，都看风向行事，不敢违抗这个看似“贵无”、实则睚眦必报的美男子。

他还是个贪官，而且吃相很难看：强行割洛阳和野王典农的数百顷田地作为自己产业，并窃取官物，向其他州郡要求索取，官员都不敢抗逆。

也有人敢直言，黄门侍郎傅嘏就很瞧不起何晏，认为他是一个玩嘴皮子的人，他还对曹爽的兄弟曹羲说：“何晏外表文静而内心浮躁，巧取好利，不求务本，我恐怕他一定先诱惑你们兄弟，仁人志士将远远离去，而朝政将要荒废了。”何晏恨啊，找了个借口，把傅嘏给免职了。

时人愤怒，把何晏、邓飏和丁谧称为“三狗”——想想也真悲催，何晏堂堂一个美男子，居然混成了“狗”。但“三狗”不以为意，反而越来越嚣张，最后弄得司马懿只能装病回避。

读过《三国志》或《三国演义》等书的人都知道：论玩计谋，曹爽与何晏、邓飏和丁谧等人，又哪是司马懿的对手？连智慧超群的诸葛亮，都被司马懿拖垮了。

正始十年（249）正月，司马懿乘曹爽兄弟陪同曹芳拜谒魏明帝行至高平陵时，发动政变，封闭洛阳城并占领曹爽和曹羲的军营。曹爽完了，何晏也完了。

三

何晏之死，颇具戏剧性。

据说他死前还遭到戏弄。《魏氏春秋》记载，司马懿命令何晏来主审曹爽一案。何晏的低劣人品，此时暴露无遗，他判断自己对曹爽同案中人越狠，自己活命的可能性就越大，于是，“穷治曹爽一党，不惜株连”。

据说，案件审结后，何晏呈上治罪名单，司马懿像戏弄老鼠的猫，问：“就这些？”何晏连忙又数了一遍，恭敬回答：“就这七姓。”司马懿说：“参与的共有八族。”何晏一一数过来，司马懿说：“还没完。”何晏穷困急迫，突然问：“难道是说我吗？”司马懿说：“对。”于是收押了何晏。旋即，司马懿以谋逆罪将何晏与曹爽等一同诛灭三族。在金乡公主的努力下，何晏的儿子幸免于难。

不知临刑时，何晏是否还能保持他的翩翩风范，他那洁白如玉的面孔或许会因为恐惧而变得惨白。

读魏晋南北朝的历史，会有森森的寒意，那些俊美飘逸的男子，或特立独行，或放浪形骸，或醉生梦死，难道他们已经提前知道了命运的残酷：等候在人生不远处的，是无法躲过的阴谋与死亡？

魏晋南北朝，政治黑暗无序，人心迷惘浮躁。

有一句话叫“少不读《水浒》，老不读《三国》”，所谓“老读《三国》是为贼”，说的是深谙世故的人读《三国演义》，洞悉其中的阴谋诡计、尔虞我诈，难免会愈加老谋深算、沟壑满胸，所以“老不读《三国》”。但是，相比接踵而至的魏晋南北朝，三国还算延续了两汉豪壮朴拙的遗风，是一个没落的英雄年代之余晖，无论是横槊赋诗的曹操，还是霸气十足的孙策，抑或义薄云天的周瑜，忠心耿耿的诸葛亮，却可称得上是英雄。然而到了魏晋南北朝，英雄之气已荡然无存，阴谋诡计却大行其道。在史学大家吕思勉看来，风气败坏，是从司马氏篡权开始的：

两汉时儒学盛行……颇笃于君臣之义的。汉末政治腐败，有兵权的将帅，始终不敢背叛朝廷，以魏武帝的功盖天下，亦始终只敢做周文王，就是为此。司马氏的成功是狡黠而不知义理的军阀得势。自此风气急变。宋、齐、梁、陈之君亦多是如此。加以运祚短促，自不足以致人忠诚之心。

规则分崩离析，崇高遭到嘲笑，正统无人问津，忠诚被弃若敝屣……维系着过去世界的传统消失了，军阀的丛林法则，又无法构建新的稳定的世界，陶渊明臆想一个“桃花源”来寄托灵魂，而更多的名士选择以叛逆来回应无望的明天。什么礼法，什么伦理，什么规则……有的天天大醉，有的不穿衣服，有的穿上了女人的衣服。

何晏是个乱世中的可怜虫，一直习惯了阴柔形象，生死关头，哪里还能像个男子汉那样挺得直脊梁？危急时刻，他想通过背叛恩人曹爽来苟全性命，结果反遭戏弄，往自己本来已经很不堪的名节上，又亲口啐了一口浓痰，临死前还背了个“背叛者”的恶名。

在何晏那个年代，尤其是在他死后，背叛者太多太多了。“背叛”，堪称魏晋南北朝的主题词之一：先是曹魏被司马氏的晋替代，西晋灭亡后，中国陷入大分裂。北方先是五胡十六国，接下来是北魏、东魏、西魏、北齐和北周；东晋南渡，刘裕夺位建立刘宋后，又是南齐、南梁、南陈……王朝更替之频繁，军阀篡权之随意，在历史上是极其罕见的。眼看他背叛了君王，眼看他篡夺了皇位，眼看他又遭背叛、横遭屠戮……一个个野心家粉墨登场，“城头变幻大王旗”，在短暂的风光或疯狂过后，背叛者的利刃，突然在暗中欺近。

阴谋连着阴谋，悲剧接着悲剧，背信弃义者，又死于下一个背信弃义者，已经完全不是两汉豪迈雄浑的气质了。

四

何晏死于他的性格，也可以说，死于那个时代。

那不是一个阳刚激越、崇尚英雄、正气沛然的时代，而是一个玩阴谋的时代，也是一个众心难寻平静、灵魂无处栖息的时代。

所以那么多俊美的男人，以阴柔为美，涂脂抹粉，甚至穿上女子服饰招摇过市；那么多满腹诗书的名士痴迷于寒食散，在幻觉中亢奋，在刺激中疯癫；那么多身居高位的读书人，无视内忧外患，沉浸于玄学之中，时代需要他们的作为来拯救，他们却像没事人一样在谈“无为”。

后人津津乐道的所谓“魏晋风流”，细究起来，其实是汉代以来民族精神的一次集体颓败，秦汉以来形成的激昂向上的民族进取心，至此出现逆转，“避世”心态开始弥漫。毕竟，那些嗑药、穿着女人衣裳的把老庄挂在嘴边的一群男人，不是非主流，他们恰恰是主流社会的重要成员，他们是典范，他们是榜样，他们是社会风气的风向标。

吕思勉在《中国通史》一书中写道：

自后汉以来，政治的纲纪久经废弛，……政治上的纲纪要挽回他，最紧要的是以严明之法行督责之术。魏武帝和诸葛亮都是以此而收暂时的效果的。然而一两个严明的政治家，挽不回社会上江河日下的风气，到魏、晋之世，纲纪又复颓败了。试看清谈之风，起于正始（魏齐王芳年号，自公元二四〇年至二四八年），至晋初而更甚，直绵延至南朝之末可知。……谈玄本不是坏事，以思想论，玄学要比汉代的儒学高明得多。不过学问是学问，事实是事实。因学问而忽视现实问题，在常人尚且不可，何况当时因谈玄而蔑视现实的，有许多是国家的官吏，所抛弃的是政治上的职务。

他还分析了魏晋南北朝时人热衷谈玄后对社会风气的败坏：

汉朝人讲道家之学的所崇尚的是黄、老，所讲的是清静不扰，使人民得以各安其生的法术。魏、晋以后的人所崇奉的是老、庄，其宗旨为委心任运。狡黠的讲求趋避之术，养成不负责任之风；懦弱的则逃避现实，以求解除痛苦；颓废的则索性蔑视精神，专求物质上的快乐。到底人是现实主义的多，物质容易使人沉溺，于是奢侈之风大盛。

司马氏篡位后成立的晋朝，堪称中国历史上最悲催的朝代之一，短暂的统一后，因八王之乱元气大伤，西晋灭亡，东晋南渡，北方进入五胡十六国时期，山河破碎，战乱不止，社会遭遇极大劫难。偏安南方的政权，贪图享乐，不思进取，消极逃避，假如不是北方一直处于列王纷争之中，南方早就遭受灭顶之灾了。

“娱乐至死”的典型，是南朝最后一个朝代陈朝的末代皇帝陈叔宝。

陈叔宝身边有个叫孔范的臣子，此人是个美男子，有颜无脑。亡国在即，他还忽悠皇帝说：“长江天堑，古以为限，隔断南北，今日隋军岂能飞渡耶？”然后，君臣在自我安慰中，写诗喝酒看歌伎跳舞，完全忘了隋军会造船的这个现实。没多久，隋军渡江，兵临城下，陈叔宝只知在宫中日夜哭泣，手下那些吹牛皮大王，一个个给杀得大败。最无耻的是一个叫任忠的将军，从陈叔宝那里骗了两袋黄金说去募军，结果转眼就投降了隋军，在最后一支陈军欲抵抗时，任忠大呼说：“老夫尚降，何况尔等！”陈朝众军一哄而散，城内文武百官皆遁，朝堂顿时一空。

后来，隋军在宫中的一口枯井里，活捉了陈叔宝和他的两位爱妃——他们以为躲在枯井里，就能躲过去。活生生的鸵鸟心态。

三国时期的南方勇士，如周瑜、鲁肃、吕蒙、陆逊等，要是看到这一幕，该有多么悲凉！

五

翻过阴森森的血腥味与脂粉气交织的魏晋南北朝历史，中国迎来了赫赫唐朝。对女人来说，这是一个以丰腴为美的黄金时代；对男人来说，也一扫颓废之气，没有男人沉迷于穿着女人的衣裳来标新立异了，他们忠诚、自信，战斗力强劲，渴望边塞立功，追求长河落日、慷慨豪放的意境。

终于，男人真正是男人了，不仅是外貌服饰，更是精神气质。

一个叫李林甫的“两面人”

近读唐史，读到李林甫，一个典型的“两面人”，不禁遍体生寒。

在历史长河中，李林甫只是一个过眼云烟式的人物，但他对历史的恶劣影响却往往被忽略了。

站在大历史的角度，来看看在某个迷离时刻，一个“两面人”为时久远、远远超过他的生命周期的危害，也不无裨益。

一

失去之后，方知唏嘘。

“白头宫女在，闲坐说玄宗”，晚唐诗人元稹的《行宫》，短短十个字，却是千言万语都难以描述的沧桑感慨：中国历史上一个伟大的黄金时代终结了。

唐朝，建国于公元618年，亡于公元907年，共历二十四帝，享国二百八十九年，被公认为古代中国的一个巅峰时期。何以言之？一个国家上上下下透露出来的气质是：自信！政治经济军事硬实力，外交文化制度软实力，均为当时之最强者，内百姓安居，外四夷臣服，唐朝皇帝被尊为天可汗。时至今日，国外华人聚居地，还叫“唐人街”；华侨很长一段时间，都称祖国为“唐山”。

首都长安，当时世界上国际化程度最高的城市，全球留学生最向往之处。当时长安人喝酒，桌上会立一个蓝目高鼻虬须的胡人木偶，大偶倒向谁，谁就当浮一大白。美国学者查尔斯·本的《中国的黄金时代：唐朝的日常生活》，以外国人的视角还原唐朝时期人们的日常生活，人们读后无不感慨：唐朝真是一个富有传奇色彩的时代。比如，书上写道：

长安用沉香和红色的粉末与灰泥混合，刷在墙上，门打开时，屋内就有香气扑鼻而来。唐玄宗也曾用沉香建造过亭阁，周围种着各种凤凰树。而有一位大臣的奢侈程度超过了皇帝，他的府邸有一座亭阁，使用了檀香木制作栏杆，用麝香和乳香涂墙壁，春天来临时，凤凰花开放，大臣邀请宾客在亭阁中赏花。

禁园和宫廷外有几个大的园林，其中最大的是都城东南部的曲江。公园中有一个两层楼亭，中举的书生常常在这里宴请宾客。秋天，飞往南方过冬的候鸟在这里停留，文人雅士喜欢在这里观鸟。大臣们喜欢在春天游览曲江。长安的居民喜欢在农历一月下旬乘车或骑马去公园或者郊外游玩。他们支起打着蜡油的帐篷，举行小型宴会迎接春天到来……

但这么一个自信强大的唐朝，却以凄惨的形象谢幕。在唐朝覆亡前几年，长安已在军阀混战中一次次变成废墟，唐天子不断逃离，回来时，连个住的地方都没有。后来朱温篡唐，强行将全城百姓迁往洛阳，命令士兵将长安所有的建筑摧毁，将木头扔进渭河和黄河，顺流运往洛阳。这些野蛮的士兵，连长安的城墙都没有放过，全部将其推倒。后来长安城中连刮几日的大风，著名的曲江竟在一夜之间消失……长安，伟大的城市，就这么被毁灭了，接踵而至的，是唐朝的灭亡。

从巅峰到谷底，历史兴衰的转折点在哪里？安史之乱。公元755年，唐玄宗天宝年间，安史之乱爆发。后来虽然叛乱平息，但是此后一百五十年间，唐朝已处于过山车式的下坡俯冲状态，风雨飘摇，无力回天。盛世芳华，犹如一场旖旎大梦。

人们只能在伤感、惆怅中怀旧，美国汉学家薛爱华著有一本有趣的书《撒马尔罕的金桃：唐代舶来品研究》，其中写道，在盛唐巅峰时代，唐朝普通市民，也有国际视野："唐朝军队的优势力量和唐朝艺术的优越地位，在当时得到了普天之下的外国人的承认，这时哪怕是普普通通的唐朝市民，也完全有可能享用到来自遥远的地方的珍稀货物。"安史之乱后，一个朝气蓬勃的唐朝不复存在了，"从九世纪初期开始，唐朝的国际时代、进口时代、融合时代和黄金时代都已经一去不复返了，对于跨越大海、翻过大山而来的珍奇物品的渴求——不管是佛教手稿还是医书，也不管是昂贵的锦缎还是珍奇的美酒，甚至哪怕是想要一睹来自突厥的杂耍艺人的风采——都已经不可能轻易地得到满足了"。

最痛苦的失去，是曾经拥有。《撒马尔罕的金桃：唐代舶来品研究》中说，晚唐时代，人们只能通过想象来描述来自远方的进口商品了，距离盛唐越远，人们的想象越离奇，已纯属杜撰了，就像一个沉浸往事不能自拔的失恋女子，无望地美化那个永远不可能回来的美好时代。但一个伟大国家的覆亡，又岂是个人情感所能相比的？唐朝盛极而衰，也是古代中国巅峰的终结。今日想起，仍有椎心之痛。

狠狠给历史心脏来上一锥的，是一个叫李林甫的人。

二

李林甫死后三年，“渔阳鼙鼓动地来，惊破霓裳羽衣曲”，安史之乱爆发。炸药包是李林甫埋下的，只不过点燃导火索的，是著名美女杨贵妃的哥哥杨国忠。

历史上，李林甫以“口蜜腹剑”著称，嘴巴说话像抹了蜜，肚子里却藏了一把剑，转过身就把对方给捅了，“啖以甘言而阴陷之”。口里说的，跟心里想的、实际做的，完全是两回事。这就是“两面人”。

“两面人”的表现有各种各样，但李林甫堪称“集大成者”，如果要给“两面人”画像，李林甫是最标准的模特。

其一，阴险，擅长给人挖坑下套。

“两面人”都爱玩阴的，表面一套，背后一套。当着你的面热烈鼓掌，转身就是一记八卦掌。李林甫精于此道，他热爱权力，当了玄宗朝宰相十九年，凭什么能够做到这一点？就是排除异己，把可能挑战、影响自己的人一个个干掉。

当时李林甫有个竞争对手叫李适之，此人有才华，也很能干，但是在玩权术方面，哪比得上李林甫？有一天，李林甫神神秘秘地跟李适之说："华山有金矿，开采可以富国，皇帝还不知道。"李适之一听，哇，这么大的秘密，赶紧报告皇帝，大功一件。于是在一天上朝后，将华山金矿奏知唐玄宗，建议赶紧开采，富国强兵，说得很嗨。

唐玄宗听得也蛮开心，转而询问李林甫意见。李林甫道："臣早就知道，但是华山是陛下的本命山，乃王气所在、龙脉所在，不宜开凿，臣便没有提及。"唐玄宗本来就很信任李林甫，听他这么一说，心想，还是这人处处为我、为江山着想，继而又想，李适之这人考虑事情不周到，没有大局意识，于是冲他发火了："你以后奏事时，要先与李林甫商议，不要自行主张。"从此开始疏远李适之，没多久就罢了他的相位。倒霉鬼李适之就这么跌入了李林甫挖的大坑。

史载，李林甫府中有一个形如偃月的厅堂，名为月堂。他每次要构陷大臣，都要在堂中苦思中伤之法。如果他高兴地走出来，那就意味着被构陷的人要家破人亡。细思恐极啊。

其二，圆滑，是个好演员。

李林甫的仕途起点不高，但他擅长察言观色，与宫中宦官、妃嫔交情深厚，对玄宗的举动了如指掌，每逢奏对，都能符合玄宗的意旨，深得赏识，于是成了火箭式干部。

他是一个好演员，史称，李林甫"面柔而有狡计"，"城府深密，人莫窥其际"，纵使怀恨在心，表面也不动声色，甚至还显得亲热无比，既掩人耳目，又消其戒备。明明是为自己铺路，偏偏要做成忠臣爱国的模样。他为了自己的仕途，结交武惠妃，意图通过枕边风上位。当时，太子李瑛、鄂王李瑶、光王李琚皆因母亲失宠而有怨言，被驸马都尉杨洄告知武惠妃，惠妃又向玄宗哭诉。玄宗大怒，与宰相商议，欲废黜三子。张九龄极力劝阻，表示不敢奉诏执行。李林甫当面一言不发，退朝后却私下对宦官道：“此乃天子家事，何必与外人商议。”宦官当然第一时间告诉了玄宗和惠妃，这两人想：李林甫真好！

张九龄是著名诗人，“海上生明月，天涯共此时”即是他的手笔，他同时也是一代名相，铁骨铮铮，被誉为“开元盛世的最后一个名相”，当初曾力谏唐玄宗杀掉安禄山。这么一位贤臣，也被李林甫陷害罢相。

后代学者许衡则这么评价李林甫：“奸邪之人，其心险，其术巧。惟险，故千态万状而人莫能知，惟巧，故千蹊万径而人莫能御。其谄似恭，其讦似直，其欺似可信，其佞似可近。”精辟啊！

三

李林甫有特长，精通音律，是个合格的音乐爱好者，但他不想玩艺术，想搞政治。唐朝科举制度还不完善，官员多出自大族名阀，李林甫也是望族之后，他曾经托人求司门郎中一职，熟悉他的人讥讽道：“郎官应有才干声望，哥奴（李林甫小名）也能当郎官？”

唐朝官员多文豪，但李林甫这个后来当权十九年的宰相，确实没啥真才实学。李林甫执掌吏部时，候选官员严迥的判语中有“杕杜”二字。杕杜是《诗经》中的篇名，原意是孤生的赤棠树，比喻人孤立无援。李林甫不认识“杕”字，便问吏部侍郎韦陟：“这里写的‘杖杜’是什么意思？”韦陟低着头不敢说话。后人便称李林甫为“杖杜宰相”。太常少卿姜度是李林甫的亲戚，他儿子出生时，李林甫手书贺函表示庆贺，上写：“闻有弄獐之庆。”古时将生男称为“弄璋”，意思是男孩长大以后执璋（玉器）为王侯。李林甫却把“弄璋”错写为“弄獐”，满堂宾客无不掩口失笑。后人因此称李林甫为“弄獐宰相”。“杖杜”“弄獐”，均是讥讽他才疏学浅。

如果继续给“两面人”画像，他们还有一个特征就是自卑，自身才学不足，便痛恨一切有才华之人，比的不是才能，而是权谋。张九龄、严挺之等贤臣，都被李林甫赶出了朝廷。李适之、杨慎矜等政敌，都被他迫害致死。晚年的唐玄宗完全被李林甫蒙蔽，几乎接触不到任何有才华的大臣，也无法了解外界信息。

严挺之才华横溢，率真敢言，他被贬出长安后，唐玄宗曾问李林甫：“严挺之在哪里？这个人还可以用。”李林甫想可不能让他再受重用，于是便召见其弟严损之，说：“陛下非常敬重你哥哥，何不让你哥哥上书，就说得了风疾，请求回京就医。这样他就可以回到朝中了。”严挺之哪知这是个坑，果然按他的建议上书玄宗。李林甫拿到他的奏疏后，对玄宗道：“严挺之年事已高，近来又患风疾，应该给他一个闲散官职，让他安心养病。”玄宗嗟叹良久，给严挺之安排了一个闲职。

“自卑”的另一面，是“自大”，李林甫狂妄到了极致，他满足玄宗的任何享乐需求，但只要玄宗想提拔一个可能对他相位造成威胁的人，他就能让这个人出问题，让这个人“生病”“贪污”“谋反”。他胆子大到甚至陷害太子，太子谨慎，没上当，但不少大臣牵连其中，被处死。

当然，“两面人”最大的特征，是自私。他们是精致的利己主义者，一切都以自己为中心，为了满足自己的私欲，他们能够做足表面文章，说无尽的谎言，演满满的大戏。

李林甫埋下了安史之乱的炸药包，在于他为了一己私利，居然把出将入相的国家体制当儿戏。

唐玄宗天宝年以前，镇边节度使数年就得轮换，从未有一人像安禄山这样，可兼任二镇节度使十数年的。节度使守边立下汗马功劳，可回到首都担任重要京官，京官也常常下派到边关，担任节度使。这就是“出将入相”，出则为将，入则为相，边境节度使与朝中宰相都有任期，经常轮换，这样也可防止坐大谋反。但是，李林甫拜相后，担心朝中文臣到边境担任节度使后又回来拜相，就忽悠唐玄宗：“文臣为将，怯于战阵，不如用寒族、蕃人。蕃人骁勇善战，而寒族在朝中没有党援。”如此破坏将相轮换制度的馊主意，居然被唐玄宗采纳了。

李林甫的如意算盘是：多以胡人为节度使，他们没有文化，即使回到朝中也威胁不到我。那些文化比我高的，我要死死摁住，一个也不放下去，免得功高回朝，分我权力。李林甫本人也被封为节度使，但他辞掉了，并不上任。

于是，朝廷不再派重臣去任节度使，唐朝是一个进攻型的国家，军队基本上都分布在边境，文臣无法下派，朝廷渐渐不再掌握军权，军权掌握在安禄山这样的胡人手里。很难说安禄山一开始就有反骨，但他长期控制河北，专任一方，手下兵强马壮，又见朝廷如此糜烂，有机可乘，怎会不生二心?

四

安史之乱后，唐朝元气大伤，伤的是国运。

因战乱流亡的杜甫，写下了这样的诗：“寂寞天宝后，园庐但蒿藜。我里百余家，世乱各东西。”《旧唐书·郭子仪传》记载：“宫室焚烧，十不存一,百曹荒废，曾无尺椽，中间畿内，不满千户……东至郑、汴，达于徐方，北自覃怀，经于相土，人烟断绝，千里萧条。”

战乱核心，在当时唐王朝最繁华的黄河中下游流域。家园可以重建，财富可以再创造，但唐朝战略优势的丧失，却是无可弥补的，这影响之深远，远远超过了唐朝的存在时间。唐朝因为安史之乱，逐渐失去了西域，曾经商旅往来的陆上丝绸之路中断了；安禄山死了，但藩镇割据、各自为政的格局却进一步加重，中央王朝对地方的控制力越来越弱，因为控制与反控制，在之后的一百年间，中央与藩镇战争不断，藩镇与藩镇之间，为了争夺地盘，也常大打出手。如此混乱，老百姓怎么活？于是，农民起义，遍地烽火。

唐朝的气质也变了，不复开放与昂扬。从安史之乱到最终覆亡150年，唐朝始终挣扎在藩镇割据、宦官专权、朋党之争三股风暴之中。这些跟李林甫都脱不了干系。

可以想象安史之乱后唐玄宗的痛苦。他仓皇逃至四川后，有一次和下属点评自他即位以来的历任宰相。当谈到李林甫时，唐玄宗毫不犹豫地说：“论妒贤嫉能，没人能跟李林甫比。”下属问：“那您老人家为何还那么信任他，让他当了这么长时间的宰相？”唐玄宗半天说不出话来。

后悔莫及！曾经那么相信一个人，最后却自食其果。于是，皇帝不再相信臣子，只相信太监，于是太监结成一般邪恶的势力，唐末太监堪称历代邪恶太监之最，想废掉哪个皇帝，就能废掉哪个皇帝。大臣们也陷入朋党之争，李林甫在位时，就以搞小圈子著称，党同伐异，嚣张至极。有些人甚至从李林甫身上看到了“秘诀”：人前一套背后一套，居然这么管用！藩镇更不用说，与朝廷互不信任，长期对抗。晚唐，是在巨大的信任危机中，一步步走向灭亡的。

乱世中浮现出李林甫一张阴森森的自私的脸，“两面人”的脸。

明末清初思想家王夫之这么评价李林甫和唐朝另一个奸相卢杞：“谋国而贻天下之大患，斯为天下之罪人，而有差等焉。祸在一时之天下，则一时之罪人，卢杞是也；祸及一代，则一代之罪人，李林甫是也。”从这个角度说，李林甫是历史上最可怕的“两面人”之一。

清代著名诗人查慎行（金庸的先祖）曾编过一本《因果轮回实录》，绘声绘色地收集了关于李林甫遭受报应的故事。比如明朝太祖洪武年间，吴山县里有个人叫陆允诚，他在家中杀鸡，拔掉鸡毛后，在鸡背上发现有“李林甫”三字。最玄的一次是在明朝成化年间，辞官而归的罗伦经过扬州，到村馆中避雨，忽然霹雳一声，田里的一头耕牛被天雷击倒，肚子被雷劈开，血流一地而死。罗伦心中不平，在牛身上写道：“不去朝中击奸相，反来田内打耕牛。”忽然看见天上乌云滚滚，重新聚起，又是一声响雷，再看时，那牛身上赫然又多加了两句话：“他是唐朝李林甫，十世为牛九世娼。”

这都是后人的想象了，但李林甫确实遗臭万年，任何一个正直的中国人，都会唾弃这个“两面人”。

五

李林甫的真实下场，也跟传说中被天雷轰击差不多。

他临终前，已经失宠。他死后，杨国忠与安禄山合谋，诬告李林甫与叛将阿布思约为父子，同谋造反。安禄山还派阿布思部落的降将入朝做证。唐玄宗命有司审理。李林甫的女婿杨齐宣担心自己受到牵连，便附和杨国忠，出面证实。当时，李林甫尚未下葬，被削去官爵，抄没家产。诸子被除名流放岭南、黔中，亲党中则有五十余人被贬。唐玄宗还命人劈开李林甫的棺木，挖出口内含珠，剥下金紫朝服，改用小棺，以庶人之礼安葬。

历史就是这么吊诡：李林甫是著名的“两面人”，杨国忠也是“两面人”，李林甫当初提携他时，以为这是个傻子，不会威胁自己的相位；安禄山更是“两面人”，之前一直在李林甫面前扮出一副唯唯诺诺的模样。三个“两面人”凑在一起，加上一个当时变得昏聩的唐玄宗，领衔主演了唐朝由盛转衰的悲剧大片。

能够把唐朝的衰败归结到一个人或几个人的身上吗？或许，更准确的是应该归结于李林甫、杨国忠、安禄山还有唐玄宗，他们的自私、贪欲和昏聩共同构成了一种混乱的体制。这种混乱的体制，不能识别“两面人”，只会助长“两面人”如毒蕈般滋生。

严嵩的“圈子”

近读明史，读到严嵩一生起伏，总有些感慨：结党营私的下场历来不堪，但为什么偏偏就有人打破脑袋想挤进各种“圈子”呢？

一

严嵩是被贴上“白脸奸臣”标签的历史人物，后人评价他专擅朝政近二十年，戕害他人以成己私，结果“士大夫侧目屏息，不肖者奔走其门，行贿者络绎不绝”，干了很多坏事，《明史》更直截了当地称严嵩“无他才略，惟一意媚上，窃权罔利”。其实，严嵩前半生，还是个相当不错的官员，简直称得上一个贫寒子弟努力向上的励志楷模了。

不少人认为，假如没有儿子严世蕃，严嵩应该能得善终，也就是说，是严世蕃“坑爹”。但父与子，是相互影响的，无论古今，皆是如此。

在历史上，严世蕃也很有名，他是严党最核心的成员，也以一个荒淫无耻的形象流传至今。甚至有分析认为，著名的小说《金瓶梅》

就与严世蕃有着千丝万缕的联系。小说中的“西门庆”这个主要人物就是影射严世蕃而来的。严世蕃小名“庆儿”，号“东楼”，《金瓶梅》的作者兰陵笑笑生将“东楼”化作“西门”，直接用“庆”字为名，创造出这个小说人物，来影射严世蕃荒淫无度的生活。

当然，作风问题背后往往是经济问题，金钱与权势堆砌出了严世蕃这个怪胎。严嵩出身贫寒，寒窗苦读，辛辛苦苦进入天子堂下，严世蕃却是“由父任入仕”。史载严世蕃“剽悍阴贼，席父宠，招权利无厌”，同时又称他“颇通国典，晓畅时务”，是一个既擅长揣摩上意又贪得无厌的家伙——这种人为官，那是相当可怕的。

当时严嵩、严世蕃父子把持朝政，时称“大宰相”“小宰相”，掌握着朝中官吏的任选、升迁。官无大小，皆有定价，不看官员的口碑、能力，一切都以官员的贿金为准。严世蕃利用各种手段大肆搜刮，家财富可敌国。据说，严世蕃与妻子要将金银埋藏到地窖里，想起这都是仰仗他父亲得来的，于是就请严嵩来观赏，严嵩也算见惯了大世面的，但到宝贝儿子这里一参观，数量之巨出乎想象，顿时目瞪口呆，隐约感到大祸将至。

严世蕃的贪婪到了何种程度？皇帝的第三子裕王朱载垕，按例应被立为太子，但皇帝对他不是很亲近。因此，严世蕃对他也很冷淡，就连照例每年该给裕王府的岁赐，户部都因为没有严氏父子的命令而一连三年都没给发放。最后，这位未来的皇帝凑了一千五百两银子送给严世蕃，严世蕃欣然接受，才让户部补发了岁赐。严世蕃因此每每向人夸耀：“天子的儿子尚且要送给我银子，谁敢不给我送银子？”

真可谓“欲让其灭亡，先让其疯狂”！

都是儿子害了我——这是不少贪官落马时的悲呼，想必严嵩当时也有此般委屈。皇帝在命令严嵩致仕的谕旨中这么斥责道：“一念纵恶，悖逆丑子，全不管救，言是听，计是从……”

事实上，严嵩、严世蕃父子的问题，早就超出了“子不教、父之过”的范畴，这父子俩以血缘关系打造利益密不可分的“严党”，狼狈为奸，互相利用。

令人感慨的是，严嵩当年是以服丧守孝之名隐居老家时得的儿子，当年他已 33 岁，在古代无疑是晚育典范，为此他还赋诗感怀：“三十年过方有子，却论情事集悲欣。”他十分溺爱和放纵这个独子，甚至以东楼（严世蕃别号）称呼儿子，这在明代恐怕没有第二例了。八十高龄时，被削籍为民的严嵩在老家得到了严世蕃被斩首的消息，不知那时，他是否后悔带儿子去趟这半世富贵，不如留在家乡，安心做个闲人……

二

史载，严世蕃被斩首时，京城民众们过节一般，纷纷前往刑场观看行刑，并随身携带吃的喝的，欢声笑语，边吃边看，胜似郊游——严党的人缘，确实差到了极点。

当然，严党不只是严氏父子俩在“战斗”。历来每个权贵的圈子，有稳固的核心，有松散的外围，还有削尖脑袋想往里钻的家伙。严党权势最盛时，攀附者不计其数，严府管家严年号萼山先生，公卿“得与萼山先生一游者，自谓荣幸”，也就是说，当年明朝的高官们争相跟一个仆人头儿交朋友，当然不是因为这仆人头儿德艺双馨，而是瞄准了他背后的主人。

严嵩虽然受种种因素影响，只生了严世蕃这么一个儿子，但自然有人愿意给他当义子，最著名的义子叫赵文华。史载赵文华“后仕于朝，而嵩日贵幸，遂相与结为父子”，跟着义父，干了不少坏事，他坏到什么程度？皇帝让他修宫殿，他居然把木料都搬到自己家里，先给自己盖了一座大宅子，然后回复皇帝说给您修宫殿急不得，因为“没钱了”。

赵文华此人人品很差，而且性格很特别，用今天的话来说，堪称奇葩。他给严嵩当义子还不甘心，又想抱更粗的大腿。他瞒着义父，偷偷给皇帝进献了“百花仙酒”，并诡称“臣师嵩服之而寿”，意思是说，我的恩师严嵩经常喝，您看他身体多棒啊，拿严嵩来做广告了。皇帝一喝，还真不错嘛，于是责备严嵩：你这老小子不够意思啊，这么好的东西也不给我送点。严嵩知道后，十分生气，于是要把这不忠不孝的义子逐出“圈子”。义父很生气，后果很严重，“文华跪泣，久不敢起”，但义父仍不原谅，赵文华只得“厚赂嵩妻”，让义母说情，这才重回“圈子”。

同一个“圈子”里，也难免有矛盾。相传，一次，赵文华从江南回来，送给严世蕃的见面礼是一顶价值连城的金丝帐，还给严世蕃的二十七个姬妾每人一个珠宝髻。就这些礼物，严世蕃还嫌太少，心里非常不满，于是想找机会整赵文华。机会来了，赵文华给严嵩送了个金夜壶，托严世蕃转交，忘记同时讨好严世蕃了，严世蕃便顺手在金夜壶上打了几个洞。半夜严嵩幸福地使用义子的孝敬品，结果可想而知——历史小说家高阳在小说中写过这故事。

当时严嵩、严世蕃父子的“圈子”里，有一个叫鄢懋卿的官员，投靠严嵩后，做了很多坏事，正是在他的建议之下，杨继盛最终被杀，作为回报，他获得了管理盐政的美差，捞钱简直捞到了丧心病狂的地步，之前皇帝每年只征两淮六十万盐税，他上任之后，竟然要求改征一百万。《明史》上说此人“性奢侈，至以文锦被厕床，白金饰溺器”，历史上著名的清官海瑞还跟他“干了一仗”，输了，走人。

古往今来，无论“圈子”还是“山头’，纯粹是以人身依附关系来换取利益。鄢懋卿是严嵩江西老乡，依靠严家父子赚够了钱，还当上了刑部右侍郎。严世蕃出事后，鄢懋卿负责捞人，他利用“圈子”里的关系，把世纪巨贪严世蕃成功洗白了大半——经过三法司会审，一致认定严世蕃贪污罪名成立，查实金额共八百两，着令发配雷州充军。

事实上，如果不是严世蕃太嚣张，流放半路上逃跑回老家，还整天叫嚷着要杀这个要杀那个出气，也不会落了个斩首的结局——严党的力量太强大了。当最后尘埃落定，严党崩盘，鄢懋卿的人生也落了个“落职戍边”的结果。

三

赵文华死得很奇特，当时他作为严党小圈子的重要一员，被削职为民。史载，有一天，赵某人揉肚子居然把自己给揉死了。但他死了，事还没完，他被查出贪污了十万多两的军饷，皇帝罚没其家产还不够还，便旨令其后代来还，一直到万历年间还没还完，于是有人上奏请求核销欠款，但嘉靖的孙子万历打死也不愿意，还把赵文华的儿子贬到烟瘴之地。可见他当年刺激嘉靖皇帝太深了，连嘉靖的孙子都不想放过这一家。

相比赵文华，在历史中回望严党另一个成员胡宗宪，却是一声长叹。

胡宗宪是一代名臣、抗倭名将，最终不得善终，狱中自杀身亡，与严党脱不了关系。他先是刻意接近严嵩的义子赵文华，送钱送房送女人，然后通过赵文华又攀上严嵩……投桃报李，胡宗宪的一掷千金自然讨得严嵩的欢心。在胡宗宪被弹劾时，严嵩屡次帮他化险为夷。《明史》虽对胡宗宪评价不错，但对于赵文华的记载里有一段是这么说的："宗宪欲藉文华以通于嵩，谄奉无不至。"

严党倒后，胡宗宪的噩运也到了。在严嵩被籍没的家产中就有胡宗宪所献的大量珍宝。众大臣此时争相倒胡，本来皇帝想保住他，毕竟他在抗倭之事中不可或缺，但胡宗宪最后还是下狱了，因为抄家的人在严世蕃那里发现了一封信：胡宗宪贿求严世蕃作为内援。

这就是"圈子""山头"盛行的可怕——想有所作为、做一番大事的，想平步青云、顺利升迁的，甚至想求官场平安的，不得不加入一个"圈子"或"山头"，否则郁郁不得志，甚至死得莫名其妙。因为"圈子""山头"掌握了几乎所有的优质资源，而且秉承这样一种邪恶文化：是我"圈子"的人，给机会；不是我"圈子"的人，想都别想。

明朝党争激烈甚至残酷，每个权臣都在搞"圈子""山头"，而且有明一朝，阉党势力大部分时间都强大，从王振、汪直、刘瑾到魏忠贤，以宦官为首、朝臣后妃为羽翼，控制特务机构，构陷冤狱，酿成封建历史上最为黑暗的一幕。

以魏忠贤为例，当时权势滔天，阉官除王体乾等人，还有李朝庆、王朝辅、孙进、王国泰、梁栋等三十余人，做左右拥护。外廷文臣有崔呈秀、田吉、吴淳夫、李夔龙、倪文焕主谋议，称为“五虎”；武臣则有田尔耕、许显纯、孙云鹤、杨寰、崔应元主杀戮，称为“五彪”。还有吏部尚书周应秋、太仆寺少卿曹钦程等人，称为“十狗”。又有“十孩儿”“四十孙”等名号。而做崔呈秀这帮人门下的，又不可胜数。从内阁、六部到四方总督、巡抚，都遍布他的死党。

阉党之外，还有东林党、齐党、楚党、浙党、宣党……这都是党同伐异，任人唯“圈子”，争吵不休，为反对而反对。从某种意义上来说，明朝溃于党争、“圈子”和“山头”。

这是制度的悲剧，也是历史给今天的重大镜鉴！

我们憧憬而又畏惧的远方

《疯狂动物城》是一部励志好电影。一只不安于现状的兔子决心摆脱在穷乡僻壤的老家兔窝镇种胡萝卜的宿命，要到远方的动物城去实现一个疯狂的梦想：当警察。它去了远方，历尽磨难，圆了梦想。看这部电影时，突然想到风行的四个字“诗和远方”。很多人被“诗和远方”撩得心潮澎湃，愈发想挣脱“眼下的苟且”，方不负这大好春光。这是一种励志的、美好的、暧昧的而又有些莫名其妙的觉醒。

也有不少人泼冷水，说远方就没有苟且了？是的，在《疯狂动物城》里，兔窝镇固然无趣、无聊、无奈，但在远方的动物城里，陷阱跟机会一样多，阴谋跟梦想一样多，恶棍骗子跟有志青年一样多，有多少美好，也就有多少苟且。是的，《疯狂动物城》远不只是一部拍给孩子们看的动画片，说的也不只是动物的故事，它是既温暖又残忍、既深奥又易懂的人类社会写实。远方跟当下相比，除了共有的苟且，还多了不确定性，能够冲抵当下的死板、机械、平庸、痼疾……

远方，或许比眼下更差，但更多人选择相信，它会比眼下更好，甚至能够摆脱眼下的困境。有人固守眼下，有人去了远方，他们互相鄙夷，但是，他们会殊途同归吗？

一

公元前334年，一位22岁的英俊青年率一众彪悍的小伙伴，开始向远方进发。这位青年头发浓密，鼻子高直，家世显赫，既有一身高强的武艺，又师从那个时代学问最高的大师亚里士多德，但他向往着远方。远行前，他把自己所有的财产全部分赠他人，这决心是十分坚定的。有人问他："您把所有东西分光了，把什么留给自己呢？"他的回答是："希望！"

时至今日，我们仍然能够感受到这位即将远行的青年的兴奋与自信。二战后，美国"垮掉的一代"代表作家杰克·凯鲁亚克在其成名作《在路上》中，写了几个苦闷的年轻人，决心与"正统"和"秩序"决裂，抛开束缚上路，寻找出路、价值、爱情，或者"希望"。这本书留下诸多名句，比如"我还年轻，我渴望上路"，"在路上，我们永远年轻，永远热泪盈眶"，"我总是惊讶地发现，我不假思索地上路，因为出发的感觉太好了。世界突然充满了可能性"……几乎每个人都在心中深藏着一个壮行的梦想，但真正能够下决心走向远方的，少之又少。正因为是少数，他们才如此享受出发和在路上的感觉。自古至今，壮行者的精神气质是一脉相承的，无论是半个世纪前的嬉皮士，还是两千多年前散尽家财、决意远行的那位青年。

那位青年名叫亚历山大，他是人类历史上最伟大的军事统帅之一。我们常说的四大文明古国，他征服了三个（古埃及、古巴比伦和古印度），征服面积达500万平方千米。亚历山大猝然去世时，还不满33岁。古希腊史学家阿里安所著《亚历山大远征记》这么评价："亚历山大雄心勃勃，决不会满足于已占有的一切。……他永远要把目光投向远方，寻找那些他还未见过的东西。”

毕竟是亚里士多德的学生，亚历山大跟后世那些一路屠杀而留下恶名的征服者不同，他更像一个对未知世界充满无限好奇的青年，想要充分领略路上的精彩，永远向往着更远的远方。他的远征，除去军事意义上的恶战与杀伐，也不乏闪光的人文色彩。在波斯的首都苏萨，亚历山大与波斯公主结婚的同一天，他手下的将领和士兵也纷纷与波斯姑娘成亲，这一天举行婚礼的新人将近百对，成了当时一场声势浩大的集体婚礼。亚历山大死后，他的庞大帝国土崩瓦解，但他推动的文化交流、民族融合，则影响千年。那场盛大婚礼后留在东方开枝散叶的希腊人的后裔，至今还能在阿富汗一带找到。

在远方，确实有太多迥异于眼下的地理、人物和故事。《亚历山大远征记》这本书成于两千多年前，今天读起来仍然妙趣横生。亚历山大远征古印度时遭遇过战象，书里对印度象着墨甚多，比如记载说古印度“最端庄稳重的女子，什么礼物都引诱不动，但如果给她一头大象，就可以弄到手。一个女子为一头大象而委身，在印度人看来并不算丢脸，反而认为是光荣，因为她的美貌竟能抵得上一头大象”。

但远方绝不仅仅意味着一部游记，亚历山大是为了征服世界，他成功了，他改变了世界，世界也改变了他；《在路上》的嬉皮士们是为了逃避现实，放纵自我；而在 1951 年底，23 岁的切 · 格瓦拉与同伴骑上 1939 年产的诺顿 500 摩托车，离开熟悉而舒适的环境，开始一场 8000 千米的远行时，他们起初也是为了一部游山玩水的游记，但这次远行渐渐变成了一次深邃而沉重的发现和思考之旅，他们通过历时 8 个月的苦旅，观察到了一个充满无尽哀伤同时也蕴含无穷希望的南美洲。当他们从远方回来时，医学院学生格瓦拉已经变成了革命者格瓦拉，他把自己的这段远行写成了《摩托日记》，其中前言写道：“写这本日记的人，从他重新踏足阿根廷土地的那一天起就已经死了。组织与打磨过这本日记的那个我，早就不再是我；至少现在的我，已不再是过去的那个我了。漫游南美洲对我造成的改变，远远超过我所能预见的。”

切·格瓦拉的这段真实经历，后来被拍成了电影《摩托日记》，五月天也写有歌曲《摩托车日记》：

你还梦不梦疯不疯
还有没有当初浪漫温柔
谁愿意和我
一起写一个传说
就算谁能消灭了我
却夺不走我们做梦的自由
……

这就是远方的感觉。

二

1876年，清光绪二年，日本明治九年，一个中国人与一个日本人在这一年都从北京出发远行，此后都把自己的远方见闻与思考写成了书，但却拥有截然不同的命运。

先说说这个日本人，他名叫竹添进一郎，时任日本驻华公使随员，是个中国通。他装扮成蒙古行脚僧，从北京出发，经涿州、正定、邯郸、彰德、新乡等地至洛阳，然后自函谷关入陕西，又从秦蜀栈道进入四川，后顺流下长江，过三峡，当年8月抵上海。竹添进一郎将沿途风光与见闻用诗文记录下来，命名为《栈云峡雨日记》，除记录沿途的史迹、物产、风土人情，还论及政治、经济诸多问题，至今读起来，仍是一本了解当年川陕等地自然与社会状况的很好的参考书。此书1879年在日本刊行，名噪一时，成为日本国内流传较广的一部汉文体中国游记。

再说说这个中国人，他名叫郭嵩焘，湘军大佬，太平天国覆没后，他又搞洋务，有权有势，堪称人生大赢家，后来却因为出了趟国门，一切全毁了。他是清朝派出的第一任驻外公使，前往英国。但他是在一片唾骂声中出使的，从中央到地方，从亲朋好友到陌生路人，都在骂他。在他的湖南老家，甚至有人嚷嚷着要毁掉他的老宅。还有人撰了一副对联来羞辱他："出乎其类，拔乎其萃，不见容尧舜之世；未能事人，焉能事鬼，何必去父母之邦。"意思是咱们这个好那个好，好得要上天了，你居然不在自家好好待着，要跑到夷人那里去鬼混。这是多么混乱的逻辑啊！郭嵩焘是奉旨出使，并非年轻冲动要自个儿去周游天下。

今天从北京飞伦敦还得十几个小时，郭嵩焘当年是坐船去的，海上漂泊数月，很是艰辛。到英国后，他深入调查研究，感慨万千，于是把使英途中的见闻逐日详记，辑为一书，名为《使西纪程》。对于当时闭塞的清政府来说，这应该是一本多么好的了解世界的畅销书啊，绝对不会比《栈云峡雨日记》差！但结果，这本书差点让郭嵩焘丢了老命，后来命虽是保住了，但半生奋斗、一世英名全给毁了。

《使西纪程》的悲惨命运，在于郭嵩焘的清醒。他到了远方，回看中国，才知道中国在世界真正的地位：咱们以前一直以“天朝上国”“华夏中心”自居，说别人是“夷狄”，但是以欧洲当时的文明程度相比，咱们才是“夷狄”啊，这是何等痛彻心扉的清醒！郭嵩焘是个勇士，敢于承认当时西方的先进与中国的落后，而且承认得这样彻底。这是不愿、不敢也不屑走出国门的井底之蛙无法意识到的。

但井底之蛙发起飚来，比鳄鱼还可怕。当时清政府虽然遭遇了两次鸦片战争的失利，但并未惊醒颟顸的国民：最有见识的洋务派，也仅仅停留在引进洋枪洋炮这个器的层面；更多的士大夫，“闻洋人之长便怒，闻洋人之短则喜”。他们读到《使西纪程》这本书，那还了得！梁启超后来回顾这段历史时说，郭嵩焘大概在书里写了现在的夷狄和从前不同，他们也有两千多年的文明，“嗳哟！可了不得。这部书传到北京，把满朝士大夫的公愤都激动起来了，人人唾骂……闹到奉旨毁版，才算完事”。

郭嵩焘的副手刘锡鸿是个小人，他的主要任务就是监视与诬告郭嵩焘。当《使西纪程》在国内被批得体无完肤时，此小人赶紧给国内写信，指责郭嵩焘有“三大罪”，但实际上都是些鸡毛蒜皮的事。比如，第一大罪“游甲敦炮台披洋人衣，即令冻死亦不当披”是说郭嵩焘参观英国人的炮台时，天气冷，英国军官弄了件大衣给中国公使披上，咱冻死也不能穿外国衣服啊，他居然穿了！

这么一来，郭嵩焘在英国没法待下去了，清政府第一位驻外公使只干了一年七个月，就奉旨回国了。回国后，他的境遇更惨，一群井底之蛙以痛打落水狗的精神，百般折磨郭嵩焘，朝野上下，皆视之为“汉奸”，这位当朝二品大员，只能一直赋闲在湖南老家。1891年，他在抑郁中死去，连个谥号都没有。后来，义和团运动高涨，还有人叫嚣着要把郭嵩焘掘墓鞭尸，以谢天下。

九泉之下，郭嵩焘会后悔自己这趟远行吗？不会的，他生前很自信：“流传百代千年后，定识人间有此人。”

然而，并不需要“百代千年”，短短几年后的甲午之战，泱泱大国，居然溃败于蕞尔小岛日本，这次是真正被打醒了、打疼了。此后，日本以及更多的西方国家，成为中国有志之士向往的远方，中国的第一波留学潮开始了。

宏大的历史，往往在一些细节上让人喟叹：1876年，郭嵩焘到英国后，写信给李鸿章，报告日本派到西洋的留学生不限于学习机械一门，学政治、经济的都有，劝其扩大留学范围。李鸿章不听，而闻讯的士大夫们，群起谩骂郭嵩焘。同一时间，日本人的视线都放在远方，留学欧洲，潜入中国，拼了命在研究，在思考，在等待。

三

我们是一个畏惧远方的民族吗？

在中国历史上，有诸多勇敢的远行者——张骞、班固、郑和、徐霞客……尤其在汉唐时期，“去远方”蔚然成风。那时，“诗和远方”是联系在一起的，唐诗中有“边塞诗”这个类别，《全唐诗》中所收的边塞诗多达两千余首，至今捧读，或悠然神往，或血脉偾张。

但是，跟欧美人、日本人相比，当时中国人对远方的热情以及冒险精神、开拓精神，就要逊色得多了。耐人寻味的是，日本有徐福教民捕鲸的传说，而徐福是秦朝时东渡日本的中国人。

从基因研究来看，日本人是一万多年前从亚洲大陆迁徙过去的，当时是冰河期，日本列岛与大陆相连。后人猜测，当时亚欧大陆从西到东，有一支庞大的迁徙队伍，前锋部队走得最远，来到日本列岛；后来，气候变化、地壳运动、冰川消融、海平面上升，形成宗谷海峡，割断了日本与大陆的连接，前锋部队回不来了，就成了日本人的祖先。

很多人还从农耕文明、游牧文明与海洋文明彼此差异的角度，来分析各个国家、各个民族的性格。中国历来是以农耕文明为主导，自给自足，加上西边是高原大山，北边是沙漠戈壁，东边、南边都是汪洋大海，容易建立大一统政权，社会相对稳定，吃喝不愁，没必要去远方讨生活。所以中国人的性格大多内敛稳健，安土重迁，“父母在，不远游”，求稳、求静，注重眼下，不做玄远之想。

现在旅游业是朝阳产业，被大力提倡，但在古代中国，统治者坚决用土地束缚住农民，“圈民于地”，防止其四处流动，以免成为影响社会稳定的流民。旅游？做梦。从周朝开始，就立法限制旅游业的发展了。周朝有司寤氏一职，专门负责缉拿“夜游神”，出门旅行必须持“节”，“无节者不行于天下”。到了战国，魏国和秦国都颁布制度来抑制大家旅游的热情，这是一种釜底抽薪的制度：禁止私人开旅馆。想出去玩，行啊，看你住哪里？

《魏奔命律》甚至规定：经营客店的人要处决，其同族兄弟要遣送从军，军队无须怜惜他们。此后历朝历代，都有类似制度。因此，古代旅游基本是上层社会的专利，而且基本以短途游、近郊游为主。像徐霞客这样的古代驴友，堪称千古奇人，所以《徐霞客游记》开篇的日子5月19日，后来毫无争议地被确定为“中国旅游日”。

在中国历史上，像徐霞客这样的职业旅行家少之又少，但有一些跟远方相关的从业者，比如商人，比如镖客，比如使节，他们走遍千山万水，阅尽世间百态。在云南腾冲，有一部大型史诗歌舞剧叫《梦幻腾冲》，其中“古道马帮”篇章，讲的是茶马古道的艰辛与辉煌。茶马古道也是中国人关于远方的伟大探索。古道悠悠，生死茫茫，无数人走向远方，却再也回不来。《梦幻腾冲》中有一首歌，悠扬而苍凉，唱的就是马帮在远方想家却回不来的惆怅：“冬时欲归来，高黎贡山雪；秋夏欲归来，无那穷赕热；春时欲归来，囊中络赂绝。”

今日中国，随着改革开放的实践、劳动方式的改变、物质财富的积累、民族自信的增强，国民性格也在发生相应的改变，向往远方并且能够去远方的人，越来越多了。中国游客已遍布全球各地，背包环游大千世界的人，随处可见。

中国人对远方的态度的改变，是有理论支撑的。跨文化比较研究学者吉尔特·霍夫斯泰德教授对“文化”下了这样一个定义：在同一个环境中的人们所具有的“共同的心理程序”。他从五个文化维度来衡量不同国家的文化差异、价值取向，其中一个是“不确定性规避”：在任何一个社会中，人们对于不确定的、含糊的、前途未卜的情境，都会感到面对的是一种威胁，从而总是试图躲避。不同民族、国家或地区，躲避不确定性的迫切程度是不一样的。相对而言，在不确定性规避程度低的社会当中，人们普遍有一种安全感，倾向于放松的生活态度和鼓励冒险的倾向。而在不确定性规避程度高的社会当中，人们则普遍有一种高度的紧迫感和进取心，因而易形成一种努力工作的内心冲动。在他的研究中，希腊的不确定性规避指数为112，最高；日本为92，美国为46，处于中等位置；而中国为60，在美国之上。

对于再下一代的中国人，远方就是另外一种概念了。

四

“少小离家老大回，乡音无改鬓毛衰。儿童相见不相识，笑问客从何处来。”贺知章在《回乡偶书》中精确描摹了一种复杂的心态：他从远方回到了阔别已久的故乡，但是故乡既熟悉又陌生，他不知道能否回到过去，自己也被当成了远方来客。所谓“近乡情更怯”，正是如此。

“远方”与“眼下”，有时会有奇妙的逆转，有时甚至是地理与心理的错位。

自古至今，很多人想通过去远方来寻找自我，美国作家海明威就是如此。他到过很多地方，见识过很多大事，邂逅过很多人，完成过很多名篇，但他寻找到自我了吗？1961年7月2日，海明威将双筒猎枪伸进口腔，扣动扳机，以惨烈的方式，结束了自己的生命。关于他自杀的原因，至今争论不休。或许通过他的中篇小说《乞力马扎罗的雪》的开头，能够一窥其心境：

乞力马扎罗是一座海拔一万九千七百一十英尺的常年积雪的高

山，据说它是非洲最高的一座山。西高峰叫马塞人的“鄂阿奇—鄂阿伊”，即上帝的庙殿。在西高峰的近旁，有一具已经风干的豹子的尸体。豹子到这样高寒的地方来寻找什么，没有人做过解释。

地理的远方，或许历尽艰难后能够抵达，但是心理的远方，穷尽一生，也未必能够到达。

五

亚历山大临终前，遗命部下在其棺材两侧留上孔，将其两只手伸出，以表示他虽然建立起了庞大的帝国，却仍然不免两手空空地离去。他知道，虽然他空手而去，但他的远方，并非没有价值，他必将成为后人向往远方的偶像。

今天的人去远方，不是去征服世界，而是去征服自己，把自己从眼下糟糕或凑合的状态中拉扯出来，去寻找更多的可能性。网上曾流传一篇文章《带患病父母旅游，“疗效”意想不到》，读起来让人感动不已。作者的父母在江苏农村生活了一辈子，此前去过最远的地方是南京，当父亲患上癌症而母亲骨折只能依靠拐杖行走时，作者下了决心，陪父母远行三个月。在远方，两个老人发生了巨大的变化，父亲体重增加了，母亲也不再需要拐杖了，他们变年轻了，无论是身体还是心理，作者因此整理出图集《重生——献给父母金婚》。是的，他们在远方重生了。这是一个让中国人百感交集的远方传奇。

即便无趣、无聊、无奈，眼下很重要，现实很重要，然而，我们还是需要远方，因为我们在不断前行，我们不能没有远方。心理的远方，其重要性要大于地理的远方。俄罗斯电影《他是龙》中有句台词：“闭上眼睛，目视远方，那么远，远到没法睁着眼睛看到。”

心里装着远方，我们又怎会失去希望？

1987 年版电视剧《红楼梦》为何让我们集体怀旧

2017 年，1987 年版电视剧《红楼梦》播出 30 周年的剧组聚会，引发了无尽唏嘘与集体怀旧。

1987 年版电视剧《红楼梦》为何让我们集体怀旧？

一

第一个关键词，是“命运”。

三十年河东，三十年河西。还有什么比人在时间中的命运变迁，更值得感慨？《红楼梦》写的是一个盛极而衰的故事，那么多美好的少女，那么多热烈的梦想，还有那么精致优雅的贵族生活，然而，“盛席华筵终散场”，一个又一个接踵而至的悲剧构成了大结局：从黛玉于宝玉和宝钗大婚之夜泪尽而逝开始，疾病、浩劫、死亡、出走、离散、绝望接踵而至……大学者王国维曾在《〈红楼梦〉之美学上之价值》一文中评价说：“《红楼梦》一书与一切喜剧相反，彻头彻尾之悲剧也。”

根据亚里士多德的定义，悲剧是“人和命运的冲突”。《红楼梦》

写的，就是人苦苦抗争却敌不过冥冥之中早已注定的悲剧命运。但我们首先看到的，为之陶醉的，有强烈代入感的，并不是悲剧，而是女儿家的娇嗔，是爱情的奥妙，是灵魂的对话，是一切细微而美好的事物。然而，就在我们盼望看到“木石前盟”的宝黛终成眷属、一群美丽少女各有美好归宿时，命运却猝然露出了狰狞的面孔，水做的女儿，一个个堕入污浊……展示美的毁灭过程，就是悲剧。这个过程不是在电光石火间，而是《红楼梦》用70余万字铺陈而就，春去秋来，成长死亡，一切均在流淌的时间中。

1987年版电视剧《红楼梦》基本忠实于原著。这部戏开拍时，“戏说”之类尚未流行，导演敬业，演员入戏，担任艺术指导的红学专家，也不是“砖家”，再加上30多年前，文化消费单调、作品匮乏，《红楼梦》播出时，恰逢电视机开始大规模进入城市家庭，全家人坐在一起看电视，是那个年代最好的也几乎是唯一的大众精神消遣。家家户户，都能听见哀怨的主题曲《枉凝眉》。这部电视剧跟《西游记》一样，反复重播，尤其在寒暑假期间，打开电视，不是嘻嘻哈哈的悟空，就是卿卿我我的宝、黛。

但《红楼梦》跟《西游记》不一样的是，前者是悲剧，后者是喜剧，喜剧让人笑，悲剧让人哭，一群让观众流泪的角色自然印象更深刻。更何况，出演这部电视剧的少男少女们，在接下来的30多年中，命运各异，有的人大红大紫，星光灿烂，但更多人再未能超越这部电视剧，忍受着巅峰过后走下坡路的落寞，一个个青涩的青年已步入无奈的中年，还有的人已经离开了这个世界……30多年，不长也不短，对有些人来说，这部电视剧甚至成了似有还无的命运伏线，暗中印证他们的人生轨迹。观众总是习惯于有意无意地将演员的命运与剧中角色关联，怎能不为此黯然神伤？

比如，1987年版电视剧《红楼梦》贾瑞的扮演者马广儒，6岁开始读《红楼梦》，一生以贾宝玉自居。21岁那年，他接到了进京饰演贾宝玉的通知，却最终出演了因色丧命的贾瑞。贾宝玉是集千万宠爱于一身的贵公子，贾瑞却是贪淫好色的破落子弟，两个角色，天壤之别。在剧组中，他演的是贾瑞，却一直以宝玉自居，爱上了扮演黛玉的陈晓旭，不惜为她割腕明志，但追求未果。之后他贪恋上了杯中物，动辄烂醉如泥，最终在1995年因酗酒猝死，年仅32岁，去世时，还欠着楼下小酒馆的40元钱……网络作者矮木在《红楼梦30年再聚首：如花美眷，怎敌似水流年》一文中写道："他去世当天，当地电视台播放的正是1987年版电视剧《红楼梦》里'王熙凤毒设相思局'那一集——憧憬了一生'贾宝玉'的马广儒，最终没能逃脱贾瑞的宿命。"

没有时间的跨度，怎能深刻感受到悲剧的意义？又怎能深刻感受到命运变迁带来的震撼？

二

第二个关键词，是"古典"。

提起1987年版电视剧《红楼梦》，其中饰演林黛玉的陈晓旭，始终是一个无法绕开的人物。2007年，陈晓旭抛下事业和家人遁入空门，法号妙真，人们无比惊诧。后来得知，她当时患上了乳腺癌，饱尝病痛之苦，绝望于俗世的医术，决心落发为尼，以佛学来安慰心灵的苦痛，以修行等待生理的奇迹。但奇迹最终没有发生，剃度之后不到 3 个月，陈晓旭还是不幸病逝。

当时人们感叹：陈晓旭走了，“世间再无林妹妹”。是的，陈晓旭是一个符号，古典美的符号——无论外表、气质还是内心，她的柔弱与忧郁，恬静秀美之间淡淡的却化不开的惆怅；还有，她花 3 年时间研读《红楼梦》来深入理解林黛玉这个角色……她成为人们心目中最像或最接近黛玉形象的演员，举手投足、一颦一笑，都俨然是林黛玉的翻版，宛如书中走出一般。而她在后来回忆争取黛玉角色时也说过：“也许我在长相、在表演，或其他单方面不如别人，但是在综合素质上，我觉得我是最适合的，演黛玉是为了人生追求，完成一种使命似的宿愿，不是仅仅一个角色追求。”

《红楼梦》是中国古典美学的杰出代表，林黛玉又是《红楼梦》中古典美的代表，多少国人常读常新，通过这本书、这个人获取民族审美体验。但在渐去渐远的中国古典美学中，陈晓旭几乎成为绝响。她走后，她扮演的林黛玉所代表的一个时代的审美情趣与审美价值观、让人陶醉的古典美气质、中国传统文化的韵味等，都随之而去了。这些在今天纷繁的娱乐文化中，再难寻得。

失去了，人们才会怀念。古典美，曾经代表中国雅致生活的审美情趣、诗性人生，渐去渐远了。在电影电视中，在各种综艺节目中，我们不易发现内心沉静、相由心生的具有古典美的女子。单一化、类型化、快餐化、商业化的娱乐文化，塑造能力太强了，就像流水线一样，生产着同一张脸，习惯夸张，擅长“卖萌”。

存在即合理，什么时代就有什么样的气质、什么样的审美，但是缺了感染中国千年之久的古典美，怎能不让人心生怅然？

这是现代化的代价吗？德国哲学家黑格尔对“现代”与“古典”有过深入思考，他既热情颂扬现代社会，又伤感于传统在现代社会中的失落，对自己心目中的古典时代的代表——已经消逝的古希腊艺术，怀有一种留恋和怅然的复杂感情。他认为，告别古典时代后，传统的神性至此就被世俗化。如果说古典时代是“诗的时代”，那么现代就是“散文的时代”。“诗、牧歌或英雄，都是灵性飞扬的象征，是人与自然、人的个体性与社会的普遍性、人的个性与其整体和谐融洽的标志，也是直接、单纯和自由的神性普照与人性舒展完美渗透的体现。”而散文、市民的时代，是平庸的。“缺乏独立性、个性和完整性，……人的世俗气过分完满以致溢出人自身，甚至遮蔽了神性……”

矜持内敛、哀而不伤的陈晓旭，绝不是一个世俗气过分的人，她带着我们关于古典美的美好回忆，永远离开了，我们只能从 1987 年版电视剧《红楼梦》中，从她的回忆录《梦里三年》中，来重温这个经典的形象。她在《梦里三年》是这样写自己对黛玉的理解的：“真水无香，白璧无瑕，爱得深，爱得苦，充满忧伤的诗人气质……”

这样的美，还有吗？

三

第三个关键词，是“乡愁”。

不同于对故乡童年、田野、炊烟的回忆，1987 年版电视剧《红楼梦》对于许多中国人来说，是一种“文化乡愁”。

30多年过去了，这30多年恰恰是中国社会巨变的一个时期。是的，仅仅30多年，审美观就能发生如此巨大的变化：西方式面孔，在一些人的心目中，似乎已成了美的标配。还有那满大街的用来冠以楼盘、商店与产品的洋名，伴上一个“洋”字，似乎就提高了档次、格调、气质。从“视洋若鬼”到“以洋为美”，从一个极端走到另一个极端，这变化太快，快得让很多人都跟不上步伐，害怕丢掉昨天的自己。

假如能回到过去，站在时间那一端，如何能够想象30多年后，这一端的变化？在一个急剧变化的大时代，每个人，都有一部波澜壮阔的心灵史；每个人，都是一部长篇小说。有多少人欢呼、迎接这变化，又有多少人抗拒、恐惧这变化，还有多少人迷失在这变化之中？对于胸中有郁结之人而言，1987年版电视剧《红楼梦》就是浇这块垒之醇酒，年头越长，这酒越醇。人们说起这部电视剧，充满感情与感慨，固然是因为它的艺术成就，因为那一群演员的真诚与朴实，也因为它跟当年慢悠悠的中国的联系，人们每晚看完两集，安详地睡下，等待明天新的两集，但更多是一种精神寄托，一种不可能再回来的感觉，一种依稀的亲切，一种想起来能够让内心一暖的乡愁。

这也是导演贾樟柯在电影《山河故人》中试图展现的那种感觉：2025年的澳洲，移民到这里的中国男孩长大了，却不大会说中文，只能用翻译软件与父亲对话。他一直挂着小时候亲生母亲给他的钥匙，但已经想不起母亲的名字，只记得她叫涛，是“波浪”的意思。这个故事开始于1999年，到2025年只有26年，还不到30年，却已经足够让父亲忘记了初恋与故乡，儿子忘记了母亲与母语。

我们今天重温1987年版电视剧《红楼梦》，了解当年筹备拍摄的用心：1984 年，剧组在北京圆明园先后举办了两期演员学习班，从全国各地数万名候选人中，遴选出一百多名演员在此研究原著，分析角色，学习才艺，反复比较，才确定各个角色。我们今天读陈晓旭在《梦里三年》中写到的 1984 年 4 月的圆明园、盛开的桃花、蜿蜒的小路、为了得到理想角色或笑或哭的女孩们……我们内心某处又怎么能不被触动，产生一些微妙的情感、思考与叹息？

但时间已经逝去，人们又怎么能回到过去？在商业化浪潮中涌现的各种选秀，又怎么会重复 30 多年前那群聚集在圆明园的少男少女们的纯真？就像《山河故人》中那个突然想回到山西寻找母亲的儿子，在决定买机票前，才发现自己已无家可归。这不仅仅是物理空间的大洋相隔，更是精神上的遥远距离。

在时代大潮中，人们或主动或被裹挟着往前走，或坚信或安慰自己：前方会很美好，会变得越来越好。往前走时，却不断回首，怀念并美化过去。人总是这样，不满现实，而过去已去、未来未至，变化越大，人越孤独，像一只风筝，扶摇直上，却害怕速度太快，线会断了，再也找不到自己的根。就像《山河故人》里那个无辜的孩子，从内陆的山西县城飘荡到东边的上海，又飘荡到南半球的澳洲，变化太大，走得太远，已找不到回家的路。

四

Dollar——这是《山河故人》里那个孩子的英文名，极具隐喻意义，他父亲的名字则很传统：张晋生。孩子的名字如果译成中文，叫“张美元”，特殊年代一个挣扎在物质欲望与文化失落之间的赤裸裸的标志。

父亲张晋生，儿子张美元，这是活生生的文化割裂，就像1987年版电视剧《红楼梦》与2010年版电视剧《红楼梦》两个“黛玉”的区别：一个是陈晓旭演绎的黛玉，“两弯似蹙非蹙罥烟眉，一双似泣非泣含露目”；一个是梳着古代戏子铜钱头却一身现代感的黛玉。正因为有对比，人们才更怀念1987年版电视剧《红楼梦》，那是中国的，古典的，温暖的，美好的。就像喝多了咖啡与可乐，最终发现，还是茶最适合自己的胃，因为这是一个中国胃。

如果说，还有第四个关键词，那就应该是“重构”。

“重构”不是“复古”，就像我们喜爱1987年版电视剧《红楼梦》，并非羡慕其钟鸣鼎食、仆役如云的排场，而是其根植于传统文化的审美体验、生活态度与思想体系。这是中国人的根，有根才有自信，无根则是随波逐流的浮萍。

我们要把根留住，否则可能变成“四不像”。著名学者梁漱溟曾说过：“历史上与中国文化若后若先之古代文化……或已夭折，或已转易，或失其独立自主之民族生命。惟中国能以其自创之文化绵永其独立之民族生命，至于今日岿然独存。”不管走得多远，走得多快，都不能忘记了出发的地点。

天人合一，仁者爱人，和而不同，自强不息，厚德载物……中国思想曾经深刻影响世界，为人类文明做出重大贡献。日本学者吉川幸次郎专门写过一篇文章，名为《对中国文化的乡愁》，文中他写下了这样的话：“不管怎么说，中国的思想，都是人类的故乡之一，一到某种时刻，有意无意的，就在讲述着对它的乡愁。”

如果说，以前中国向世界输出的是中国产品，现在中国资本又在大步走出去，那么，接下来，中国向世界贡献的，应该是中国思想、中国智慧以及有着中国文化、审美情趣和精神追求的中国品牌。

东方式的雅致生活，要有琴、棋、书、画、诗、茶、玉、丝、瓷……但又不仅仅局限于这些器物，更重要的是寄存、融汇于器物之中的生活态度与思维方式。比如，为什么建议少吃垃圾食品？中医强调药食同源，饮食合乎节令。比如，学好外语很重要，但不能忘记了自己民族的经典，腹有诗书气自华，诵读经典，是与先贤对话，领悟他们历久弥新的智慧。又比如，现代生活很便捷，但也压力重重、戾气弥漫，我们焦虑、孤独，身心处于亚健康状态，何不抽个时间，或在品茗中静心，从一片茶叶中领悟人与自然的奥妙联系；或在冥想中修心，给自己进行东方式的心理按摩，让自己的心保持平静，不急、不妒、不躁、不乱。

我们怀旧，是对当前困境的审视，是对过去时光的仰慕，是因为我们在巨大变化与现实困境中，需要重建身份认同，需要重构文化自信。

断裂的文化若要传承，需要修复；现代人若不想被过去抛弃，需要重构。从这个意义上来说，重构，就是对 1987 年版电视剧《红楼梦》的最好的致敬！

不要温和地走进那个良夜

科幻大片《星际穿越》以绝对深邃的视角探讨了人类的宿命，也让一句诗冲撞着观众的心灵——“Do not go gentle into that good night”。这句诗公认的最好的翻译是“不要温和地走进那个良夜”，探讨的还是永恒的主题：生命、爱与死亡。

每个人都对《星际穿越》有自己的理解，不一定跟科学素养相关，在柴米油盐、吃喝玩乐的惯性中，思维突然遇到巨大冲击，突然感觉自己的生命中有些空白、有些盲区、有些缺憾，继而惆怅、茫然，在被打开的散乱思绪中，甚至心脏一紧、鼻子一酸。

一

1953 年 11 月 4 日凌晨两点，纽约曼哈顿格林威治附近的白马酒家，走进一个腆着啤酒肚的英国男子，他在这里坐了一个小时，一杯接一杯地喝，一口气喝了 18 杯威士忌，然后跌跌撞撞地回旅馆昏睡。早上醒来，他感觉胸闷，于是又到白马酒家，喝了两杯啤酒，突然呼吸困难、呕吐、腹痛，请来医生，不见好转。晚上，他被送进医院，陷入昏迷状态，再也没有醒来，5 天之后死亡。在医院停尸房，朋友为他办理了认尸手续，问到职业时，朋友说："诗人。"登记人很困惑："什么是诗人？"朋友答道："他写过诗。"于是登记人写下这么一句话："狄兰·托马斯，他写过诗。"

对的，这个因为酗酒而死亡的狄兰·托马斯，写了这首诗："不要温和地走进那个良夜 / 老年应当在日暮时燃烧咆哮 / 怒斥，怒斥光明的消逝……"

这首诗写于 1951 年，当时他写下这些句子来鼓励病危的父亲，对死神将可爱的人们带离这个世界表达了愤怒。两年后，他客死美国，年仅 39 岁。

狄兰·托马斯生于英国南威尔士，小时候因为肺出血而身体虚弱，常卧床不起，后来患上严重的哮喘，成年后酗酒、嗜烟，很早就预感自己活不长。他不像今天因为身体欠佳而注重养生的病人，而是过着一种放荡不羁的生活，人称"疯狂的狄兰"。他沉迷于酒精，据诗人的朋友回忆，在第三杯到第八杯之间，狄兰是世界上最健谈的人，妙语连珠，而在三杯前他闷闷不乐，八杯后他暴躁不安。

这样具有自我毁灭激情的人生，自然能让人理解狄兰·托马斯的诗为何始终围绕生、欲、死三大主题，为何诗中往往洋溢着一种直击人心的神秘原始力量。他的朋友记得他说过的最后一句话是："一个人一不留神就到了 39 岁。"他随时等待着死神的到来，他未至老年，却也在死神面前燃烧咆哮，绝不温和。

二

有一本书叫《再活一次，和人生温柔相拥》，作者安妮塔·穆贾尼曾被诊断出患了淋巴癌，便辞去工作，专心抗癌。四年间，她研读各种讨论癌症的书籍，试遍了种种医疗方式，病情却持续恶化，一度因器官衰竭而陷入昏迷，医生宣布不治。

就在濒死时刻，安妮塔进入了一个超越时空的世界，感受到自己与宇宙万物融为一体，在无条件的大爱包围中，深深懂得了自我的美好，她选择重返人世，癌症竟在短短一周内不治而愈。

当然这更多是一种传奇。死亡始终是人类的终极恐惧，英雄狗熊，皇帝草民，概莫能外。无数人始终无法参透死亡的奥秘，而转向宗教；还有人想方设法逃避死亡，从君王求长生，到术士找灵药，时至今日，仍然是一种迷信。

明朝的转折点很多，嘉靖算一个。这是个很奇怪的皇帝，上任之初对内整顿朝纲、减轻赋役，对外抗击倭寇，励精图治，俨然明君，直追朱元璋，朝野一派欣欣向荣，但中后期任用奸佞，妄杀忠良，痴迷道教，信任方士，为明朝未来的覆亡埋下隐患。

嘉靖一生的转折点在哪里？应该是“壬寅宫变”。公元 1542 年冬，他当皇帝的第 21 年，他正在酣睡中，被一根绳勒住了脖子——宫女们造反了，但她们没有经验，又紧张，结果绳打的是死结，把皇帝勒得昏了过去，并没有死。事情败露后，参与起事的宫女们被凌迟处死，嘉靖帝被救醒后吐血数升，活过来了，但死亡的阴影，从此一直笼罩在他头上，一直到死亡真正到来。

大难不死，更加怕死。嘉靖帝面对死亡，选择的是另一种“燃烧咆哮”——炼丹药，杀大臣。他本来就迷信丹药，这也是被宫女们勒脖子的原因，躲过死亡后，他更加迷信炼丹，而且在事发后不久就移居西苑，二十余年再也没有回过大内。他也因此创造了历代皇帝的一个纪录——二十余年不上朝。

他不想死，想长生不老，专一奉道事玄，封一批道士当大官，边防军打了胜仗，他却归功于道士，大臣反对劝谕，一律杀杀杀……他甚至给自己取了三大道号：灵霄上清统雷元阳妙一飞元真君、九天弘教普济生灵掌阴阳功过大道思仁紫极仙翁一阳真人元虚玄应开化伏魔忠孝帝君、太上大罗天仙紫极长生圣智昭灵统三元证应玉虚总掌五雷大真人玄都境万寿帝君。瞧这一长串名号，真想当万岁，当然这是不可能的，他在 60 岁的时候死去。临死前，因为长期服用丹药，身体越来越差，脾气越来越坏，许多大臣动辄被杀头或廷杖，人人自危。他死了，留下一个千疮百孔的国家。

嘉靖帝太自私，他不会改变自己，哪怕用一个国家的灭亡来代替他的死亡，他也愿意。

很多大人物，以为有天神庇佑，不相信自己会死亡，甚至咆哮怒怼死神，譬如朝天开炮的张献忠。又如《说唐》中的李元霸，天下无敌，不可一世，受不了电闪雷鸣。“元霸大怒，把锤指天大叫：‘呔！你天为何这般可恶，照少爷的头响也！’说罢，把锤往空中一撩……”结果，元霸“抬头一看，那四百斤重的锤掉将下来，扑的一声，正中在元霸脸上，翻身跌下马来”。

在电视剧《康熙王朝》中，主题曲深情地唱“我真的还想再活五百年”，这是很多人的梦想，但康熙之子雍正甚至没有活到 60 岁。关于他的暴亡，有很多说法，民间流传是被吕四娘砍了头，公认是过劳死，也有人研究认为，雍正因迷信炼丹方士，服用丹丸过度而死。这样刚毅勤勉之人，依然参不透“死亡”二字。

三

就在人们涌入影院观看《星际穿越》时，高仓健去世了。这位曾经深刻影响一代中国人审美观的“硬汉”，走得无声无息，令人慨叹。他去世八天后，家属才发布讣告，实现了他的遗愿：“渐渐消失在人世。”

有人希望死得轰轰烈烈，有人却希望用高仓健的方式，温和地消失在死神的怀抱中。

作家史铁生在生前曾把死亡作为倾心思考的母题，他写了各种各样的怕死心理，耐人寻味：“作恶者怕地狱当真。行善者怕天堂有诈。潇洒担心万一来世运气不好，潇洒何以为继？英雄豪杰，照理说早都置生死于度外，可一想到宏图伟业忽而回零，心情也不好。总而言之，死之可怕，是因为谁也摸不清死要把我们带去哪儿。”这种逼真透彻的摹写，将每个人置于死神的阴影笼罩之下，进而让芸芸众生一同思索领悟生命之消亡。

中国有句俗话叫“好死不如赖活”，这是最清醒的生存哲学，因为生可把握，而死却不知是何模样。这种清醒，就像狄兰·托马斯预感自己活不长，自称要创造一个“紧迫的狄兰”，又像阿拉伯诗人阿多尼斯的名句：“只有通过一种方式才能征服死亡：抢在死亡之前改变世界。”

雄才者如曹操，就是这么一个清醒者。公元219年，曹操去世前一年，他已经预感到命不久矣，有很多事情需要他去做：继续征战，或者称帝。但他做了一件令人意想不到的事：他下令在洛阳重建北部尉廨，兴修建始殿。曹操生命中最后的日子，就在洛阳这个大工地上度过。洛阳曾是东汉都城，但被董卓一把火烧成废墟。此时，在曹操的地盘上，南有许都，北有邺都，均已成规模，他在废墟上重建一个都城做什么？

他在死亡来临之前，做了一件有大智慧的事：复兴洛阳。

“烈士暮年，壮心不已。”这是曹操的名句。一代英豪与时间赛跑的无奈：“对酒当歌，人生几何？譬如朝露，去日苦多。慨当以慷，忧思难忘。”已至暮年，却壮志难酬，即令英雄如曹操，内心也会升腾起浓浓的无奈和悲凉。但曹操没有停留在文艺悲情中，他抢在死亡之前，做了自己认为最重要的一件事：为一个新的洛阳奠基，也为一个新的王朝奠基。翌年，曹操在洛阳逝世。数月后，魏王曹丕取代汉朝，自立为皇帝，国号魏，定都洛阳。

每个人，都会面对死亡，有人惊慌失措，有人惴惴不安，有人“燃烧咆哮”。当然，也有人赶在死亡之前加以改变，程度大的改变世界，程度小的享受人生，以此来抵消对死亡的恐惧与无奈，就如狄兰·托马斯的另一首诗：《死亡也并非是所向披靡》。

从有趣的校长想起有趣的孔子

近几年，大学校长往往因为个性成为焦点人物，让人们重新打量大学校长这个群体。应该说，这是一件好事——一位有趣的大学校长，对大学来说，其实是一件好事。

一

化学究竟是什么　化学就是你 / 化学究竟是什么　化学就是我 / 化学究竟为什么　化学为了你 / 化学究竟为什么　化学为了我

这就是《化学是你，化学是我》的歌词。词作者、北大原校长周其凤是个著名的化学家，这是他为了“化学年音乐会”特意写的歌词，虽然自嘲是被“学生逼着写的”，但也颇为自得，“希望大家喜欢这首歌，帮着我给它流传起来”。

这首歌在网上流传开后，有人认为周校长词作业余，堪比“神曲”，“完全被雷倒了”，“语言太过直白，没有美感，有待斟酌”。不过，更多人会心一笑——周校长毕竟不是音乐专业人士，也不是中文系的古典诗词博士，相比专业诗人写出的“梨花体”，这首曲子的歌词不算典雅，但至少是很有趣了。

无独有偶，北大的另一任校长许智宏，也因为在2008年北大新年联欢晚会上高歌一曲《隐形的翅膀》“走红”，引发了争议，有人批评其“作秀”，但更多的是欣赏。

北大因其在中国的独特地位，一举一动都引人关注，更遑论一校之长。在北大历史上，多位校长均以鲜明个性著称，例如蔡元培、蒋梦麟、胡适、马寅初等，或特立独行，或名士风流。名人名校，相得益彰。

当年，文化名人曹聚仁曾与好友闲聊，突然有人问他生平所钦佩所敬仰之人是谁，曹聚仁答是蒋梦麟。举座皆惊。曹聚仁见状忙申明，他决不做违心之论，也决不依草附木，更不是北大的学生。友人问为什么敬佩蒋梦麟，曹聚仁说蒋梦麟“有种”。

蒋梦麟在1930至1945年期间一直担任北大校长，是迄今北大历任校长中任期最长的一位。此人无论是面对日军的威逼利诱，还是遭受无端指责与恶毒攻击，始终有胆量、有骨气，为后人所称道。终其一生，堪称“君子坦荡荡”。

校长大风骨，卓然可见。

二

近年让大学校长们风头最劲的，当属在毕业或开学典礼上的演讲。其中华中科技大学的李培根所做的演讲就非常有名。有一段时间，李培根的一段演讲视频在网上广泛传播，他也因此得了一个昵称叫“根叔”。

开学或毕业典礼，在现代大学刚兴起时，多以严肃或狂欢的形式交替出现。哈佛大学校长萨默斯在2002年给毕业生发表演讲时，是这么说的：“毕业典礼不仅仅只是可以让你们沉思对于未来的希望和梦想，更重要的是，它是一种要求，要求你们所有人最起码在这最后一次演讲中听我说几分钟，在我还有权要求你们的时候。在一个像今天这样的场合，我有很多事情要说给你们听，我是多么地为你们感到自豪。过去、现在和将来在今天这样的时刻汇聚在了一起。对于你们来说，尤为重要的是要了解，除非你们还了图书馆的图书，付了电话费，还了所有餐具，否则是不会授予你们证书的。”

在他的这次演讲中，笑声不断，后来他还讲道：“我们在哈佛是用很高的标准来衡量校友的。想想吧，牛顿和爱因斯坦在20多岁的时候开始思考重大物理学问题，亚历山大30岁征服了大半个已知的世界，当莫扎特在你们这个年纪的时候已经完成了他的小提琴协奏曲，当他到我这个年纪的时候已经死了14年了。因此，这个星期接下来的日子就好好放松一下，好好过一个毕业典礼，周五的早上就开始新的工作吧！”

大凡一次好的演讲，尤其是作为一校之长的典礼致辞，自然融汇了睿智与机敏、风趣与疯狂、细节与细腻，既天马行空，关键时刻又能自圆其说，让人大笑之余而又大悟，就如萨默斯校长所言：“生命中最轻松的时段是分清对与错，最艰难的是犯错时要勇敢承认。如果你坚信‘皇帝没穿衣服’，你就应该勇敢地提出。”

国外名校校长无不重视这类演讲，任期长达十几年的耶鲁大学原校长雷文曾经出版过一本书，叫《大学工作》。这本书中收录的相当一部分文章，是雷文校长每年在开学典礼时对新生热情洋溢的讲话以及送别毕业生时激情满怀的告别辞。雷文在书中写道："每次面对学生演讲的时候，我总是不忘鼓励那些天资聪颖的年轻人最大限度地利用他们在校学习的机会，同时呼吁他们将所学用于助益他人，贡献于社区、国家及世界。"

三

对大学与大学校长来说，有趣，亦是一种魅力，无可替代的魅力。

从某种程度上说，中国历史上伟大的教育家孔子，也可算是春秋时的名牌大学校长，虽然这所大学常常是流动的。孔子形象在后世被赋予不同含义，而现在的研究者，正在还原一个有趣的孔子。

且不说孔子面对美女南子时的趣闻，也不说他独特的教学方式，就说他的自嘲吧，一个能自嘲的人，才是一个有趣的人。据《史记·孔子世家》记载，孔子适郑，与弟子相失，孔子独立郭东门。郑人或谓子贡曰："东门有人，其颡似尧，其项类皋陶，其肩类子产，然自要以下不及禹三寸，累累若丧家之狗。"子贡以实告孔子。孔子欣然笑曰："形状，末也。而谓似丧家之狗，然哉！然哉！"

这段话是说，孔子周游列国时来到郑国，和弟子们走散了，他老人家一个人站在外城的东门。郑国有人看见就对子贡说："东门那里站着一个人，他的额头像唐尧，脖子像皋陶，肩膀像子产，可是从腰以下比禹短了三寸，一副疲惫倒霉的样子，真像只失去主人家的狗。”子贡见面时把这些话据实告诉孔子，孔子笑着说：“一个人的相貌如何，那是不重要的；倒是他说我像只失去主人家的狗，那可真是说得对！真是说得对啊！”

后人感叹说，孔子对于旁人说他像唐尧、像皋陶、像子产等贤人、圣人那一类的恭维话一概不感兴趣，而对于说他像“丧家之狗”却很感兴趣，不怒反喜，且欣然笑曰：“然哉！然哉！”足见其大智慧。

今天，中国的大学校长也变得有趣起来，这是件极好的事。一个大学校长本来就是一所大学灵魂的外在表现之一。大学校长面向学生的演讲不再居高临下，也不再刻板机械、故作高深，这是对自我的一种回归，更是对教育本质的一种回归，值得为之大声喝彩——哪怕只是一曲看似“雷人”的《化学是你，化学是我》。

狗狗小史：其实你不懂我的心

网上曾流传着一条忠犬的故事：在内蒙古克什克腾旗达尔湖灵陀山附近的达达线公路，有一条四年前与主人失散的小狗，不顾内蒙古高原的严寒酷暑，每天在当年和主人失散的地方守望，毛发变得凌乱肮脏，双眼从充满期待到逐渐迷茫、失望。好心人被小狗的执着感动，带回家喂养，小狗却不吃不喝，没有办法只好又把它送回它每天守望的公路上。网民很感动，有人说："十年的寿命，它耗了将近一半在等你。"

狗，如此奇特生物之历史，难道不值得做一次考证？

一

关于狗，有两点众所周知：第一，狗由狼进化而来；第二，狗对人比人对人更忠诚。

这两点结合在一起，无疑指向一个疑问：在漫长的时间中，究竟是在哪一个节点出现了基因突变，狼群从此分道扬镳，走向两个完全不同的方向？一支还是狼，狡诈冷酷，对人充满戒心，长时间与人类争夺生存的空间；另一支变成了狗，一种奇妙的生物，对人类俯首帖耳，毫无保留，自古至今演绎了无数令人心头一暖甚至热泪长流的跨物种的忠诚故事。

狗的起源，很多科学家都做过考证，比较一致的结论是：早在1.5万年前，狗就和人类在一起了。美国动画片《疯狂原始人》中，有一条叫道格拉斯的宠物狗，是这部电影中的一大笑点。它看起来很凶悍，实际上很呆萌，热衷于跟人玩捡东西的游戏。它的模样跟今天的狗不一样，嘴脸像鳄鱼，但那条热情乱搅的大舌头，已经跟今天的家犬一致了。事实上，《疯狂原始人》是一部讲人类与动物“进化”的电影，把漫长的进化过程浓缩在三代人身上，“奶奶”还残留着尾巴，而第三代已经是智人了。在这三代人出发去寻找新的居住地时，小男孩邂逅了道格拉斯，彼此不断试探、交流，而后他拥有了这只宠物狗。

这正是人类拥有史上第一种宠物的隐喻。今天的考古证实：在原始人聚居地，一群饥饿的狼在垃圾堆里寻找食物，大胆而带侵略性的狼会被人杀死，胆小而友好的狼免于一死。跟我们理解的“丛林法则”不一样，在尾随到人类聚居地寻找食物的过程中，强壮的不把人类放在眼里的狼都被消灭了，而对人能够主动示弱、态度友好的狼，则被默许了翻找垃圾寻找食物的特权，人类有时高兴了，还会朝它们扔根骨头什么的。人类迁徙了，它们也跟着走。为了更稳定地获得食物，这些狼开始与人类居住在一起——当然是在室外，它们住在山洞、地穴、泥屋的外面，如果遇到猛兽来袭，它们会一顿乱叫，甚至扑上去厮杀。人类一看，不错嘛，不仅仅是“吃货”，还能帮上不少忙呢。来，赏块带肉的骨头。

人类爱狗之初心，就这么产生了。

在一本题为《狗的天赋》的著作中，杜克大学的研究学者凡妮萨·伍兹这么写道：“友好给狼带来了奇妙的改变，它们在外表上开始变得与其他狼不同。驯化使它们有了油亮的毛发、下垂的耳朵、摇摆的尾巴。几代繁衍之后，它们明显区别于那些凶猛的亲戚了。这种改变不只是外形上的，还有心智上的。这些原始形态的狗有了理解人的动作手势的能力……当狗的主人认识到狗的利用价值时，他们因自己倾注的大量情感而爱狗，这同样也感染了狗狗。也许可以说，在人类文明进化史上，狗起到了推动作用。”

在原始人粗糙的大手摩挲下，正在由狼向狗过渡的这群动物毫无矜持地仰面躺倒，露出肚皮，水汪汪的大眼睛看着人类，尾巴跟狼是完全不同的摇法了。这个种群正在变异，“忠诚于人则能活命”的基因，已悄然在这群狼的体内铭刻下来，漫长的时光中，狼慢慢变成了狗。今天有各种各样、千奇百怪的狗，但忠诚的基因从未消退。

在人类文明进程中，人类拥有越来越多的宠物，如狗、猫、马、鹰、猴，甚至还有蟒蛇、蜥蜴等小众之爱宠，但第一个追随人类的，应该是狗。猫成为人类宠物，要比狗晚上五六千年。今天人们为“喵星人”“汪星人”谁更可爱有颇多无聊的争议，但从“忠诚”的角度来讲，猫的忠诚是大打折扣的。事实上，猫从未被人类真正驯服过，它跟人类生活在一起，只是因为它需要利用人类获得丰富的食物和安全的住所。换句话说，它是“感情骗子”，除了需要人类时，其他的时候大多都特立独行，不理会主人。科学已经证实：人类对猫的很多想象，都是一厢情愿的幻想。网上更有一篇文章说，猫是自私无情的杀手，它不向主人发动进攻，只是有“人太庞大，咱干不过”的自知之明。

动画片《加菲猫》很好地反映了狗、猫与人的关系，小狗欧迪受尽加菲猫欺负，仍然热情如火、没心没肺。而加菲猫懒惰、贪吃、冷漠，常常是一副蔑视的表情，瞧不起主人与狗，潜台词是“傻人！傻狗！”但喜欢欧迪的人远远不及加菲猫的粉丝多。

狗会在乎这个吗？当然不会，它对人的忠诚，是没有太多条件的。

二

九百多年前，在苏东坡最潦倒的时候，他养了一条名叫乌嘴的狗。

那时，已经步入老年的苏东坡被流放到海南岛，他最后一个女人王朝云也已经去世，陪伴他的，是一条黑嘴巴的海南本地犬。在陌生的遥远的他乡，因为有乌嘴，苏东坡并不孤单，而乌嘴也因为这位大文豪主人的记载，成为一条名狗。

东坡先生甚至为它写了一首诗。当时他遇赦北归，自然欣喜若狂、归心似箭，乌嘴通人性，完全能够感受到主人的情绪，在过一条河时，它按捺不住快乐，有桥不过，直接跳下水游到对岸。于是它成了一首诗的主角，诗曰：“乌喙本海獒，幸我为之主。食余已瓠肥，终不忧鼎俎。昼驯识宾客，夜悍为门户。知我当北还，掉尾喜欲舞。跳踉趁僮仆，吐舌喘汗雨。长桥不肯蹑，径度清深浦。拍浮似鹅鸭，登岸剧虓虎。盗肉亦小疵，鞭箠当贳汝。再拜谢恩厚，天不遣言语。何当寄家书，黄耳定乃祖。”这首诗之前还有一段小序文：“予来儋耳，得吠狗曰乌觜，甚猛而驯。随予迁合浦，过澄迈泅而济，路人皆惊，戏为作此诗。”

从诗文中，后人能一睹乌嘴之貌：既凶猛又驯服，白天跟着主人应酬客人，晚上忠实守护院宅，而且全身心都放在主人身上，“知我当北还，掉尾喜欲舞”。东坡先生最后感慨说，乌嘴的祖先肯定是黄耳。黄耳也是一条名犬，典故来自《晋书·陆机传》：晋代名人陆机养了一条名叫黄耳的黄狗，他在京城洛阳做官，好久没有家里的消息，就把书信系在黄耳的脖子上，让它带回松江家中，又从家里捎回信到洛阳。黄耳居然长途跋涉，完成使命。

无论是乌嘴还是黄耳，都证明了狗是一种天赋特异而又超级靠谱的生物，有出众的智力与体力。科学证明，狗之嗅觉灵敏度位居各畜之首，即使眼睛看不见，仍然可以利用鼻子生活得像普通狗狗。狗的听觉也超级强，听觉感应力是人类的 16 倍，而所能听到的最远距离居然是人的 400 倍。当然，最令人称道的，还是狗的聪明程度，《狗的天赋》一书中写道：“作为狗的主人，我们理所当然地认为狗狗会撒丫子去追我们指着的球或玩具。但它们读懂动作的能力更为惊人，甚至和人类最相似的猩猩和倭黑猩猩都做不到。狗狗关注我们的方式与人类婴儿极为近似。这种能力有赖于我们与狗狗进行的交流。有的狗狗能相当精准地捕捉到主人细微的动作，比如目光的游走。”

狗只能听懂一些简单的语言指令，但能通过人类的语气，进行细腻的领悟。它用尾巴的不同动作，来表达自己的领悟。犬类研究专家分析过，狗摇尾巴，是它的一种“语言”。一般狗在兴奋或高兴时，就会摇头摆尾，尾巴不仅左右摇摆，还会不断旋动；尾巴翘起，表示喜悦；尾巴下垂，意味着危险；尾巴不动，表示不安；尾巴夹起，说明害怕；迅速水平地摇动尾巴，象征着友好。

笔者曾养过一条雄性京巴，常常与它玩这样的游戏，蹲下来，对视，然后微笑着，用亲切的语气问它："把你阉了，好不好？"它快乐得蹦跳，吐出舌头来，尾巴快摇断了。但是，当笔者板着面孔，换上凶巴巴的口气说："晚上给你吃肉骨头，好不好？"它警惕地退后一步，尾巴不动了。当听到第二次邀请它吃大餐却并不友善的声音时，它更加不安了，甚至露出牙齿，发出威胁的声音来。

在人类文学史上，还有一些并不真实存在却让无数人难以忘怀的狗。

俄国作家屠格涅夫写过一部短篇小说《木木》，主人公盖拉辛是一个聋哑仆人，他在河里救上一条小狗，精心照料，"最后他紧挨着小狗睡着了，睡得安静、快活而又香甜。可以说，世界上无论哪个母亲照顾婴儿，也没有像盖拉辛照顾这个小狗那样仔细"。小狗长大了，越来越漂亮，"它长着一对长耳朵，一条毛茸茸、喇叭似的尾巴和一双晶莹的大眼睛"，盖拉辛给它取名叫"木木"。后来女主人看到木木，也很喜欢，但木木对陌生人感到很害怕，朝女主人龇出牙来，它小小的脑袋并不明白，这个女人锦衣玉食、有权有势，而它的主人只是一个穷困潦倒的贱民。但即便如此，它也只忠诚于自己的主人。感到大失面子的女主人，大发雷霆，让人把木木抓走卖掉了，剥夺了一个贱民仅有的幸福，让她很有快感。但木木挣脱绳子，又跑回来了。女主人坚持要把它再卖掉，盖拉辛用手语说，他来处理，接下来是令人心碎的一幕：

盖拉辛出来了，他穿上了最好的衣服，用一根绳子牵着木木。院子里所有的人，都默默地看着他。

盖拉辛带着木木，走进了一个小饭馆，要了一份带肉的菜汤，支着胳膊在桌子跟前坐下。木木在他的椅子旁边站着，用它那双精灵的眼睛，安安静静地望着自己的主人。它身上的毛是光溜溜的，谁都能看出，盖拉辛刚给它梳过了一遍。他捏了一点面包放在汤里，把肉切碎，然后将盘子放在地上。木木还是用它往常的那种姿势开始吃东西，它的嘴刚好只挨到食物。盖拉辛深情地望着它，望了很久，突然，他的眼泪滑落下来，一颗掉在木木的额头上，一颗掉在汤里，他用手痛苦地挡住了脸……

后来，盖拉辛把木木拴上两块砖头，沉进河里，在最后一刻，“木木信任地望着自己最亲近的主人，不但没有畏惧，还轻轻地摇着尾巴”。

这是一个悲哀的故事，却让人们对狗有了更深的认识：毫无保留的忠诚，不论你贫贱富贵。

中国作家宗璞也写过一部让人泪眼婆娑的短篇小说《鲁鲁》，主人公是一条叫作鲁鲁的公狗，“四腿很短，嘴很尖，像只狐狸；浑身雪白，没有一根杂毛”。鲁鲁失去了一个主人，后来又失去了另一个主人，它总是发疯地寻找主人。“鲁鲁终于渐渐平静下来。有一天，又不见了。过了半年，大家早以为他已离开这世界，他竟又回到唐家。他瘦多了，完全变成一只灰狗，身上好几处没有了毛，露出粉红的皮肤；颈上的皮项圈不见了，替代物是原来那一省的狗牌。可见他曾回去，又一次去寻找谜底。若是鲁鲁会写字，大概会写出他怎样戴露披霜，登山涉水；怎样被打被拴，而每一次都能逃走，继续他千里迢迢的旅程；怎样重见到小山上的古庙，却寻不到原住在那里的主人。也许他什么也写不出，因为他并不注意外界的凄楚，他只是要去解开内心的一个谜。他去了，又历尽辛苦回来，为了不违反主人的安排。当然，他究竟怎样想的，没有人，也没有狗能够懂得。”

在小说的结尾，鲁鲁不再远行寻找主人，而是到曾与主人去过的一个瀑布前长坐，“久久地望着那跌宕跳荡、白帐幔似的落水，发出悲凉的、撞人心弦的哀号”。

比姆是苏联小说《白比姆黑耳朵》的主角，是一条长着黑耳朵的小白狗，跟孤独无依的退休记者伊凡·伊凡内奇相依为命。它善解人意，对老人体贴入微，给老人带来莫大的安慰。但是，老人生病了，不得不到莫斯科接受手术，只能把比姆托付给邻居照料。比姆思念主人，不吃不喝，终于离家出走去寻找主人，忍冻挨饿，日夜奔波，遭遇了不同的人。

最后，就在主人从莫斯科治病归来前一天，伤痕累累的比姆回到家门口，那个恶毒的刁婶再次诬告它为疯狗，检疫站的工人将它抓进闷罐车里。比姆用牙去咬、用爪去抓闷罐车的铁门，嘴唇和牙床被剐豁了，两只前爪满是血痕……当主人追上这辆闷罐车打开车门时，比姆已经死了。小说结尾，白发苍颜的主人抱着比姆，将它埋葬在森林深处，并向空中鸣枪四响。

比姆只有四岁。

三

《白比姆黑耳朵》后来拍成了电影，在电影的最后，伊凡·伊凡内奇又拥有了一条跟比姆一模一样的小狗，他跟它说话，它抬起头来听，头侧向一边，神情专注，眼睛黑亮。这个镜头让很多人泪奔。

其实，这篇小说写的是狗，写的也是人。

这个世界很复杂，但狗其实很简单。它不会前一分钟爱上你而下一分钟就因为更好的食物抛弃你，它对人的爱是真挚的纯朴的，不是“老司机”，不会玩“套路”，只会喜你所喜，忧你所忧，而这种情感又是不可替代的，再多的金钱，也无法买走它对主人的爱。

狗的喜剧、悲剧，都缘于它的本性——对人的忠诚，远古时代铭刻下来的基因。

有多少人喜欢狗，也就有多少人厌恶狗，这无可厚非，但不要嘲笑狗对人的忠诚。有很多关于狗的贬义词，比如“走狗”“狗腿子”，但这只是人与人之间的道德评判与攻击，与狗无关，也别用道德来评判狗，忠诚只是它的本性。

无论如何，人类应该感谢狗这种生物，毕竟在漫长的时间里，没有任何一种生物能像狗这样，对人类不离不弃、誓死陪伴。每每读起宋人梅尧臣的诗“荒径已风急，独行唯犬随”，感动都油然而生，这是一个多好的场景：当人类在历史中孤独跋涉时，幸好有狗久久伴随。

古今说虎：从天神孽兽到“小乖乖”

在虎年中，跟老虎有关的事儿骤然多了起来：专家开讲老虎文化，动物园展出新生的老虎崽子，虎头帽大街小巷都在卖……那个周正龙也不甘寂寞，又开始跳出来嚷嚷自己真的看到了华南虎。

周正龙是个奇人，既狡黠又顽强，虚虚实实，吞吞吐吐，深谙炒作之道，如果不是生在秦巴山区而是在大城市，完全可以成为广告大师。

秦巴山区是历史上华南虎最北的一个分布区，而野生华南虎至今已踪迹全无三十余年，所以周正龙的“虎照”才会引起那般轰动。周正龙牢牢把握了人类好奇心的内核：物以稀为贵，何况是曾经对人类文化产生深刻影响的老虎。

一

远古年代，当人类还只能猎食一些弱小的食草动物时，一只雄伟斑斓的大虎咆哮而过，令古人何等敬畏啊！据考证，一万多年前的岩画中，就已经出现了虎的形象。那时的虎是图腾，是天神的化身——威风凛凛，凶猛无敌。

可以想象当时人类面对老虎时的自卑与恐惧。一个“虎”字，永远在历史中铭记下了造字先民的两股战战——目前公认保持最初始形态的“虎”字，是陕西扶风县法门寺出土的西周晚期青铜器虎簋铭文的两个“虎”字。那时还是象形字，“虎”字极其强调“爪”与“牙”，可见这两件利器给当时无甲胄护体的先民们带来多少恐怖经历。

在人类漫长的主要依靠体力来一分高下的年代，老虎崇拜并不奇怪，犹如今天人们的名牌崇拜一样。一样的产品，贴上一个牌子，身价立刻不同。古代战争装备的标志就是虎头、虎牙或虎爪，打仗时弄个老虎标志，便顿觉老虎附体，所向无敌了。

古代称战斗力强的精锐部队为虎狼之师，称勇猛善战的将领为虎将；议论军机要事的地方，名曰白虎堂——《水浒传》中的林冲因误入白虎堂，遭到高太尉陷害。

“虎符”是古时调动兵马的金属凭证。《史记》中记载，战国时期，秦国白起围困赵国国都邯郸，赵平原君因夫人为魏信陵君之姊，乃求援于魏王及信陵君，魏王使老将晋鄙率十万大军救援赵国，但后来又畏惧秦国的强大，转而命令驻军观望。信陵君魏无忌为了驰援邯郸，遂与魏王宠姬如姬密谋，使如姬在魏王卧室内窃得虎符，并以此虎符夺取了晋鄙的军队，大破秦兵，救了赵国。

春秋战国时期，中国文明的发展已进入了一个新阶段，不过那时还算地广人稀，生态应该是相当不错的，因此老虎还比较多，人们出门，会经常碰到老虎。《老子》中写道：“盖闻善摄生者，陆行不遇兕虎。”《论语·季氏》篇中也记载：“虎兕出于柙，龟玉毁于椟中，是谁之过与？”“兕”即犀牛，力大而性情暴烈。兕虎并称，显示其对人的巨大危害性。

不过那个年代的智者，就已经知道人类自己的危害要大于自然了。孔子留下了千古名言“苛政猛于虎”，可以看出，当时虎患甚烈，但比起人的危害来，就要逊色多了。

二

事实上，此时人类已经过了对老虎的崇拜期，老虎完全是人类欲除之而后快的孽兽了。人类与老虎的关系，其实就是人类从崇拜自然，到认识自然，再到自以为能够征服自然，后来又到反思与自然关系这一漫长过程的一个缩影。

据考证，老虎原产于100多万年前中国北方和西伯利亚的森林中，古时亚洲大地上，老虎甚多，虽然大小、性情不一，但还算比较自在地生活。今人确认的八个老虎亚种，包括分布于印支半岛的孟加拉虎，分布于土耳其、亚洲中部及西部的西亚虎，分布于中俄边境的黑龙江及朝鲜一带的东北虎，分布于印尼爪哇的爪哇虎，分布于华中地区的南部的华南虎，分布于印尼巴厘岛的巴厘虎，分布于印尼苏门答腊的苏门答腊虎以及分布于东南亚大陆地区的东南亚虎。目前，西亚虎、爪哇虎、巴厘虎均已绝种，其他老虎存量也极其少了。

人类文明在加速度发展，老虎也呈加速度灭绝的趋势。在漫长的历史长河中，人口越来越多，科技不断进步，新的城镇持续出现，森林逐步被砍伐，老虎的生存空间一直在不断缩小中。

今天，假如我们要看老虎，要么钻到深山里去——不过能否真的看到，还是个谜——要么就到动物园去。

唐代诗人卢纶写过一首著名的《塞下曲》："林暗草惊风，将军夜引弓。平明寻白羽，没在石棱中。"这首诗取材于《史记·李将军列传》的一段记载：李广晚上打猎归来，猛然发现草中有只老虎，情急之下，奋力用箭射虎，结果将箭射入石中。但等到李广发现目标原来不是老虎，仅是一块石头时，无论再怎么努力射箭，也无法把箭射入石中了。

可见，李广生活的西汉时期，老虎不少；事实上，卢纶生活的唐朝，同样是猛虎遍地。唐人张籍写过一首《猛虎行》："南山北山树冥冥，猛虎白日绕村行。向晚一身当道食，山中麋鹿尽无声。年年养子在空谷，雌雄上下不相逐。谷中近窟有山村，长向村家取黄犊。五陵年少不敢射，空来林下看行迹。"可见，当时虎患甚重，人们奋起捕杀。

在四大名著中，《水浒传》写老虎可谓浓墨重彩，从武松打虎到李逵杀虎，再到解珍、解宝猎虎，都相当精彩。梁山好汉们一边打虎，一边争相以虎自诩，108位好汉中，有11人的绰号带虎：插翅虎雷横、母大虫顾大嫂、跳涧虎陈达、花项虎龚旺、锦毛虎燕顺、矮脚虎王英、中箭虎丁得孙、青眼虎李云、病大虫薛永、笑面虎朱富、打虎将李忠。不过基本都是些小角色，可见当时人对老虎的态度——猛则猛矣，没啥地位。

现代人较少了解的一个史实，是明末清初天下大乱时四川虎患成灾。当时记载四川这段悲惨历史的几本古书，包括《蜀碧》《蜀难叙略》《滟滪囊》《蜀警录》《蜀破镜》《荒书》等，都提到了虎灾：连年混战后，四川生灵涂炭，老虎数量猛增，危害川地。书上记载，当时在四川各地，都出现了大批老虎。经常有成群的老虎公然出入城市，在屋脊上闲庭信步。

一个名叫欧阳直的人回忆，张献忠走后，突然四川遍地皆虎，或者七八只，或者一二十只，爬楼上屋，渡水登船，真是古所未闻，让人难以置信。欧阳直从内江逃出的那个夜晚，四次见到老虎。坐船经过叙南时，看见沙洲上大虎成群；过泸州时，又发现岸上有虎数十只，鱼贯而行。

顺治七年（1650），四川巡抚张春向皇帝报告，他好不容易在南允县征召了506人，不料不久居然给老虎吃掉了228人。

清朝时，老虎数量还是很多的。《清实录》记载：康熙皇帝在历时80天的第二次东巡往返途中，亲手射杀的猛虎就有数十只。

20世纪70年代以前，各老虎分布国普遍视虎为害，以控制害兽为主要目的的民间狩猎和殖民地时期开展的娱乐性狩猎，猎杀的野生虎不计其数。20世纪初，全亚洲估计共有10万头老虎，但其后数量便大量缩减。

对于装备了先进武器的人类而言，老虎纵然凶猛，但也不是步枪的对手。此时的老虎，数量越来越少，已不再是对人类构成重大威胁的恶兽了，而是沦落成被耍弄的对象和虎皮、虎骨的供应者了——“与虎谋皮”这个先人不可能完成的任务，已经被后人完成了。

三

20世纪70年代，是老虎命运的一个转折点。随着世界上老虎数量的不断减少，全球保护老虎的呼声日益高涨。世界自然基金会开始了援救老虎的行动，随后不少国家都采取了严格的保护措施，颁布野生动物保护法。中国在 1988 年颁布《野生动物保护法》，将虎列为国家一级保护野生动物，规定未经许可不得猎捕、驯养、杀害老虎和出售、运输、收购、进出口老虎及其制品。

从 1993 年开始，《中华人民共和国药典》已删除以虎骨入药的条文，但是观念的转变并非一朝一夕能够完成。在一些动物园里，还可以看见关着一只懒洋洋的老虎的栅栏外面，这么介绍里面的展览品：肉可食，骨可做药，毛皮可做褥垫和地毯等。

今天，老虎更多以卡通的形象出现在人们面前，它们笑容可掬，憨态十足，完全淡化了曾经让人类胆战心惊的尖牙利齿，以人类赋予的“乖乖虎”的模样，改变着我们下一代对老虎的观感——这背后，曾经承载着多少老虎的迁徙与死亡？

从拜虎、畏虎到杀虎、降虎，再到保护老虎，人类与老虎之间关系的变化，令人感慨，又令人深思。人类不甘心做弱者，但是一旦成为强者后，就能够扮演一个足够理性与公平的强者角色吗？

人们在面对这似曾相识而又全然陌生的老虎形象时，需要反思的是：人类对大自然无度的索取，该停止了，否则，若干年后，就只剩下卡通老虎了。

打虎记

在中国的传统文化中，老虎是凶猛、强大、残忍的恶兽，尤其是历史上绵延数千年的虎患，更让人类对老虎的恐惧代代相传。相比之下，令人厌恶但体形微小的苍蝇，完全跟老虎不在一个层次上。

今天，自然界的虎，已是珍稀保护动物，但“虎”字已不仅仅限定为毛皮斑斓之恶兽。所以，打虎者是英雄，打虎行动，大快人心。

一

公元 1682 年春天，四川荣昌新任县令张懋尝要赴任了。新官上任，自然很愉快，虽然不像电影《让子弹飞》中那般“吃着火锅，唱着歌”，但也是春风得意马蹄疾。但张县令做梦也想不到，等待在他这次履新之旅终点的是什么。

当时四川刚结束明末清初数十年的残酷战争，路上还不太平，张懋尝一行主仆八人，除了他和师爷，其他均是精壮保镖，全副武装。这一行人在黄昏时分走到荣昌县城，只见大门洞开，进得城来，四顾无人，残垣断壁间，长满野草。张县令大为奇怪，令随行保镖敲门询问，于是恐怖电影中的一幕发生了：

推开一扇门，无人，再推开下一扇门……突然间，门后窜出一群猛虎来！八个人魂飞魄散，幸亏保镖孔武有力，浴血搏虎，两人保护张县令逃出来，其余五人，虎口丧生。

这是清代《荣昌县志》第十九卷记载的一段文字，至今读起来仍然毛骨悚然。这类关于虎患的记载，在史料上还有许多。在亚洲这片古老的土地上，老虎是一种古老的猛兽，而且在亚洲少有天敌。当人类在森林之外定居时，人与虎，并非没有交集。目前史料关于中国境内较早的虎患记载，是秦昭襄王时，“白虎为害，自秦蜀巴汉患之……虎历四郡，害千二百人”。

纵观虎患记载，几乎遍及各朝各代，有茂密山林之地，不少都发生过猛虎伤人事件，尤其到了明末清初，虎患之烈达到高峰。猛虎们已经走出山林，游荡在村庄乡镇，甚至出现了盘踞城市的奇事。据史料记载，当时蜀中“遍地皆虎，或一二十成群，或七八只同路，逾墙上屋，浮水登船爬楼，此皆古所未闻”。清代《綦江县志》上载：“群虎白日出没，下城楼窥破残人户。……行者虽五七同群，执器械，前后中间必有一失。”也就是说，老虎连武装起来的人群都敢袭击。《蜀难叙略》中更写了老虎冲进军营残害士兵的史实：“（顺治八年春）川南虎豹大为民害，殆无虚日，乃闻川东下南尤甚，自戊子已然。民数十家聚于高楼，外列大木栅，极其坚厚，而虎亦入之。……若取水，则悉众持兵杖，多火鼓而出，然亦终有死者。如某州县民已食尽之，报往往见之。遗民之得免于刀兵饥馑疫疠者，又尽于虎矣。虽营阵中，亦不能免其一二。”

虎患既与社会动荡有关，又与山地开垦导致的环境恶化有关。明末清初，素有“天府之国”美誉的四川，居然沦为老虎乐园，这跟当时四川遭受的战乱相关。数十年间，明军、农民起义军、清军、吴三桂叛军等在此轮番厮杀，生灵涂炭，人口剧减。古书《蜀龟鉴》上写道：“四川南部死于张献忠部者十分之三四，死于瘟疫、虎灾者十分之二三，而所遗之民百不存一矣。川北死于献者十三四，死于摇黄者十四五，死于瘟、虎者十一二，而遗民千不存一矣。川东死于献者十二三，死于摇黄者十四五，死于瘟、虎者十二三，而遗民万不遗一矣。川西死于献者十七八，死于瘟、虎者十二三，而遗民十万不存一矣。”战争、瘟疫与虎患，使四川几成无人区，所以才有了后来的“湖广填四川”。

二

虎患酷烈，自然就有打虎英雄挺身而出。

早在春秋时期，就有孔子弟子子路打虎的故事：孔子与众弟子游于山中，子路亦在其中。众人歇息期间，孔子命子路下山取水。子路往山下寻去，找到了小溪。不巧的是，在取水时，遇到一只猛虎。子路无法相避，只得与虎相搏。经过一番较量，老虎不但吃不到子路，而且渐处下风，最后落荒而逃。子路勇气十足，在猛虎逃走之际捉住并斩下一截虎尾。他想，与虎搏斗，击败老虎，该是惊天动地的大事，老师知道后定会夸奖传扬。鉴于君子做事，恭谦为上，他把虎尾揣进怀里，不作张扬。子路取水回到歇息地，私下请教孔子：“上士与虎相搏将会如何？”孔子答：“上士与虎相搏，将携得虎头归。”子路再问：“中士与虎相搏将会如何？”孔子答：“中士与虎相搏，将携得虎耳归。”子路又问：“下士与虎相搏将会如何？”孔子答：“下士与虎相搏，将携得虎尾归。”子路听罢，默然良久，悄悄走到一边，从怀里掏出虎尾，扔了。

五代著名战将李存孝也是打虎名将。他原名安敬思，少年以牧羊为生，膂力过人。一日，军阀李克用游猎追虎，遇到正在放羊的安敬思。安敬思徒手俘虎，隔河掷还。李克用惊喜异常，遂收为义子，赐姓李，名存孝，此后随李克用征战山西、河北、河南、山东一带。《资治通鉴·唐纪七十五》记载：

存孝骁勇，克用军中皆莫及；常将骑兵为先锋，所向无敌，身披重铠，腰弓髀槊，独舞铁树陷阵，万人辟易。每以二马自随，马稍乏，就阵中易之，出入如飞。

一些史料也记载了民间的一些打虎英雄，例如陕西平凉府泾川县的万夫雄，少负膂力，以拳勇称，一次连杀三虎，有《水浒传》中李逵的勇猛。

早行深山中，忽林莽出巨虎，缚范以去。……（万）遂撼大树拔之，怒持树往追，经里许，震天一呼，虎为逡巡退步者三，范得以脱。因梃击虎，中其项，虎负，狰狞欲迎斗，然项痛，竟不能举，万乘势一再击之，虎毙矣。母虎暨虎子相寻至。……复相继而毙于其手。

打虎不仅仅是武士的专利。著名诗人陆游也有打虎壮举。他在汉中八个月的军旅生活中，曾经在沔阳沮水旁的丛林中刺死一虎。这成为陆游一生中特别自豪的一件事，在《剑南诗稿》中，涉及此次杀虎之事的诗作不少于10篇。《十月二十六日夜梦行南郑道中既觉恍然揽笔作此诗时且五鼓矣》一诗中，陆游是这样回忆他的打虎经历的：

夜宿沔阳驿，朝饭长木铺。雪中痛饮百榼空，蹴踏山林伐狐兔。耽耽北山虎，食人不知数。孤儿寡妇雠不报，日落风生行旅惧。我闻投袂起，大呼闻百步。奋戈直前虎人立，吼裂苍崖血如注。从骑三十皆秦人，面青气夺空相顾……

在《大雪歌》中有诗句如下：

千年老虎猎不得，一箭横穿雪皆赤。拏空争死作雷吼，震动山林裂崖石。曳归拥路千人观……

在《建安遣兴》中，又有如下诗句："刺虎腾身万目前，白袍溅血尚依然。"其他还有《步出万里桥门至江上》《闻虏乱有感》等诗，也写到打虎的情状。

遥想当年，48岁的诗人直面猛虎，挺矛疾刺，虎啸动地，虎血溅袍，确实是英姿勃发！

有趣的是，梳理历代打虎英雄，能够发现卞氏一族中颇多人以打虎著称。

早在春秋时，就有个著名的打虎英雄卞庄子。卞庄子是鲁国著名的勇士，能够独自与虎格斗。《史记》中有关于他的英雄事迹。"（卞）庄子欲刺虎，馆竖子止之，曰：'两虎方且食牛，食甘必争，争则必斗，斗则大者伤，小者死，从伤而刺之，一举必有双虎之名。'卞庄子以为然，立须之。有顷，两虎果斗，大者伤，小者死。庄子从伤者而刺之，一举果有双虎之功。"他一下贡献了两大成语："坐山观虎斗""一举两得"。

元末又涌现了一位打虎英雄卞氏。据《卞氏家谱》记载，元末两淮盐运副使卞仕震之子卞元亨，家住盐城便仓，字某，少时臂力过人，便仓一带常出猛虎，乡人莫敢近，卞元亨一人独往，赤手空拳，将一只老虎打死。卞元亨是施耐庵的表弟，据说他就是武松的原型。

清朝武状元卞赓在殿试时，上演了打虎壮举。电影《角斗士》中，残酷的奴隶主与观众们最喜爱看角斗士与老虎搏斗。而清朝皇帝喜欢狩猎，故武举的殿试大都要有捕兽一项，一般捕虎较多。卞赓参加的最后一场考试，就是捕虎。当一百五十余斤重的老虎一出笼，他就以闪电般的身手，给老虎当头一掌，打得老虎晕头转向。俟老虎清醒反扑时，他已纵身坐压在虎背上，一手死死抓住虎头，一手举拳猛击老虎鼻子。老虎在他臀下横扒乱转，挣扎不起，终于疲倦卧倒被擒。试毕，卞赓被点中状元，赏顶戴花翎，授头等带刀侍卫，加三级，神武门行走。

三

由于酒力发作，便找了一块大青石，仰身躺下，刚要入睡，忽听一阵狂风呼啸，一只斑斓猛虎朝武松扑了过来，武松急忙一闪身，躲在老虎背后。老虎一纵身，武松又躲了过去。老虎急了，大吼一声，用尾巴向武松打来，武松又急忙跳开，并趁猛虎转身的那一霎间，举起哨棒，运足力气，朝虎头猛打下去。只听“咔嚓”一声，哨棒打在树枝上。老虎兽性大发，又向武松扑过来，武松扔掉半截棒，顺势骑在虎背上，左手揪住老虎头上的皮，右手猛击虎头，没多久就把老虎打得眼、嘴、鼻、耳到处流血，趴在地上不能动弹。武松怕老虎装死，举起半截哨棒又打了一阵，见那老虎确实没气了，才住手……

这是家喻户晓的“武松打虎”的故事。在中国人心中，没有比武松更著名的打虎英雄了。《水浒传》108条好汉中，有一人外号“打虎将”，即李忠，他原本是江湖上使枪弄棒卖药的，是教史进武艺的开手师父。此人武功一般，因吝啬小气，常被鲁智深嘲弄，上梁山后，多次随宋江出征，最后在征战方腊时不幸被乱箭射死。他的拿手武器是梨花枪，外号虽叫“打虎将”，但在书上没提到他如何打虎。

包括李忠在内的多数好汉，都是虚构的，但武松实有其人。在《水浒传》书里，征方腊时失去一臂的武松拒绝回京，留在杭州出家，最后高寿离世，可算善终。但据《临安志》记载，武松原在杭州当都头，后升至提辖。奸臣蔡京之子蔡鋆，虐政殃民，世间怨声载道，老百姓贬称其为“蔡虎”。武松闻其劣迹，怒极，一次乘蔡鋆外出之机，将其打死。但蔡鋆的随从打手很多，武松寡不敌众，不幸被捕，后因受重刑死于狱中。百姓念其为民“打虎”，将他葬于西泠桥畔，后人立碑“宋义士武松之墓”。

从这个角度观察施耐庵将武松塑造为“打虎英雄”，也就能够理解了。

老虎凶猛，但有些人比老虎更凶猛。据《礼记·檀弓下》记载，孔子和弟子路过泰山时，遇到了一个身世凄惨的妇女。这个妇女坐在坟前哭泣，因为她的多位亲人都被老虎吃掉了。孔子问其为何不离开这虎患严重之地，妇女答道：无苛政。孔子因此感叹：苛政猛于虎。

苛政、酷吏、贪官，为害甚广，确实超过恶虎。幸好，还有打虎英雄。

太阳底下的小人

一

小人是什么模样的？

明史记载了一个名叫曹钦程的家伙的劣迹，进士出身，当到了吴江知县，拜大太监魏忠贤为义父，被称为魏阉麾下“十狗”之一。堂堂一个读书人，却拜阉人作父，够无耻吧，但这个曹钦程还有更无耻的事迹，堪称无耻小人中的战斗机。史载，“钦程于群小中尤无耻，日夜走忠贤门，卑谄无所不至，同类颇羞称之”，物以类聚，人以群分，曹钦程当然是整天跟一群小人混在一起，但无耻到同类小人都瞧不起他，最后甚至连他的太监义父都瞧不起他了。“忠贤责以败群，削其籍”，意思是说，魏忠贤批评这个无耻万分的家伙是败类，将他免职，剥夺了他作为义子的权利。

魏忠贤本来就是小人，什么小人没见过？但曹钦程这样的小人还真是把他给惊着了。他被撤职之后，还在魏忠贤面前大哭一场，边哭边说：“君臣之义已绝，父子之恩难忘。”然后抹着眼泪走了。后来到了崇祯朝，魏忠贤被诛，魏阉一系遭到清算，曹钦程被算作同党关入死牢。还能够想象他曾经当过知县吗？

可以说，历史照着曹钦程的模样，给小人画了像：不懂敬畏，没有廉耻，嫉妒心强，见不得别人好，最爱挑拨离间，而且，生存能力极强——做官时固然飞扬跋扈，坐牢时也能从其他囚犯嘴中夺食，正所谓“我是流氓我怕谁”。

明史中没有说清曹钦程的下场如何，只是记载当李自成打进北京后，“钦程首破狱出降。自成败，随之西走，不知所终。福王时，定从贼案，钦程复列首等”。魏忠贤死于 1627 年，李自成攻陷北京是 1644 年，也就是说，曹钦程在大牢里待了 17 年，还能带头“破狱出降”，真是一个“小强”式人物了。

对今人而言，遭遇曹钦程这种极品小人的机会倒不是太多，一般小人倒是很多。在此强烈推荐作家阎真的长篇小说《沧浪之水》，书中写的那个丁小槐，真是把小人模样写活了。

“小槐”，应该是“小坏”的谐音。丁小槐此人，对同事各种阴，对领导各种媚，用小说中的话来说，“四面八方他都出奇兵，又不高明”，玩办公室政治，一地鸡毛。他处处要踩同事一脚，又处处要阿谀奉迎领导，当然，拍马屁也有拍错位置的时候，比如马厅长跟老同学喝酒，丁小槐硬要替领导挡酒，被当众训斥后，多喝了几杯，睡前趁着酒意跟同事池大为感叹：“兄弟，你说今天的事吧，我还有脸做人？还做人？狗都不是这样做的。做狗摇一摇尾巴，还给一块骨头呢，也许还摸一摸它的狗头呢！我呢，我呢？摇摇尾巴，照你心窝就是一脚！”

马厅长毕竟是领导，临睡前到两个下属房间转了转，意在安抚一下丁小槐，见他睡了，就叮嘱池大为告诉丁小槐他来看过。深夜时分，丁小槐酒醒了，听说马厅长来看过，着急得不行，埋怨池大为当时为什么不叫醒他，急着去找马厅长。

我说："马厅长早就睡了。"他口里"哎呀，哎呀"地叹着跑了出去。我追到门边说："马厅长说他睡了，他也喝多了。"他没听见似的，跑到马厅长房门口，趴在地上看里面有没有灯光。

这个在领导房门前趴在地上撅着屁股的形象，够生动吧。

二

司马迁在《报任安书》中写道："盖文王拘而演《周易》，仲尼厄而作《春秋》……"意思是说人遭遇不幸后，反而会奋发努力，做出一番事业。"文王拘而演《周易》"，说的是商纣王时代，纣王任命西伯昌（即周文王姬昌）、九侯、鄂侯为三公。九侯的女儿被纣王纳入后宫，因为不喜淫乐，纣王就把她杀掉，把九侯也剁成肉酱，鄂侯争辩几句，也被做成肉干，"西伯昌闻之，窃叹。崇侯虎知之，以告纣，纣囚西伯羑里"。传说就是在囚禁期间，周文王琢磨出了流传千古的《周易》。

商纣王时代距今已有三千余年，从这个意义来讲，崇侯虎是有史记载的较早的一个告密者。"崇侯"是姓，后来《封神榜》弄了个崇黑虎，说是崇侯虎的弟弟，就纯属搞笑了。

小人予人类历史的"贡献"，是让人意识到这个世界并非完美，人性极其复杂，有很多以善意出发而永远无法触及的幽暗之处，明与暗、善与恶、君子与小人共存交织，这才是一个真实的人类世界，以复杂的逻辑在时间中前行，单纯以善意或者恶意来揣测，都无法真正理解这种逻辑。

遗憾的是，貌似智慧的人类有时其实很愚蠢，总是一厢情愿相信自己愿意相信的人与事，这甚至成了一种致命的自我心理暗示，给伪装能力极强的小人以可乘之机。有的人遭遇了小人打击之后，犹如经历淬火，变得真正强大；但有的人，就没有这么好的运气了。

齐桓公是一代明君，管仲临终前，君臣有过一番长谈，重点是接班人的事。齐桓公很喜欢易牙、竖刁、启方这几个人，因为易牙很忠诚，为使国君尝到人肉的滋味，他把自己的儿子烹煮了；竖刁呢，也很忠诚，把自己阉割了来服侍国君；而启方呢，伺候国君 15 年了，父亲去世时都不回去奔丧，也是大大的忠臣。管仲说：否，否，否，不爱自己儿子的、不爱自己身体的、不爱自己的父亲的，都是可怕的小人，您能指望他忠君爱国？

管仲死后，齐桓公把这几个小人驱赶出朝廷，但没多久又特别想念他们，是的，小人平时总比君子讨人喜欢嘛，于是，齐桓公又把他们给召了回来，前呼后拥，甜言蜜语，开开心心。后来，齐桓公病了，小人们开始乘机作乱了，假传圣命向群臣宣布齐桓公已死。他们关闭了宫门，不准任何人进出，并把齐桓公软禁起来，不给饮食，齐桓公最后被活活饿死，尸体无人理睬，在床上停放了三个月，生蛆了都无人收葬。内乱之后，齐国霸业付之东流。齐桓公死时，以衣袖蒙脸，表示死后无颜去面对管仲。

小人为什么总能乘虚而入？自然是迎合了人类的一种心理需求：爱好一种人格不对等的依附，以此满足权力感、弥补不安全感。《沧浪之水》中，丁小槐借着酒意向池大为吐露真言："池大为，兄弟，掏心尖尖上的话跟你说一句吧，谁不想立起来做个人，倒想当个摇尾巴的东西？小时候我家里就喂过一条叫白利的狗。有时候我观察它好久，一叫它的名字，那尾巴就接通了电似的摇起来，左边右边欢势欢势的！我心里也明白这不过是一条狗罢了，可它一摇尾巴你就没办法不喜欢它……"

学者余秋雨曾专门写过一篇文章来分析小人现象，题目就叫《历史的暗角》："封建人治专制隐秘多变，需要有一大批特殊的人物，他们既能诡巧地遮掩隐秘又能适当地把隐秘装饰一下昭示天下，既能灵活地适应变动又能庄严地在变动中翻脸不认人，既能从心底里蔑视一切崇高又能把封建统治者的心绪和物欲洗刷成光洁的规范。这一大批特殊的人物，需要有敏锐的感知能力，快速的判断能力，周密的联想能力和有效的操作能力，但却万万不能有稳定的社会理想和个人品德。从这个意义上说，政治上的小人实在不是自然生成的，而是对一种体制性需要的填补和满足。"

所以，无论对一个人，还是一种文化，能够真实认识小人存在的现实并割断这种对小人的心理癖好，都将迎来淬火之后的强大。

三

怎么对付小人？这真是一个巨大巨大的难题。

对小人"敬而远之"，是很多人的选择。在平定安史之乱中立下汗马功劳的名将郭子仪，声誉达到巅峰。有一次他病了，很多人都来看望，包括一个名叫卢杞的人。郭子仪听说他要来，立即让女眷避到一旁不许露面，他独自待客。卢杞走后，女眷们回到病榻前问郭子仪：“许多官员都来探望您，您从来不让我们躲避，为什么此人前来就让我们都躲起来呢？”郭子仪回答说：“你们有所不知，这个人相貌极为丑陋而内心又十分阴险。你们看到他万一忍不住失声发笑，那么他一定会心存忌恨。如果此人将来掌权，我们的家族就要遭殃了。”

是的，卢杞是历史上非常典型的心灵与外表一样极其丑陋之人，丑得让女人一见就会发笑，他恨哪。郭子仪虽然很牛，仍然不愿意得罪他，是的，小人是得罪不起的。果然，卢杞后来当了宰相，极尽报复之能事，把所有以前得罪过他的人统统除掉，包括对他家族有恩的著名书法家颜真卿，唯独对郭子仪还比较尊重。

在今天，因为得罪小人带来杀身之祸的倒不多见了，但后果仍然很严重，如癣疥之疾，颇为烦恼。所以，如何与小人相处，是为人处事的重要内容，在网上频频以各种鸡汤文形式出现，譬如：“小人远则生怨，近则不逊。因此，对小人要勤打招呼，少说话；不主动来往，但不拒绝来往；不深交，但不绝交；可以给予好处，但不能占小人便宜。不要进入小人圈子，也不让小人深入自己的领域和心灵。不帮忙，不阻拦，不规劝，不参与，不讨论，任其发展，任其自生自灭。”

这无疑是一种示弱，但很多人认为：没必要跟小人逞强，或许你有十种办法对付小人，但小人有一万种办法来恶心你。当然，也有人认为不能对小人示弱，余秋雨在《历史的暗角》一文中就这么呼吁：

显然没有消解小人的良方。在这个棘手的问题上我们能做的事情很少。我认为，文明的群落至少应该取得一种共识：这是我们民族命运的暗疾和隐患，也是我们人生取向的分道所在，因此需要在心理上强悍起来，不再害怕我们害怕过的一切。不再害怕众口铄金，不再害怕招腥惹臭，不再害怕群蝇成阵，不再害怕阴沟暗道，不再害怕那种时时企盼着新的整人运动的饥渴眼光，不再害怕几个很想成名的人长久地缠着你打所谓名人官司，不怕偷听，不怕恐吓，不怕狞笑，以更明确、更响亮的方式立身处事，在人格、人品上昭示着高贵和低贱的界限。

面对小人，强悍的内心很重要。当年，孔子到宋国，在一棵大树下讲学，宋国小人司马桓魋很不爽，派人威胁孔子，并把这棵大树给拔了。弟子担心孔子安全，要他赶紧离开宋国，孔子拒绝了，说：“天生德于予，桓魋其如予何！”仁者无畏。

当然，对付小人是个系统工程，与其靠个人内心之强大，不如靠文化与制度，这方面，顶层设计者的倡导与示范责任重大。上梁不正下梁歪，上梁正了，风气也就正了。唐朝开国名将李靖是一代战神，但他在前方浴血奋战时，后方却时有小人诬告。这种悲剧在封建时代屡屡发生，但李靖有幸碰到了李世民。公元 636 年，李靖率军进击吐谷浑。利州刺史高甑生贻误军机，受到李靖责备，这是个小人，心怀不满，战事结束后，他诬告李靖谋反。唐太宗下令调查此事，弄清真相，判定高甑生以诬罔罪流放边疆。唐初政治生态，因此清朗许多。

四

李靖一生功德圆满，身后更被神化。他曾经年少轻狂，但军功渐长，小人攻击愈多，他也变得日渐谨慎，得以善终。他会因此感激小人吗？因为崇侯虎的告密，文王才有了牢狱之灾，接下来才有了《周易》，但是，他会因此而感谢告密者吗？

当然不会。没有人愿意让小人充当人生导师，在付出惨重代价后，倒逼着实现自我人格的成全。但是，人生往往会有不如意之处，小人成为许多人一生中的劫难，不得不非经历这劫难，才能成熟，才能成就自我，这是悲哀但真实的人生。

其实，在这个世界上，是不可能根绝小人的。清代作家李汝珍在小说《镜花缘》中虚构了一个“君子国”，国家之中只有君子没有小人，做生意双方都争着给对方让利，结果这生意没法做了。在现实生活中，如果双方都互相争利，这生意也没法做的。其实，争利与让利，君子与小人，都是因为有了对方而存在的。

归根到底，如何看待小人，其实是个跟“三观”相关的问题。君子国中有小人，小人国中有君子。谁是小人？小人的定义是什么？怎么跟小人打交道？这些问题，因为不同人生历练，因为不同胸怀，每个人的回答都不一样。一个人精神足够强大时，他心目中的小人或许会少很多；但是当一个人自己也是小人时，他会感觉周边小人多如过河之鲫。

万物初生时，造物主从来就没有考虑过营造一个乌托邦。复杂与矛盾，是这个世界的真谛所在。以色列历史作家尤瓦尔·赫拉利所著的《人类简史：从动物到上帝》非常精彩，这本书曾这么探讨人类的道德困境："这就像是有人已经在海滩上站了数十年，总是想抓住'好的海浪'，让这些海浪永远留下来，同时又想躲开某些'坏的海浪'，希望这些海浪永远别靠近。就这样一天又一天，这个人站在海滩上徒劳无功，被自己累得几近发疯。最后终于气力用尽，瘫坐在海滩上，让海浪就这样自由来去。忽然发现，这样多么平静啊！"

过去的世界究竟有多糟糕

历史之谜“张献忠江口沉银”，已流传近四百年，如同民间传说，如今真相水落石出，发掘的文物超过万件，蔚为大观，其中包括海量的金银财宝，或已黯淡发黑，或仍金光灿烂，无不勾起人们对那段历史的记忆。

而这绝非愉快的记忆。

一

公元1646年夏天，在今天的四川彭山江口，爆发了一场激烈的水战。一方是“大西皇帝”张献忠，一方是明将杨展。

张献忠人多势众，十万大军，船数千艘，“蔽江而下”。阻击者杨展，虽然人数不占优势，却占了天时地利人和。当时，杨展兵分两翼与大西军对阵，遣小舟载火器从正面进攻。开战之际，狂风大作，敌船着火。杨展之部前锋骁勇无比，突入敌阵，势如破竹。张献忠见势不妙，让大军回撤，无奈战场地处有“老虎滩”之称的险恶地段，两岸逼仄，前后数千艘船，首尾相衔，骤不能退，风烈火猛，势若燎原。清人笔记《蜀碧》详细记载了这场大战：“展急登岸促攻，枪铳弩矢，百道俱发，贼舟尽焚，士卒糜烂几尽，所掠金玉珠宝及银鞘数千百，悉沉水底。”

这就是“张献忠江口沉银”之由来。当时，张献忠已决意放弃四川，继续此前的流寇生涯，所以携带了起事以来搜刮的所有财物，但这次运宝转移行动，却被杨展腰斩。

杨展此人，颇为传奇，值得一写。他是四川嘉定府人，明朝武进士，张献忠占据四川后遇到的最棘手的对手之一。张献忠攻陷成都后，杨展被擒，即将被斩首之际，杨展上演了与电影《角斗士》相同的一幕，死里逃生。当时，他穿着一身很光鲜的铠甲，刽子手心生羡慕，说：“大汉，将甲胄送我。”杨展说：“好啊，黄泉路上，轻装最好，我死了，这甲胄自然归你。只可惜它这么干净，待会儿要被鲜血溅污。”刽子手说：“没事，我砍你脑袋之前，先把它脱了。”于是松梆，卸甲。他哪知道，杨展是个武林高手。就在这刽子手喜滋滋做着发财梦时，杨展遽然夺刀，将其砍翻，其他看守尚未反应过来，他便跳入江中，泅水逃匿。

在电影《角斗士》中，临刑前施计逃出生天的男主马克西姆斯，最终成为陷害他的坏皇帝的不可战胜的对手。而对于张献忠，杨展亦是如此。当时，大西军纵横巴蜀，所到之处，哀鸿遍野，但杨展据家乡嘉定府力拒之，张献忠始终拿他没办法。史载，当时川地兵祸连连、死人无数，而嘉定府一方平安，城中百姓，常常喝醉了酒，悠然自在。

江口一战，张献忠被克星杨展击溃，率残部退归成都。当年九月，张献忠离开成都，计划北上陕西，到他当年发迹之地。十一月，张献忠大军扎营于西充凤凰山，十一月二十七日清晨，张献忠遭遇了自己的终结者——不是明军，不是其他起义军，而是清军。那时的清军八旗铁骑战斗力超强，在清晨发起突然袭击。

这是张献忠第一次遭遇清军，他“初不为备，闻兵至，犹以为他寇，身衣蟒半臂，腰插三矢，引牙将临河视之”。他过于轻敌了，正探头探脑观察敌情时，不料清军向导正是他曾经的部下刘进忠，后者赶紧指点：“此八大王也。”史料上未记载其名的清军神射手弯弓搭箭，一箭射去，正中张献忠额头，他坠下马来，艰难爬到一堆木头下面，被清军揪出来，斩首。另一种说法是，他当时中箭身亡，部众溃散之前，“以锦褥裹尸，埋于僻处，而遁”，结果被清军“求得发而斩之，枭其首于成都”。

一代枭雄，在杀了无数人之后，自己也死了。他屠川的恐怖故事，还有他那下落不明的巨大宝藏之传说，却一直流传了下来。

二

张献忠其人，有多种身份，历史争议很大，在他生命最后几年，更是堪称一个完全丧失理智的疯子。

今日之成都，是舒适悠闲生活的代名词，但是当年被张献忠占据之后，却是不折不扣的人间地狱，满城尸山血海。《明史》上记载：“献忠黄面长身虎颔，人号黄虎。性狡谲，嗜杀，一日不杀人，辄悒悒不乐。诡开科取士，集于青羊宫，尽杀之，笔墨成丘冢。坑成都民于中园。杀各卫籍军九十八万。又遣四将军分屠各府县，名草杀。伪官朝会拜伏，呼獒数十下殿，獒所嗅者，引出斩之，名天杀。又创生剥皮法，皮未去而先绝者，刑者抵死……”

《明史》为清人所撰，对张献忠屠川之事，自然进行了夸张与丑化，毕竟清军也是继张献忠之后再屠川的又一主力，比如《明史》上说，张献忠在四川“共杀男女六万万有奇”——这无论如何也是不可能的，六万万就是六亿人，当时全中国也没那么多人。

据《中国人口通史》估计，明末四川人口有六百余万，到清初“湖广填四川”之前，只有六十余万，十口仅存其一，创下有史以来四川人口最低记录。可见明末清初，四川人口损失之惨重，天府之国，竟是千里无人烟的惨状。史载，成都城里，白天都有老虎出没伤人，所以才有后来“湖广填四川”。

但这并非张献忠一人之祸。数十年间，明军、农民起义军、清军、吴三桂叛军等在此轮番厮杀，生灵涂炭，加上瘟疫与虎灾，导致人口剧减。

那个在江口一役大显神威狙击张献忠的杨展，没多久也死于部下暗杀。非正常死亡，是那个年代的常事。

因此，有人说“宁为太平犬，不为乱世人”。

当年川地之悲剧，系多方力量所为，但是张献忠残酷乱杀，却是任何史家都不否认之史实。巴蜀书社曾出版过《张献忠剿四川实录》，里面收集了记载四川这段悲惨历史的几本古书，包括《蜀碧》《蜀难叙略》《滟滪囊》《蜀警录》《蜀破镜》《荒书》等，还有一本《张献忠陷庐州纪》，写的是安徽之事，也一并收录了。这些书详尽记录了张献忠屠川时的惨状。

张献忠自诩是上天派下来“收人”的。史书记载，张献忠弃成都时屠城，正杀得痛快，天阴欲雨，雷声大作，张献忠怒指天曰："尔放我下界杀人，今又以雷吓我耶？"便命令手下朝天开炮还击。他的乱杀，是不分对象的，在放弃成都、转移运宝之前，在屠城的同时，还"尽杀其妻妾，一子尚幼，亦扑杀之"。

指导清军神射手干掉张献忠的大西军叛将刘进忠，正是当初劝谏张献忠不要乱杀，后者不纳，反调刘进忠回来，刘进忠大惧，疑之，遂向北走投清军。

古人喜欢给自己取名"忠"，如张献忠、刘进忠，但又怎么谈得上一个"忠"字？尤其是张献忠，在历史上以狡诈善变著称，他忠于什么？自己的好杀癫狂之心？

江口沉银之谜已经揭晓，而张献忠杀人的数量，却是永远无法得知的历史之谜了。

三

今天再说张献忠，关注的重点绝非那些亦假亦真、惨绝人寰的屠杀故事，而是试图探讨他的内心何以疯狂至此。

张献忠与李自成差不多同期起事，初期两支义军转战万里，掳夺残杀，后来李自成收得几员有大眼光之谋士，遂起了问鼎天下的雄心，开始约束部队、安抚百姓，有了"杀一人如杀我父，淫一人如淫我母"的名言，从此势如破竹，杀入京城，逼得崇祯在景山上吊。张献忠后来也仿效李自成，自号"大西国"，定都成都，起初也想在此长期经营下去，还轰轰烈烈开科取士，至少这个时候，他还能约束部下，并不嗜杀。但成都的龙椅，他坐得并不安稳，川人一直没有停止过反抗。李自成的部队也进入了四川，还有他从未接触过的清军也在南下……他感觉自己待不下去了，要走了，一腔恶气，尽发泄在自己的“子民”头上。

鲁迅先生曾对张献忠的心态变化有过精辟总结：

他开初并不很想杀人，他何尝不想做皇帝。后来知道李自成进了北京，接着是清兵入关，自己只剩了没落这一条路，于是就开手杀，杀……他分明的感到，天下已没有自己的东西，现在是在毁坏别人的东西了，这和有些末代的风雅皇帝，在死前烧掉了祖宗或自己所搜集的书籍古董宝贝之类的心情，完全一样。他还有兵，而没有古董之类，所以就杀，杀，杀人，杀……

用今天的话来说，张献忠是一个有严重心理疾病的人，而吊诡的历史，把这样的人推进了乱世。他一直在苦苦求存，终于拥兵无数、富甲天下，却突然发现，这一切都将失去，自己将被打回原形。绝望，导致了疯狂。

有个人的因素，也有那个时代的因素。

回望明末清初，改朝换代，天崩地裂，绝望的，远不止一个张献忠。

崇祯，很绝望，他自认登基十七年，一日未曾懈怠，那么勤勉，却沦落为亡国之君。《明史》载：“甲辰，陷昌平。乙巳，贼犯京师，京营兵溃。丙午，日晡，外城陷。是夕，皇后周氏崩。丁未，昧爽，内城陷。帝崩于万岁山，王承恩从死。”文字短促，今人读之，仍然能感受到崇祯最后时刻的绝望，心存幻想却无可挽回的绝望。

他召集了最后一次早朝，李自成已兵临城下，文武百官，束手无计。崇祯情绪失控，咬牙切齿，提笔在御案上写下六个大字：文臣个个可杀。他的心已刻上“嗜杀”二字，但他能杀谁呢？周皇后悬梁自尽了，他看着她的遗体，只说了句：“死得好！”他拔剑猛砍长平公主，说“汝何故生我家”，公主挥臂抵挡，被砍断一手，晕死过去；崇祯又一剑捅死六岁的昭仁公主，然后挥剑，见到嫔妃宫娥就砍……这个绝望的男人，在最后时刻，满心想杀掉一切乱臣贼子，却只能砍杀手无寸铁的女人。身边已无砍杀之人了，他披发跣足，一路血光，走到煤山，结束了自己的生命。

逼死崇祯的李自成，也很绝望。他跟张献忠一样，起事以来，苦苦求存，怎想到有一天能问鼎天下？这一天终于到了，但只有一天，兵败山海关之后，他回到北京，在武英殿仓皇即位，一天后撤离，开始毁灭曾经最高的梦想之地，“是夕，焚宫殿及九门城楼”，“哭号之声，闻数十里”。他曾经以为这些都是他的，但最终明白，这些并不属于他。这是何等彻底的绝望？

他一直在奋斗，曾心存侥幸，又柳暗花明，终于达到了人生巅峰，但刚刚踏足人生巅峰，就开始了急速下坠，过山车一般的命运。烧掉宫城、撤出北京后，他的运气已经用光了，从此兵败如山倒，随军携带的巨额财富，也散失殆尽。最终潦倒至一人一马，死在湖北农村乡丁手中。生命的最后时刻，应该是他最绝望之时吧，他会想起自己不久前毡笠缥衣进入紫禁城、一箭射在承天门匾额上的意气风发吗？

这绝望如滔天巨浪，他的生命突然就结束了。

一群绝望的人，相逢在一个绝望的时代，真可怕。

四

俄国作家列昂尼德·安德列耶夫在1940年发表了他的代表作《红笑》。这是一部心理小说，展现了一个被战争所蹂躏并摧残的恐怖荒诞、疯狂暴戾的灵魂世界，浓重的绝望感，无处不在。在这部小说中，“红笑”是一种精神失常的癫狂表现，一种绝望与疯狂的笑。小说中借主人公的嘴说了这么一段话：“我们要杀人，还要抢劫，还要放火。……我宣告疯人院是我们的祖国；宣布所有还没失去理智的人们——都是我们的仇敌和疯子，而当伟大的不可战胜的和欢乐的我统治这个世界、成了它唯一的主宰和上帝老爷的时候——一种多么开心的笑声将响彻整个宇宙。”——这就是“红笑”。

是的，读这段文字，再回顾明末清初的历史，我们会恍然发现，张献忠在历史那一边，露出“红笑”——满脸血污，龇牙而笑，令人不寒而栗。

在过往的历史中，有太多这种令我们不寒而栗的人与事。

我们回顾历史中惨不忍睹的故事，总会困惑与深思：“世界会变成怎样？”但其实我们应该问：“过去的世界究竟有多糟糕？”过去的世界，确实很糟糕，而从过去到今天，一切在变得越来越好。美国实验心理学家、认知科学家斯蒂芬·平克著有一本畅销书《人性中的善良天使：暴力为什么会减少》，他告诉读者：相比今天，过去的世界更加糟糕。事实上，我们正生活在人类历史上最和平的时代。

这本书展示了上百幅图表和地图，佐以大量的数据资料，量化暴力减少的趋势。这些数据，无疑让人们对人性与未来，多了些希望与期许。那么，是什么原因导致暴力减少？斯蒂芬·平克认为：政府组织、识字率、商业和都市的文明进程，让我们渐渐有能力控制我们的冲动，对他人怀有同情，宁愿讨价还价做交易而不是抢劫……理性的力量越来越强，用以抵御暴力的诱惑。

对于未来，人们或乐观或悲观，反映在文学中，有乌托邦与反乌托邦题材。相比未来，人们对过去反而常有美好与浪漫之设想，普遍的“今不如昔”心理，各种穿越小说正是寄托着此类美化过去的情感，但有没有想过，如果穿越到张献忠那个年代，将是何等绝望？

其实，人性中，善良与疯狂并存，如何激发善意、遏制心魔，是一代代人都在孜孜以求的课题。假如在今天，张献忠这样有明显心理问题的人，很可能得到治疗与矫正；而在他的那个年代，人性中恶的一面却被充分诱发、无限放大，攀至高峰，疯狂最终成为他的独特优势，成为他在乱世中安身立命之本。

癫狂的人格，在癫狂的年代，不会被遏制，反而会更癫狂。好在，俱往矣。

五

今天，街头有很多共享单车，但有不少被破坏，不由得想：有些人为什么这么坏，净干些损人利己甚至损人不利己的事？但又转念一想，共享单车能够出现，不就证明了人性中还是好的一面居多吗？

春天到了，读远去年代让人遍体生寒的历史，再享受这温暖的阳光，还有一树一树的花开，突然发现，还是今天好啊。

让绝望减少、心魔得控、善良张扬，未来会更好。

快乐的书痴与功利的“歪读”

读书，其实是为了让人明辨是非后心灵更纯净，但如果完全以功利目的去读书，尤其是通过读书来学权谋者，无疑有悖前人教诲。

每年4月23日是“世界读书日”，其目的是推动更多的人阅读和写作。“读书”这个词曾经神圣，到今天或许仍然神圣。只不过，在一个多少有些浮躁的年代，“读书”一词，神圣且尴尬着。

一

在人类历史上，文字的发明是个里程碑，人类因此能够记录与传承。在印刷术尚未发明之前，能够掌握文字的人少之又少，他们因此高踞智慧的顶端，受众人膜拜。时至今日，一些偏远地区的农村依然敬惜字纸，读书人地位甚高。

清朝咸丰年间有个武官叫张曜，因苦战有功，被提拔为河南布政使。他是个文盲，常受朝臣歧视。御使刘毓楠说他“目不识丁”，因此他被改任为总兵。

那时的武将多不读书。电影《武状元苏乞儿》，苏乞儿出身将军之家，有一身好武艺，却目不识丁，找人代考笔试，结果被检举揭发，沦为乞丐。

张曜跟苏乞儿不一样，他受此耻辱之后，从此立志要好好读书，使自己能文能武。相传，张曜的妻子很有文化，他回到家后，便要求妻子教他念书。妻子说："要教是可以的，不过有一个条件，就是要行拜师之礼，恭恭敬敬地学。"张曜满口应承，马上穿起朝服，让妻子坐在孔子牌位前，对她行三拜九叩之礼。从此以后，凡空余时间，都由妻子教他读经史。每当妻子摆老师的架子，他就躬身肃立听训，不敢稍有不敬。与此同时，他还请人刻了一方"目不识丁"的印章，经常佩在身上自警。几年之后，张曜终于成为一个很有学问的人。后来，他在山东做巡抚时，又有人参他"目不识丁"。他就上书请皇上面试，面试成绩使皇上和许多大臣都大为惊奇。张曜在山东任上，筑河堤，修道路，开厂局，精制造，做了不少利国利民之事。因为他勤奋好学，死后皇帝谥他为"勤果"。

古今中外，关于读书的名人名言数不胜数。例如，杜甫的"读书破万卷，下笔如有神"。又如高尔基的话："书是人类进步的阶梯。"高尔基是个爱书之人，相传有一次他的房间失火了，他首先抱起的是书籍，其他的任何东西他都不考虑。为了抢救书籍，他险些被烧死。

其中，对中国人影响最广、激发了无数人读书的，当数宋真宗赵恒的一席话："富家不用买良田，书中自有千钟粟。安居不用架高堂，书中自有黄金屋。出门莫恨无人随，书中车马多如簇。娶妻莫恨无良媒，书中自有颜如玉。男儿欲遂平生志，六经勤向窗前读。"这段话被简化为最著名、最有号召力的两句——"书中自有黄金屋""书中自有颜如玉"。

但是提起历史上那些著名的“书痴”，我们会发现，他们更多并非因为黄金与美女而读书，他们更在乎阅读带来的求知解惑之乐与人生之丰盈。

1915年，学者黄侃在北大主讲国学，时住北京白庙胡同大同公寓，终日潜心读书，有时吃饭也不出书房门，准备了馒头和辣椒、酱油等佐料，摆在书桌上，饿了便啃馒头，边吃边看书，吃吃停停，看到妙处就大叫：“妙极了！”有一次，他看书入迷，竟把馒头伸进了砚台、朱砂盒，啃了多时，涂成花脸，也未觉察。一位朋友来访，捧腹大笑，黄侃还不知道朋友在笑什么。无独有偶，当年陈望道独守柴屋翻译《共产党宣言》时，也有痴迷中误蘸墨汁之举。

《资本论》最早的中文翻译者王亚南也是个“书痴”。1933年，他乘船去欧洲，客轮行至红海，突然巨浪滔天，船摇晃得使人无法站稳。这时，王亚南拿着一本书，走进餐厅，恳求服务员说：“请你把我绑在这根柱子上吧！”服务员以为他是怕自己被浪头甩到海里去，就照他的话，将王亚南牢牢地绑在柱子上。绑好后，王亚南翻开书，聚精会神地读起来，此举颇有些《荷马史诗》中奥德赛把自己捆在桅杆上不受海妖歌声诱惑的风范。

读书为何能让人如此痴迷？每个“书痴”都有自己的不同感悟，但有一点是一样的——对精神的追求，是可以超越肉体的。

二

古今中外，有人痴迷读书，也有人鄙夷读书。

“竹帛烟销帝业虚，关河空锁祖龙居。坑灰未冷山东乱，刘项原来不读书。”这是晚唐诗人章碣写的《焚书坑》，章碣没啥名气，但“刘项原来不读书”这句诗流传甚广。这是读书人的感慨，所谓“秀才造反，十年不成”“百无一用是书生”。是不是读书让人临事前多了几分顾虑与犹豫，不如不读书者简单直接，敢作敢为？

但是无论从历史还是从现在来看，读书终究是改变个人、民族与国家命运的机会。

全国曾经掀起“读书热”，那时真叫“洛阳纸贵”，一本新书出来，人们会在新华书店门口排起长队，就像今天的人们排队购买新手机一般。中国出版业如今迎来了一个快速发展的新时代，逐步迈入世界出版大国的行列。

古希腊、古罗马文明曾辉煌灿烂，开启了西方文明的大门，但是欧洲也有长达千年的中世纪，那是一个崇尚武力、蔑视读书的黑暗时代。法国著名历史学家、哲学家丹纳曾经生动还原过中世纪的情景：“到 1550 年为止，英国只有猎人、农夫、大兵和粗汉。一个内地的城镇统共只有两三个烟囱。乡下绅士住的是草屋，涂着最粗糙的黏土，取光的窗洞只有格子，没有窗子。中等阶级睡的是草垫，‘枕的是木柴’，‘枕头好像只有产妇才用’，杯盘碗盏还不是锡的，而是木头的。”“至于法国……到 15 世纪末，国内的优秀人士，所谓贵族，只是粗野的蛮子。威尼斯的大使们说，法国绅士的腿都像弓一样弯曲，因为老是在马上过生活。拉伯雷告诉我们，歌特人的蛮俗，下流的兽性，在 16 世纪中叶还根深蒂固。1522 年时，巴尔达萨雷·卡斯蒂里奥纳伯爵写道：‘法国人只重武艺，看不起别的事情；他们非但轻视文学，而且深恶痛绝。认为文人最下贱，所以把一个人叫作学者是对他最大的侮辱。'”“总之，整个欧洲还处在封建制度之下，人像凶悍有力的野兽一般只知道吃喝、打架、活动筋骨。”

中世纪终结于文艺复兴，文艺复兴的一个重要标志是欧洲全民阅读的兴起，而支撑全民阅读的是印刷术的大发展。所以，1996年美国《华盛顿邮报》评选人类最近1000年的杰作时，将活字印刷术评为最伟大的发明。比尔·盖茨在《未来之路》一书中指出，活字印刷术给西方带来的不仅仅是一种快速复制书籍的方法，而且是提供了一种便利的大众传播媒介手段，加快了西方文化知识的传播、积累，并打开了西方人的眼界，从而“彻底改变了西方文明”。

据记载，大约在元代，活字印刷术传到欧洲。15世纪中叶，德国金匠约翰·古登堡使用活字印刷术印制出有关末日审判的诗歌作品。此后这种技术迅速传遍欧洲，从1445年至1500年，欧洲先后建起1000多个印刷所，出版了3.5万多种印刷品，发行量多达1000万份，这在人类历史上乃是前所未有的信息大传播。于是，我们今天在欧洲，能够看到有几百年历史的大学和图书馆。

三

不断发展的科技，一直改变着人们的阅读习惯，现在大家在电脑上读书，在手机上读书，像当年那般一本名著被无数次传阅最后翻得稀烂的情景，很少见了。同时，失去的还有读书的纯粹快乐。

人们还在读书：孩子在读教辅书，为了考个好成绩；不少白领在读宫斗小说，琢磨职场生存法则……这是一个功利性阅读盛行的年代。

虽说“开卷有益”，但该读什么书、不该读什么书，或者在什么年龄段该读什么书，过去和现在都有过大量建议，著名的比如“少不读《水浒》，老不读《三国》”。所谓“少不读《水浒》”，因为少年血气方刚、易于冲动，看了《水浒传》学里面的暴力英雄，容易走上歧途；所谓“老不读《三国》”，或许是因为深谙世故的人读《三国演义》，洞悉其中的阴谋诡计、尔虞我诈，难免会愈加老谋深算、沟壑满胸，“老读《三国》是为贼”。

读书是为了让人明辨是非，但如果完全以功利目的去读书，尤其是通过读书来学权谋，无疑有悖前人教诲。当年，李宗吾先生出版《厚黑学》，本是对社会人心的鞭挞。林语堂曾评价《厚黑学》揭露人性之阴暗，逼得“人与人之间，只得‘赤诚相见’”，“有益于世道人心”。不料，有些读者只读出了“厚”“黑”二字于一己之私利，并将之作为武器，而以“厚黑学”命名的相关书籍数量众多，几乎成为现代显学中的一种。

如此读书，岂不悲哉！

老树画画为什么这么火

这两年，一个叫“老树画画”的人和他的诗、画不知不觉地火了。没有面孔的长袍男人，淡雅甚至带几分童稚的山水，寥寥几句文白杂糅的诗，在网上迅速走红。

老树画画并非职业画家，作品为何如此受欢迎？无疑，他的画与画上配的诗，展现了一种人生情趣：岁月静好，平安温和，还有“舍得”与“放下”的生活态度。现代人活得很累，在老树画画的画中，他们找到了共鸣。

但真的能舍得？真的能放下？

一

“溪水一旁，住两间房，拥几册书，有些余粮。青山在远，秋风欲狂。”这是老树画画系列传播最广的句子，很是传神，遂成神句。

与自然为伴，温饱无虞，所求亦不多——这是自古至今很多人的理想境界。从“老婆孩子热炕头”到后来被演绎的“农妇，山泉，有点田”，以及升级版的老北京四合院生活“天棚、鱼缸、石榴树，老爷、肥狗、胖丫头”——这一标准是清代的，现在的四合院可不是寻常人家住得起的——不必大富大贵，也不必终日劳碌，醒也由我，睡也由我，一家老小，其乐融融，足矣，足矣。

当然，物质层面的简单，反衬的是精神层面的丰盈。中国历代文人，都习惯于将物质与精神对立，认为物质是对精神的束缚、欲念是对人性的奴役，他们追求的是超然物外的人格自由，将归隐田园视为一种宣言：我不争了，我放弃了，我超脱了。

从隐居清溪、采药修道的鬼谷子，到采菊东篱下、悠然见南山的陶渊明，再到不愿当官、梅妻鹤子的宋人林逋，隐士淡泊名利的境界，一直为中国文人所羡慕。隐士的鼻祖是一个叫许由的人，他是尧舜时代的贤人。帝尧在位的时候，曾想把君位传给他，遭到了他的严词拒绝。他逃到箕山隐居起来。后来，帝尧又想请他出任九州长官，他跑到颍水边洗耳，表示不愿意听这种话。

在国外，隐士生活同样受到推崇，他们认为这是一种能够更好地审视自我、回归心灵的途径。有一本很有名的书《瓦尔登湖》，至今仍是许多向往自然的读者的必读之书，就如村上春树对文艺青年的意义一样。

《瓦尔登湖》的作者叫梭罗，1817 年 7 月生于马萨诸塞州康科德，1837 年毕业于哈佛大学，毕业后返乡任教。1841 年，梭罗开始写作。1845 年夏，他开始为期两年的“隐居”生活，地点选在离康科德不远的瓦尔登湖。两年隐居生活结束后，他完成了《瓦尔登湖》这本名著。书中详细记录了他在长达两年的时间里的日常生活状态以及所思所想。他在小木屋旁开荒种地，春种秋收，自给自足。他是自然之子，崇尚自然，与自然交朋友，与湖水、森林和飞鸟对话，在林中观察动物和植物，在船上吹笛，在湖边钓鱼，晚上在小木屋中记下自己的观察和思考。

这本书的魅力，就在于记录了作者远离尘嚣，在自然的安谧中寻找一种本真的生存状态，在简单生活中深入思考与重塑自我的心路历程。梭罗在书中自豪地宣称：“每个人都是自己王国的国王，与这个王国相比，沙皇帝国也不过是一个卑微小国，犹如冰天雪地中的小雪团。”

《瓦尔登湖》写作的背景，正是美国进入工业社会后迅猛发展的年代，人们开始无限制地追逐财富，不惜破坏生态，整天疲于奔命。这也是《瓦尔登湖》备受推崇的一大原因：带给人们安宁与祥和。

二

但尴尬的是，《瓦尔登湖》后来被揭露是“作秀神作”。

美国人理查德·扎克斯写过一本专门“打脸”的书《西方文明的另类历史》，考证了梭罗当年的“隐居”，其实是一种“伪隐居”。他的小木屋距离公路、铁路都很近，离最近的邻居不到 1 英里，甚至只需步行 10 分钟便可到达他父母的居所。《西方文明的另类历史》批驳了梭罗的自我标榜，说梭罗几乎每天都要到康科德村里去一次，他的母亲和姐姐每周六都会给他送食物，而他自己则时不时回家去，“将家里装点心的坛子舔个干干净净”。最搞笑的是，在康科德一带，曾经流传着这样一则笑话：梭罗的邻居爱默生举办聚会时，一摇响晚餐铃，梭罗就从林中猛冲出来，手里拿着餐盘排在队伍最前面。

梭罗是在“隐居”一年后开始向人们演讲如何过简朴的生活、如何自食其力的，他的小屋也渐渐有了名气，常常高朋满座。著名隐士的隐居地往往会成为朋友和闲人们旅游与社交的胜地。例如宋人林逋，不喜欢当官，过着隐居生活：种梅养鹤，揽清风，赏明月，宠“梅妻”，护“鹤子”，水清浅处疏影横斜，月黄昏时暗香浮动。观庭前花开花落，看天外云卷云舒，活脱脱一个神仙。只是他隐居的地方在杭州小孤山，粉丝们太容易找上门来谈人生谈理想了，所以他越隐居名气越大，最后连皇帝都知道他了。

当然，隐士跟没读过书的农民不一样，前者往往体验过繁华的都市生活，或者做过不大的官，厌烦了，才过来“隐”。“隐”只是一种傲娇的态度，或者说，一种捷径。著名隐士姜子牙，白发苍苍了，还整天在渭水岸边钓鱼。他一直在等待机会，终于等来了贤明而又尊重老者的周文王，从此人生再不一般。

姜子牙的智慧，被许多中国人视若至宝。

1911 年，上海的一家杂志突然刊登了一张照片，顿时轰动全国。照片上是袁世凯，头戴斗笠，身披蓑衣，一副寄情山水、与世无争的样子。袁世凯存世的照片，大多是浑身披挂的制服照，肥头大耳、不怒自威。这张钓翁照，极其罕见。

当然，这是一张精心摆拍的照片，背景是光绪、慈禧相继病死后，年幼的溥仪继位，其父载沣为摄政王。载沣忌惮袁世凯手握重兵，便找了个理由，让袁氏“开缺回籍养疴”：“你不是老说自己脚痛吗？好吧，工作太苦太累，你甭干了，回河南老家养病吧。”这是政治斗争中很常见的一幕。于是，袁世凯从军机大臣兼外务部尚书的重要位置上下来，回家安养了。不过他没回老家项城，而是去了安阳洹上村，原因很简单，那里交通方便。

袁世凯开始精心扮演不争天下、安心归隐的角色，他摆拍了这张照片，授意媒体发布，还写了首诗："百年心事总悠悠，壮志当时苦未酬。野老胸中负兵甲，钓翁眼底小王侯。思量天下无磐石，叹息神州变缺瓯。散发天涯从此去，烟蓑雨笠一渔舟。"凡此种种，都是告诉清廷：放心吧，我真的不干了，我要做清朝的陶渊明。

袁世凯身为一代奸雄，自然跟陶渊明搭不上关系。事实上，袁世凯在外面假装钓鱼，家里的电报却整天没有停过，麾下的北洋将领不时过来拜访。总之，他仍在指挥天下。时机来了，1911 年，武昌起义，清廷那群人，根本指挥不动北洋军，于是来请袁氏出山。双方开始讨价还价，袁世凯说：你不是让我养脚病吗？哎哟，我的脚还没好。唉！不是我不想卖命，是我的脚不争气。清廷没辙了，只好许以重位：求你了，来当内阁总理大臣吧。袁世凯一听，这还差不多，脚立刻没事了。他的"归隐"生活就此结束。

三

历史上，那种咬牙披发、死战不退的人并不多，更多的人是在进退之间徘徊，纠结于出世还是入世。他们对于每一种选择，都能给自己找到理论支撑，比如"儒"与"道"。

古书记载过同一年代最伟大的两位圣人的一番对话，一个是代表"道"的老子，一个是代表"儒"的孔子，孔子是晚辈。如果拍成电影，绝对是中国少有的"烧脑"大片。

当时的场景是这样的：在水边（一说是在一条小溪边，一说是在黄河边），河水滔滔，浊浪翻滚，其势如万马奔腾，其声如虎吼雷鸣。孔子伫立岸边，发出了著名的感叹：“逝者如斯夫，不舍昼夜！”年华似水，如此流过，人老了，而抱负往往还未实现。这是一种很典型的心态，恨不能三头六臂，每天四十八小时，不眠不休，做一番伟大事业。

但老子又是另一种态度，他听了孔子的感叹，于是说出一番著名的话来：“人生天地之间，乃与天地一体也。天地，自然之物也；人生，亦自然之物；人有幼、少、壮、老之变化，犹如天地有春、夏、秋、冬之交替，有何悲乎？生于自然，死于自然，任其自然，则本性不乱；不任自然，奔忙于仁义之间，则本性羁绊。功名存于心，则焦虑之情生；利欲留于心，则烦恼之情增。”简而言之，不用这么多愁善感，要不忘初心，融入自然。

孔子解释说：我其实不是替自己哀叹，天下这么乱，坏人这么多，“故有人生短暂，不能有功于世，不能有为于民之感叹矣”。老子于是又讲了一通道理，意思还是无为而治，尊重自然，不要刻意用什么礼乐仁义去约束人，然后告诉孔子：要学习水之大德。孔子愕然，问：“水有何德？”接下来，老子发表了一通流传千古的演讲，主题是“上善若水”，大意是水为至善至柔；水性绵绵密密，微则无声，巨则汹涌；与人无争却又容纳万物。水有滋养万物的德行，它使万物得到好处，而不与万物发生矛盾、冲突，人生之道，莫过于此。

孔子大悟，惜别老子而去。终其一生，他都孜孜以求入世，但屡遭挫折，偶尔也叹息说：“天下有道则见，无道则隐。”这句话跟

“道不行，乘桴浮于海”的意思是差不多的。这或许就是他从老子那里获得的领悟，作为儒家创始人，心里依然有一份道隐情怀。

无疑，老树画画倡导的是“道隐”的人生态度：何必为刻意达到目的而痛苦不堪呢？无为、逍遥，难道不是更好的生活方式吗？

说到“道”，不得不提庄子的“游世思想”——用带有自嘲意味的自我放逐的态度，来与自己不喜欢的世界对抗，这种对抗不是正面反抗，而是摆出一切皆不在乎的面孔，淡然面对现实。这正是贯穿老树画画作品的重要主题，也是其引起共鸣的核心因素。

在庄子的哲学中，“天”与“人”是两个相对的概念，“天”代表着自然，而“人”指的就是人为的一切，与自然相背离的一切。“人”与“为”两字合起来，就是一个“伪”字。在庄子看来，真正的生活是自然而然的，因此不需要去教导什么，规定什么，而是要去掉什么，忘掉什么，忘掉成心、机心、分别心。一言以蔽之，去伪存真。

难怪李泽厚说：“中国文人的外表是儒家，但内心永远是庄子。”

四

老树画画的粉丝，主要是一个小众却拥有一定话语权的群体：他们人到中年，事业小成，但压力如山大，时感疲惫，有些情怀，有些失落。

事业刚刚开始的年轻人，也不大会对老树画画的画感兴趣。还没得到，又怎么会想放弃？是的，有些人会心灰意冷，冷嘲热讽，放弃努力与奋斗，但那不是归隐，老树画画对他们而言，太矫情。

只有一群曾经很努力，但得到的比想象要少得多的中年人，回不到过去，看得见未来，心有不甘，又往往力不从心，常感空虚寂寞冷，老树画画来了，一幅画，几行字，真说到心里去了。

中年人的累，更多来自对人际争斗的厌倦，无论是官场的倾轧，还是商界的竞争，或者一地鸡毛却无处不在的办公室政治，都让人身不由己却又脱身不得。但舍得不易，放下太难，大多数人的生命，都耗费在“世间破事”之中。

毕竟，老子之道听起来像弱者之道，更多人想做强者，积极入世，哪怕头破血流。但人的悲剧恰恰在于无法随意切换模式，无法瞬间从庙堂之上切换到草野之中，无法瞬间从醇酒妇人环绕切换到与草木虫鱼相伴。而更大的悲剧是：渴盼着、奋斗着想当权贵，内心隐隐地又想拿做隐士托底，结果既当不了权贵，也做不了隐士。

“要么玩大的，要么滚回家”——这是《速度与激情》系列主演保罗·沃克的座右铭。他在生活中也像电影里一样酷爱赛车，却偏偏死于车祸。回想这句话，让人感慨不已。他走了，更多人还在想“玩大的”，玩不了，却也回不了家。

中国人，正处于一个机遇无穷的历史关键时刻，就像梭罗写作《瓦尔登湖》时的美国，或者二战后的日本，时代巨变，眼花缭乱，无尽的机遇与挑战，无尽的工作量，当然也有无尽的吐槽。老树画画的画作也让粉丝们有无尽的遐想和感慨。

有人感叹，一些人有“未富先懒”的危机，斗志松懈，激情难续。这种现象确实存在，但在历史大步前行的洪流中，有梦想、没梦想的人，都沉浮其中，向前奔流——毕竟咱们这是一个以勤奋著称的民族。

最后，要说一个面对挫折不退反进的典型——左宗棠，他绝对算是大器晚成。1875年，左宗棠挥师收复新疆，面临种种困难：既有钱粮的不足，又有李鸿章的掣肘。这一年，左宗棠已经63岁了，在当时已经算年纪很大了，官也做得很大，足以激流勇退、安享晚年，但他努力拯救国家危局，在回友人的信中写道：“壮士长歌，不复以出塞为苦，老怀益壮，差堪告慰。”意思是说，我虽然年纪很大了，但我还不老，我要对天高歌，老当益壮，越战越猛。

历史往往选择左宗棠这样的人：不摇摆，不退缩，不为自己所争，不用假装退隐来要挟，只是矢志完成自己的使命。他们往往被视为缺乏智慧，不懂变通，不留后路。但恰恰是他们，被历史选择，又创造历史。

你心中的那个“孙猴子”还活着吗

对中国人来说，最生动的猴子，当然是孙悟空了。这些年来，孙悟空被多方演绎，以各种形象甚至是颠覆性形象出现，不再只是为了孩子们的喜爱。这些形象往往如醇酒一杯，浇成年人心中之块垒。

是的，我们每个人心中都有一个“孙猴子”，或神通广大，或桀骜不驯，或泼皮无赖。只是，它现在还活着吗？活得还好吗？

一

很多人读《西游记》，都有这样的郁闷：从五指山下出来后，孙悟空的功力大打折扣。在他自封齐天大圣的时代，他大闹天宫，把天兵天将打得稀里哗啦，最后仙界不得不请如来佛祖出面镇压。但变成“行者”踏上取经之路后，孙悟空碰到一个小妖精也得折腾半天，尤其是遭遇了一些颇有几下子又有些背景的妖怪（甚至是自己的晚辈红孩儿一类），那更是无休止的苦战，往往还无法取胜，得四处搬救兵、找外援，才能拿下这劲敌。

耐人寻味的，是孙悟空的眼泪。《西游记》中，孙悟空在西天取经之前的张狂岁月里，只流过两次眼泪。第一次是美猴王的时候，他正与群猴嬉戏间，突然想到生老病死，黯然神伤，流下几滴猴子泪——这可是哲学的眼泪，类似贵族乔达摩·悉达多突然困扰于生死问题而离家修行最终成为释迦牟尼，美猴王因此能够脱离一时的欢娱而去考虑永恒的话题，最终毅然离开花果山去求仙，从此开始他辉煌的“猴生”。第二次流眼泪，是菩提祖师赶他走，他依依不舍，满眼含泪，这是饱含人类情感的眼泪了。

但是在去往西天取经的路上，孙悟空不断落泪，哭哭啼啼，很难看出他曾是那位张狂无羁的齐天大圣。例如，他被拜把兄弟牛魔王的“熊孩子”红孩儿用三昧真火烧得火气攻心，径投于涧水内灭火，怎知被冷水一逼，三魂出舍，“可怜气塞胸堂喉舌冷，魂飞魄散丧残生”，被八戒救醒后，定神顺气，“止不住泪滴腮边”。他有各种哭：自己被妖怪打惨了哭，师父被妖怪捉走了哭，委屈哭，无奈哭，独自哭，人前哭，“行者望见菩萨，倒身下拜，止不住泪如泉涌，放声大哭”。这简直不是孙悟空，而是刘备了。

各位看官，读到这里是不是想起自己的校园生活与走入社会之后的情形？当学生的时候，尤其是高三，那是能量爆发的阶段，仿佛什么都会：上知天文地理，下晓几何函数，中间还懂婉约豪放。工作之后，似乎很多东西都不会了。

想想悟空，想想自己，还是感觉神仙是宽厚的，老师是仁慈的，天宫是“嗨皮”的，校园是简单的，五指山下压上五百年，也不过相当于留校察看一年——反正孙猴子有长生不老之身。踏上西天取经之路，也等于离开校园走入社会了，遭遇的一切陡然复杂起来，前方隐藏着无数邪恶妖魔。

其实，对孙悟空来说，妖魔并不值得烦恼，因为他有金箍棒；值得烦恼的是，像猪一样的队友，贪吃懒做，不负责任；还有无趣的团队负责人，优柔寡断，爱听谗言，没有降妖除魔的本事，却有念紧箍咒修理业务骨干的能力。这活怎么干啊？敢问路在何方？这些都是菩提祖师教不了的，是跟天兵天将打架学不到的，也是在五指山下苦思冥想五百年都想不到的。

人情世故，世道人心，比七十二变要复杂多了，却是社会这所大学的必修课。孙悟空在这一块的表现是不及格的。

二

今天说起孙悟空，不同年龄段的人，都有不同的感慨，有的感慨成长的烦恼，有的感慨中年危机。

在动画片《西游记之大圣归来》中，那只瘦长邋遢、毛发凌乱的猴子，从乱石堆里、五百年禁锢中爬出来时，心事重重，甚至还有那么一点自卑，颠覆了很多人对孙悟空的印象，但孙悟空为什么不能是这个模样呢？

是的，这是处于中年危机的孙悟空。他那血气方刚、蓬勃健旺的青年时代，已随着五指山的重压而消逝。漫长的五百年，五百个春去秋来、花开花落，孙悟空都在想些什么呢？

他从五指山下出来，就已经进入中年了，也遭遇着中年危机：他的功力大打折扣，他经常力不从心，他变得哭哭啼啼，他戴着僧帽和紧箍咒踏上漫长的取经路，无论是面对穷山恶水，还是青山秀水，他都不可遏制地想起花果山——那回不去的花果山。

中年危机的一大特点就是怀旧，在心里供一处美好，时时想着念着，给平庸平凡、无聊无趣做今日的安慰、明日的救赎，但明天能够投向心中这处美好吗？

英国导演萨姆·门德斯擅长讲中年危机的故事，比如《美国丽人》《革命之路》。《革命之路》讲述了一对中年夫妻心中梦想破碎的故事。这对夫妻居住在一个名叫“革命路”的中产阶级小区（片名由此而来），他们自认为跟邻居不一样。丈夫是平庸的职员，但雄心勃勃；妻子做家庭主妇，却梦想着当个好演员。这是一对不安于现状的夫妻，渴望来一场说走就走的旅行，旅行的目的地是巴黎——在他们热恋的时候，男主角对女主角炫耀过自己在巴黎的奇妙旅行，女主角因此对巴黎产生了种种幻想，她渴望迁居到巴黎，在那里重新开始自己的生活。

但毕竟不是热恋的时候了，他们人到中年，拖家带口，因为现实和梦想相背离而经常争吵，婚姻生活出现巨大危机。尽管丈夫告诉妻子，所谓巴黎奇遇，不过是一个求偶时的谎言，但妻子仍然向往着巴黎。这样的日子确实过不下去了，为了挽救婚姻，他们最终做了决定：丈夫辞职，一家人去巴黎。但恰恰这个时候，丈夫升职了，妻子又怀孕了。怎么办？第二天，一个晴朗的早晨，妻子像往常一样做早餐给丈夫吃，看着丈夫出门，然后，她自残般地让自己流产，最后死在了医院。丈夫陷入无穷的痛苦，在夜色中狂奔，不知是逃避，还是在追赶……影片最后，另一户人家搬进了这对夫妻原来的房子，继续过着中产阶级的生活。

这部电影引人注目的是，男女主角分别为莱昂纳多·迪卡普里奥和凯特·温斯莱特，这是他俩继成名作《泰坦尼克号》十年之后的首次合作。因此有人评论说，《革命之路》是在向我们揭示《泰坦尼克号》中露丝和杰克的最终结局，他们年轻时曾经那样热恋，拥有一份刻骨铭心的爱情，还有对未来美好的想象，但是如果他们逃过了海难，“革命之路”也会是他们最终的结局。

“我的生活不属于我。”这是很多陷入中年危机的人的悲哀，无法逃避的悲哀。有这种悲哀感的，不仅仅是人，还包括一只猴子——孙悟空。《西游记》第三十四回中，孙悟空委屈地哭了一场：为了救师父，他变成一个小妖去接金角大王和银角大王的干娘九尾狐狸，想到自己年轻时候，曾经英雄盖世，什么神仙都不放在眼里，见到玉帝都不理睬他，如今却要给九尾狐狸磕头，这不是齐天大圣应该过的日子，苦啊！

再苦，孙悟空还是孙悟空，他不像猪八戒那般革命意志薄弱，动不动就要分行李散伙回高老庄，他只能硬撑着，哭一场，擦干眼泪，继续战斗。中年人（猴），就是这样子。

三

《西游记》写到取经成功、孙悟空获封一个莫名其妙的“斗战胜佛”头衔就结束了，但取经之后的孙悟空，生存状态如何，其实更值得关注——一个战斗英雄，如何适应没有战斗的和平环境？

莎士比亚晚年写过一出可与四大悲剧相媲美的罗马历史悲剧《科利奥兰纳斯》，说的是罗马共和国的英雄马歇斯，因攻下科利奥里城立下大功，荣膺“科利奥兰纳斯”封号。他离开战场回到罗马之后，因为自尊心太强，不愿意讨好群氓，加上政敌玩弄手腕，舆论推波助澜，引发民众对其恨之入骨。他被放逐，一怒之下投敌，最终落得被杀的悲惨结局。

有人统计过，在莎翁的所有戏剧作品中，《科利奥兰纳斯》一剧使用“孤独”一词的频率最高。马歇斯是孤独的，他被耻笑作“爱哭的男孩”，脾气暴躁，不谙政治，不懂变通，不会审时度势，也无法融入战场之外的社会。亚里士多德说过一句话：“不能融入社会生活者非神即兽。”这句话，用在孙悟空身上，同样贴切。

四

我们喜欢孙悟空，不是因为他神通广大，而是因为他承载着我们很多童年的记忆和想象。我们长大了，他留在我们的心中，代表着我们的童心。

明末有个特立独行的读书人，名叫李贽，他写过一篇文章叫《童心说》。文中的“童心”就是指本心和赤子之心，实际上是表达个体的真实感受与真实愿望的“私心”，是真心与真人得以成立的依据。

但人跟人真不一样，有的少年老成，有的垂垂老矣，却还葆有一颗灿烂的童心。抛开世俗的评价，一个人能始终葆有童心、童趣，又何尝不是一种成功？中国人为什么那么喜欢苏轼？正是因为他有一颗童心。他一生经历了那么多荣辱，却绝无机心，童心未泯，甚至像个孩子。也正是如此，苏轼才能够体味到生命的真谛，达到士大夫在人格修养上的最高境界，回归自我，超然旷达。

没有人不喜欢有童心的人（猴）。在《西游记之大圣归来》中，那个正遭遇中年危机、力不从心的孙悟空，最终因为爱与怜悯，解除了封印，又恢复了齐天大圣的神勇，开始痛殴妖魔。此刻，是这部电影的高潮之处，孩子们狂喜尖叫，孩子们的父母也不知不觉热泪盈眶——不再邋遢疲惫，不再暮气沉沉，大圣归来了！

此刻，所有人的心底，属于孙悟空的那个隐秘的地方，开始有光芒——不管是炽烈，还是黯淡——那是我们的童心在闪闪发亮。

诗人与诗意，离我们有多远

漫长的冬天已经远去，春天来了。风变得温润了，花一树一树地开，婀娜地从厚重包裹中伸展而出——人们感觉到了既熟悉而又陌生的两个字：诗意。

诗意的季节缅怀诗人。3月26日是诗人海子的忌日，在这一天缅怀海子成为一个固定的仪式。“面朝大海，春暖花开。”人们读着他留下来的诗，仍然感动。

“春暖花开”，诗人与诗意，离我们有多远？

一

在中国历史上，诗人的地位曾经很高很高。

当年，有个醉酒的李白，跷起脚来，让那个满心不情愿的大太监高力士给他脱鞋子。还是在唐朝，那个写下“莫愁前路无知己，天下谁人不识君”的高适，以一介诗人的身份，在安史之乱的背景下，立下大功，最终封侯。最令人称奇的是，唐代有个著名诗人萧颖士，脾气古怪，为人严苛，有一个仆人跟了他十余年，萧颖士动辄施以鞭笞，每次都要抽打一百多下，仆人苦不堪言。别人都劝这仆人另择主人。不料，这仆人却回答说："我不是不可以另择主人，我之所以一直没有离开，是因为爱慕他的才华！"在今天，这是不可想象的。

当年，寂寂无名的白居易到长安拜访著名诗人顾况。顾况看着白居易这个名字，笑着说："长安米贵，居住不易啊！"接着，他翻开诗稿，读到"离离原上草，一岁一枯荣。野火烧不尽，春风吹又生"时，被白居易这美妙的诗句惊住了，连忙说："能写这样的好诗，在长安居住就容易了……"然而，现在凭借一手好诗能够在大城市安居吗？恐怕有再好的想象力也难。

"诗人"一词，战国时就有了。《楚辞·九辩》注释说："窃慕诗人之遗风兮，愿托志乎素餐。"可见，早期诗人重在言志。《正字通》注释说："屈原作离骚，言遭忧也，今谓诗人为骚人。"从此以后，"诗人"便成为两汉人习用的名词。辞赋兴起之后，又产生"辞人"一词。扬雄《法言·吾子篇》说："诗人之赋丽以则，辞人之赋丽以淫。"用"则"和"淫"来划分诗人与辞人的区别，足见汉代把"诗人"看得很高贵，把"辞人"看得比较低。

唐代是诗人的黄金时代，这跟当时选拔人才的方法是相关的。唐代实行诗赋取士的科举制度，虽然并非诗写得好的人就一定能够考中进士，考中进士的也绝非个个都是诗人，但是把诗才当作衡量人才的一种重要标准，必然会形成全社会重视诗歌、学习作诗的风气，极大地提高了诗人的社会地位。

在唐朝，还有"点招"一说。德宗时，知制诰缺人，中书省两次上奏人选名单，德宗都不批准。第三次请求御批，德宗这才批道："给韩翃。"当时有两个韩翃，一个是诗人，一个是江淮刺史。宰相不知道皇帝指哪一位，皇帝就又批道：“‘春城无处不飞花’韩翃。”不久，诗人韩翃就任驾部郎中知制诰。

然而，诗人的辉煌早已远去。按理说，今天全社会受教育程度大大提高，但欣赏诗人的“土壤”却大不如前。海子给后人留下过一段辛酸的对话——有一次，这位贫寒的诗人走进北京昌平一家饭馆，对饭馆老板说：“我给大家朗诵我的诗，你们能不能给我酒喝？”饭馆老板一口回绝：“我可以给你酒喝，但你别在我这儿朗诵。”

二

诗人的地位很高，不只是在古代中国。

桂冠诗人源于英国。自1668年约翰·德莱顿被查理二世冠以英国首位皇家桂冠诗人以来，享有这一荣誉的都是各个时代公认的优秀诗人，而且长期以来清一色都是男性。1998年，桂冠诗人泰德·休斯逝世，他是最后一位享有终身荣誉的桂冠诗人。从1999年开始，桂冠诗人的任期改为十年。同时，桂冠诗人的年薪也不再是象征性的100英镑外加一桶雪莉葡萄酒，而是变为大约5000英镑外加一桶雪莉葡萄酒。2009年5月1日，英国著名当代女诗人卡罗尔·安·达菲成为新任桂冠诗人。这是300多年来英国首次将桂冠诗人这一荣誉赋予一名女性。

桂冠诗人仅仅是一项荣誉吗？非也。当年，桂冠诗人依附于宫廷，为其服务，负责写诗以歌功颂德、悼念志哀，以及为各种重大庆典恭写贺词。丁尼生的《哀悼惠灵顿公爵辞世》，可谓当年桂冠诗人的“范文”。

这有些类似明朝的“青词宰相”，大奸臣严嵩就擅长干这事儿。明世宗在政治上无甚建树，却将主要精力放在了玄修上，热衷于炼丹制药和祈求长生。在求神拜佛的仪式中，他经常需要撰写一些焚化祭天的青词。所谓青词，就是道教斋醮时上奏天帝所用的表章，因用朱笔写在青藤纸上，故名。这是一种赋体文章，需要以极其华丽的文笔表达出皇帝对天帝的敬意和求仙的诚意要写好并不容易。于是，明世宗经常要求臣下进献青词，写得好的立即加官晋爵，甚至入内阁。当时朝中许多大臣都因进献青词而得宠，最著名的就是严嵩了，他文笔颇佳，所作青词无不合乎明世宗之意，因而飞黄腾达。

现代桂冠诗人虽不像过去那样必须伺候国王，但是在王室的重要庆典上，仍肩负着吟诗作词的责任。为王室做诗，题材有限制，又必须保持高艺术水平，是件吃力不讨好的事。

三

如何振兴中国诗歌？这似乎是个无解的难题。

事实上，在 20 世纪 80 年代，中国的诗歌还有过一段短暂而辉煌的岁月。据报道，1986 年，能够容纳 1.8 万人的首都体育馆座无虚席，掌声雷动，现场举办的不是演唱会，而是一场诗歌朗诵会。

如此盛况，再难重现。

事实上，中国诗人的黄金时期，从唐代之后就逐渐衰落了。

诗为什么会衰落？

有观点认为：古体诗在唐朝时达到巅峰，几乎成为“全民运动”，而后逐渐衰落，是因为诗的专业性越来越强。

事实上，在中唐以后，杜牧、李商隐、李贺的诗，用字用句越来越繁复、越来越难懂了。到了宋朝，诗词并举，词的影响力更大；到了明清，能够给人留下深刻印象的诗已经极少了，尤其是那种清丽脱俗、朗朗上口的就更少见了。文人作诗赵来越讲究引经据典，晦涩难懂。

古体诗这一文学形式慢慢没落以后，词曲就兴盛起来。词有很明显的长短句，打破了原有的诗歌形式。李白代表了中国诗歌的高峰，同时他已经开始尝试词的写作：“箫声咽，秦娥梦断秦楼月。秦楼月，年年柳色，灞陵伤别。”当然，诗的没落不能怪词曲，最重要的原因是诗发展成了太过文人化的专业艺术。随着市民文化的发展，小说出现了，颇受欢迎。

20世纪初，随着西方文化的涌入，中国传统的格律诗受到前所未有的冲击，一些先行者借鉴西方诗歌的元素，大破大立，震人心魄。今天我们读五四时期的诗歌，依然血脉偾张、目眩神迷，能够感受到那种直抒胸臆、激情澎湃的气势。而在20世纪80年代初诗歌的短暂辉煌时期，诗歌已经超越了它本身的功能。在全民的视野中，诗歌成为一种精神的寄托，一种理想的寄托，因此有其生命力。

西方文化对中国诗歌的影响，持续深刻，远超其他艺术门类。旧的诗歌时代已经过去，现代诗歌还未与新时代接轨。或许，中与西、传统与现代融合的艰难，使诗歌失去了读者？又或许，在一个缺乏诗意的世俗社会里，在金钱比优美的语言更能打动人的年代里，读者与诗人都浮躁了，读者对细腻情感的感受能力下降，诗人对细腻情感的描述能力下降，口水诗、“梨花体”诗大量出现……有些诗人自己抛弃了诗歌。

中国诗歌要想重新走近、赢得广大读者，需要诗人的苦吟，更需要诗人走出自我欣赏、自我陶醉的小圈子，敞开内心去感受时代、真正融入这个时代。只有这样，才能做到无论长啸还是浅唱，都能打动人心。

即使，只能打动一部分人的心。

回到中國歷史現場

生而为人

（下）

关山远 著

广西教育出版社
南宁

目录

江湖　也无风雨也无晴

世 相　世事洞明皆学问

江湖

也无风雨也无晴

金盆洗手易，全身而退难

因为得到不容易，所以退出更不容易，譬如姚明的退役。有一些话语得以流行，是因为它们有着超越语境的精辟。在中国民间中，形容“退出”的词，最经典的是“金盆洗手”——那是一个何等令人感慨的时刻，大人物在一个盆子里洗洗手，然后离开江湖，再不回头。

但是，选择是艰难的，退出更艰难。

一

姚明是因为伤病宣布退役的，他带着笑容说出这个决定时，只有30岁，这是一个篮球选手的黄金年龄。人们尊重他的决定，因为他再打下去，很可能50岁之后的日子就得在轮椅上度过了。没有人希望这样，这是时代的进步。大家给予了他一个盛大的告别仪式。

人类社会需要仪式来见证重大时刻。在武侠小说中，会有一个高台，台子中间放一个金光闪闪的盆子，四面焚着高香，时辰一到，主角就神情凝重地步上高台，把一双大手浸在盆中，搓两把，甩一甩，然后无限留恋地望望眼前这个江湖，最后拂袖而去，再不回头。

金盆洗手，简单说就是洗手不干了。有人还给出过解释："为了使别人相信自己，通过举行一种仪式来证明自己的决心。"

说起金盆洗手，人们最先想到的是江湖。洗手人将双手放入盛满清水的金盆，发誓从今以后再也不出拳动剑，决不过问武林中的是非恩怨。仪式常邀请武林同道观摩做证。洗手人，有的是晚年放下屠刀，忏悔罪行；有的是看破武林中的种种丑恶纷争，矢志退出漩涡，洁身自好，以求全躯。清代文康所著的武侠传奇《儿女英雄传》中，有这么一句话："小人从前原也作些小道儿上的买卖，后来洗手不干，就在河工上充了一个夫头。"金庸的《笑傲江湖》中，有一个震撼人心的场景，就是衡山派高手刘正风的金盆洗手。

有人考证过，金盆洗手的起源竟然是《圣经》。据《圣经》记载，犹太人当局判定耶稣犯了死罪，但他们无权执行这种判决，就把耶稣送交罗马帝国的行政长官彼拉多，要求判他死刑。彼拉多认为耶稣没有做什么坏事，打算释放他，并提出了一个折中的办法：让犹太人在耶稣和杀人罪犯巴拉巴之间选择一个释放。众犹太人在大祭司该亚法的指使下狂呼乱叫，坚决要求将耶稣钉于十字架之上，释放巴拉巴。彼拉多见再说也无济于事，反要生乱，就拿水在众人面前洗手，说："流这义人的血，罪不在我，你们承当吧。"

彼拉多最终迫于压力，做出判决，将耶稣钉死在十字架上。不过，除了《圣经》的记载，没有其他历史文献记载他曾经审问过耶稣。意大利画家马提亚·普拉提曾经创作过一幅作品《彼拉多洗手》，展现了当耶稣被带走时，彼拉多为了逃避良心的谴责，在众人面前洗手以示清白的场景。画中将天空画成了深红色，是为了烘托悲伤的气氛。

但是，这手如何能洗干净？彼拉多从此在历史上留下恶名。1961 年，考古者在今以色列境内的该撒利亚马利提马地区一个罗马人建立的剧场遗址处，挖掘出了一块石板。上面清晰地刻着关于犹地亚省的铭文，还有彼拉多名字的印迹。该石板刻于公元 44 年以前，只是上面未提及彼拉多洗手之事。

二

金盆洗手这个词现在已经用滥了，只要是放弃以前长期从事的行业或某件事，都可称之为金盆洗手。例如，国际金融大鳄索罗斯金盆洗手，结束其 40 余年的对冲基金经理生涯，其公司只专注于管理自己的家族财产。

为什么人们会选择用“洗手”来表示“退出”？还真有人研究过，认为金盆洗手是有科学道理的：在做出一个困难的选择之后，洗手可帮助人们接受并适应选择之后产生的变化。

不少人都遇到过这样的情形：做出某些艰难的抉择后，心头仍有疑虑，不停地找理由说服自己抉择无误。这种极其害怕自己做错决策的忐忑心理，专业上被称为“认知不协调”，实际就是“决策后不适症”。有研究人员发现，洗手有助于消除迟疑，帮助人们接受并适应所做出的抉择。

美国密歇根大学心理学者斯派克·李和诺伯特·施瓦茨进行了洗手实验：要求大学生志愿者浏览 30 张 CD 的封面，从中选出

10 张，按照喜好程度排序。随后，研究人员要求一半的学生用洗手液洗手，另一半不洗手。洗手后，研究人员要求学生再次给 10 张 CD 排序。结果显示，与先前排序相比，未洗手学生的 CD 排序变化较大，而洗手学生对 CD 的排序基本没变。有报道指出，人们一般会对自己的决定有较高的期望值，但又害怕这一决定达不到期望值，而洗手则能洗去对先前抉择的疑虑，缓解人们的“决策后不适症”。

研究者称，洗手后，人们不再觉得需要证明自己的决定正确，这能让人对决定变得自信，“与清洗可清除我们以往的不道德行为一样，清洗还能够清除我们以往所做决定的遗迹，并减少为这些决定找理由的必要”。所以，做完决定之后，可以考虑去洗洗手。

三

选择金盆洗手的人，必定在本行业甚至全社会都有着不可忽视的地位，例如姚明名满天下。假如一个名不见经传的小人物也叫嚷着要金盆洗手，那就是笑料了。

正因为是大人物的关键决定，所以戏剧性的金盆洗手常常成为故事的关键，演绎出众多令人感慨的结果来。电影《六指琴魔》中天虎镖局的总镖头吕腾空要退隐江湖，尘封兵刃，不再接受任何江湖买卖，不料一个神秘人物前来托镖，吕腾空不得不食言，然后祸从天降，吕腾空撒手人寰。在《笑傲江湖》中，刘正风金盆洗手的原因很简单：厌倦了江湖的明争暗斗，只愿退隐与知己曲洋纵情于高山流水。可惜这个朴素而美好的愿望却注定无法实现，它成了某些人野心的殉葬品。结果如此残酷：天下武林人士齐聚一堂，目睹号称“同气连枝”的五岳剑派对刘正风全家的血腥屠杀。

古人云：“男怕入错行，女怕嫁错郎。”入对了行，在取得巨大成就、显赫地位后却要说再见，该有何等不舍？但从另外一个角度来看，对一些入错行的人来说，金盆洗手是明智的选择，可惜不少入错行者却不愿意做出这种选择。

明天启皇帝朱由校是个典型入错行的人，他不适合当皇帝，而适合做木匠。此人在历史上鼎鼎有名，是不爱江山爱木工的典范。他喜欢盖房子、做木工活，整天与斧子、锯子、刨子打交道，从不厌倦。他的手艺是很不错的，曾经造出了一座小宫殿，只有四尺来高，玲珑巧妙至极。他的寝宫里常常堆满了各种木料，打造家具时往往夜以继日，根本不愿意花时间去会见百官臣僚，更不愿处理军政大事。太监魏忠贤就专门在他做木工做得起劲时进来奏事，他连听都不愿意听：“你去办吧，我知道了！”结果大权旁落，朝廷被搞得乱七八糟。明朝江山虽败在崇祯手上，但其实亡国的根子是在天启这里。他如果改行当木匠，说不定会是鲁班第二呢。

对芸芸众生而言，放弃高位去做自己真正喜欢的事，那是更艰难的选择了。

真正的金盆洗手，应该是出于一种内心的安宁与从容。电影《笑傲江湖》里有一句话：“有人的地方就有江湖，你怎么退出江湖？”其实，人心是最大的江湖。

历史上，那些选择退隐的人，往往会因为各种原因重出江湖，再掀波澜。大隐隐于市，这是归隐江湖的理想状态——他走了，他还在。

被过度消费的童年

大人被消费过了，现在轮到孩子被消费了。

一

其实，孩子做模特的事情早已有之，君不见，电视或平面媒体上凡有儿童用品广告的，诸如奶粉、童装、培训之类，一律有活泼孩童或卖萌，或自信微笑，踊跃展示产品。事实上，童模已经形成了一个规模不小的产业链，很多父母都热衷参与其中——名利双收，何乐不为？

当今世界，抚养一个孩子花费甚巨，孩子能够被广告商看中，从小就能赚钱，估计是部分父母的期待。但这种从小就有赚钱本领的孩子毕竟少之又少，除了天生丽质，还得落落大方，还得机缘巧合……总之，不是件容易事。

在现代商业模式出来之前，或者说，在现代传媒出现之前，儿童出名是挺难的，历史甚至很少留下儿童的清晰面孔。只有一个例外：他们被画进画里，从而抵挡住岁月的流逝，由这幅画将孩童的容貌永远定格。

17 世纪上半叶，在比利时的安特卫普有一个著名画家名叫鲁本斯，他一生作品很多，大都以希腊神话和圣经故事为题材，画里常有他的妻子海伦娜和孩子。他为妻子所作的肖像画《海伦娜·弗尔曼肖像》饮誉画坛。海伦娜为他生了两个孩子，他以自己的妻子和孩子为主要人物画了一幅《圣家族》，里面洋溢着画家浓浓的爱。

电影作为一种艺术形式出现后，一些幸运儿的童年开始金光灿烂。

美国著名童星秀兰·邓波儿无疑创造了一个奇迹。1939 年，她才 11 岁，片酬已经超过 12 万美元，另外还有 20 万美元的红利。这是一个什么概念？要知道，当时一张电影票的票价只有 15 美分。

秀兰·邓波儿成为童星，既偶然，又必然。2 岁时，她就对音乐产生了浓厚的兴趣；3 岁时，她在母亲的安排下进入米格林幼儿舞蹈学校接受训练，这是好莱坞星探经常出入的地方。1934 年，6 岁的秀兰·邓波儿在桑塔莫尼卡的一家影院门前等妈妈，无聊之余又唱又跳，这时伯乐出现了。词作者贾伊·戈尼正在编写歌舞片《起立欢呼》，秀兰·邓波儿让他眼前一亮，他当即决定为她在这部影片中安排一个角色。影片大获成功，秀兰·邓波儿立即得到一份七年的演出合同。

到 10 岁时，秀兰·邓波儿已经是美国最具票房号召力的明星，使无数人为之倾倒。当时正是世界经济大衰退时期，欧洲上空战争阴云密布，但好莱坞电影却得到了一次大繁荣的机遇。这就是后人总结的“口红效应”。经济萧条、压力巨大的时候，花费不大的精神消费反而盛行。那是好莱坞喜剧电影的黄金时期，卓别林与秀兰·邓波儿成了当时的两大巨星。想想也是，看着银幕上一个可爱的小姑娘，瞪着一双天真无邪的大眼睛又唱又跳，确实能让观众减少一些烦恼。

当然，那些从小就很牛的人更多是靠大脑赚钱。英国有个名叫基隆·威廉森的男孩，以擅长画画著称，被誉为“小莫奈”。他牛到什么程度？在他 8 岁的时候，他的 33 幅画作在短短半小时内被抢购一空，最终卖出 15 万英镑。他用这笔钱给父母在家乡诺福克买了一套新房。

二

把自己的孩子培养成“神童”，是无数父母的梦想。

有些“神童”是被逼出来的。俗话说“穷人的孩子早当家”，古今中外，有很多巨商大贾就是从孩提时代开始创业的。

美国有一个小男孩叫费拉·格雷，不忍心看到母亲辛苦挣钱养家的同时还要饱受心脏病折磨，于是他从 6 岁就开始创业养家了。他第一次创业是，先在街头捡些石块，画上颜色后当作镇纸，挨家挨户进行推销。8 岁的时候，他开始组建自己的商会，做起了饼干和礼物卡的销售生意。14 岁时，格雷变成了百万富翁、知名的“商界神童”。20 岁的时候，他开始出书教人如何致富。

另一种“神童”，则是天赋使然了。

说起小小年纪便才华横溢者，人们都会想到一个叫方仲永的孩子，这来自王安石的一篇文章《伤仲永》：

金溪民方仲永，世隶耕。仲永生五年，未尝识书具，忽啼求之。父异焉，借旁近与之，即书诗四句，并自为其名。其诗以养父母、收族为意，传一乡秀才观之。自是指物作诗立就，其文理皆有可观者。邑人奇之，稍稍宾客其父，或以钱币乞之。父利其然也，日扳仲永环谒于邑人，不使学。

从文中可以看出，方仲永的才华是突然显现的，5 岁之前还没启蒙，突然就可指物作诗，堪称天才。可惜他有一个鼠目寸光的父亲，为了些蝇头小利，把儿子当成了生财工具。一个“扳”字，生动传神，可见这方仲永并不是太情愿吧。

人们都知道方仲永的结局，“泯然众人矣”，一个天才，就此沦落。

因此，“神童”的才华显露出来后，他身处的环境、家人的态度非常重要。南北朝时期，南方梁朝有个少年名叫王筠，自幼聪明过人，7 岁能写文章，16 岁那年写出了《芍药赋》，文辞极美，传诵一时，在乡里颇有点儿名气，跟方仲永的早期经历很像。幸好王筠的父母深谙育儿之道，而不是短视地扳着儿子环游乡里去赚几个小钱。

在良好的家教下，王筠本人也表现出了高素质，不骄傲，为人谦虚，学习刻苦。他读五经，每部都读了七八十遍。他尤其爱好《左氏春秋》，把它读得滚瓜烂熟，还抄写了好几遍。他抄书成了习惯，从十三四岁起，每读一部书，都要把这部书整个抄写一遍。除了《左氏春秋》，他还抄写《周官》《仪礼》《国语》《尔雅》《山海经》《本草》与其他子史诸集，抄成的本子共有百余卷，确实下了苦功夫。

王筠长大成人后，没有“泯然众人”，他的文章越写越好，名气越来越大，从政后能力突出，受到重用，做过尚书吏部郎、秘书监、光禄大夫、太子詹事等官，不光在政治上很有建树，并且还著书百余卷，流传后世。

遗憾的是，从来都是“仲永”多于“王筠”。

三

追求财富，是人类进步、社会发展的重要动力，但是童年就应该开始追求财富吗?

在中国，尤其是在城市里，童年主要的任务是“销金”，父母花大钱把孩子送到各类兴趣班、培训班，考出各种各样的证书，美其名曰教育投资。如果用朴素的话来表示，就是为了能上一个重点小学，而后重点中学，而后重点高中，而后名牌大学，再之后呢，能够找一份好的工作，多赚点钱，再恋爱结婚，生儿育女，然后重复在父母身上重复过的一切……父母翘首以盼的背后，是支离破碎的童年。

金钱与童年，没有必然联系，即使有联系，也应顺势而为，适可而止。如果过多将成人的意志强加给孩子，就会给孩子的未来埋下巨大隐患。

当年，在秀兰·邓波儿大红大紫之际，与她签约的20世纪福克斯公司一再拒绝米高梅公司借用她主演《绿野仙踪》的请求，米高梅公司没办法，只好把这个机会给了另一个女孩朱迪·嘉兰。电影上映后，朱迪·嘉兰获得了当年的奥斯卡最佳青少年演员奖，又一位金光闪闪的童星诞生了。

朱迪·嘉兰成为米高梅公司最器重的演员，拍了一系列歌舞片。但是在红极一时的背后，她承受了巨大的压力，精神紧张，甚至依赖非法药物来控制体重，这严重损害了她的身体。她长大后，因故被米高梅公司辞退，一度自杀未遂。1969 年 6 月，朱迪·嘉兰因过量服用安眠药离开人世，年仅 47 岁。

其实，类似朱迪·嘉兰这样的悲剧很多，年少成名、日进斗金的“神童”们，不少人长大后或寂寂无名，或郁郁寡欢。他们在自己的童年，过早接触了复杂得近乎残酷的成人社会，由此产生的心理创伤，影响一生。

世界著名儿童心理学家爱丽丝·米勒，以研究童年早期心理创伤的成因及其对人成年后的影响而著称。她写过一部经典儿童教育心理学著作《天才儿童的悲剧》，在书中探讨了一种普遍的社会现象，即童年有伤痛记忆的人，靠着自我麻木，适应了甚至是最难以描述的残酷经历，而这种童年的残酷经历对于人的人格心理有着极大的负面影响。书中发问：“为什么许多成功的人依然深受空虚和孤独的折磨？为什么我们当中有太多的人，从小就不得不学会熟练地深藏自己的感情、需求和记忆？”

在急功近利的社会中，“眼球经济”企图主宰一切，什么都可以通过被消费而赚钱，包括本应无忧无虑的童年。所以，我们常看到一些强颜欢笑、内心阴郁的孩子，他们的心理创伤可能需要一辈子去治愈。

不老的侠义情怀给历史以温暖

每每看到道德沦丧之事，我总是想起一张面孔，一位名叫李绍为的湖南农民。2005年，李绍为与同乡老左在福建打工时，老左猝死他乡，因为落叶归根的传统观念，也因为贫穷，李绍为与同伴遂上演了一出“千里背尸”的故事。他们将死者装扮成醉汉带上火车，准备不远千里将尸体运回老家安葬。后来，他们一行在广州转车时，被警方发现。

当时有一篇报道这么描写被警察发现后的李绍为：“阴沉的天空中透着几丝入冬以来少有的寒冷，61岁的李绍为和一个老乡站在广场上等候警方的处置。他又瘦又黑，浑身衣衫破烂，单薄的毛衣上布满破洞，已经发白的头发非常零乱，双手布满老茧和裂纹，但他混浊的双眼，仍不时地观望着那件长长的呈人形的包裹。”

令人感叹的是，李绍为因为凑不够回湖南的车费而出此“千里背尸”的下策，但工程方付给死者的一千多元工资，他却分文未动，包得好好的。

一

“千里背尸”的故事，在当时引起争议，甚至被讥笑为愚昧无知。但是，更多人被这个湖南老农民所打动：他没有钱，没有文化，但他有千百年来中国民间最宝贵的传承——侠义情怀。

后来，这个故事还被改编成电影《落叶归根》。这部电影堪称一部直面社会百态的现实主义佳作，有愤怒、压抑，也有感动、温暖，让人在笑声中落泪。

在传统的文化心理中，落叶归根的情结堪称根深蒂固，无论高官显贵，还是贩夫走卒，纵在千里万里之外，也无不希望死后能够回到故乡。在部分人眼中，李绍为或许是做了一件蠢事，但是在传统农耕文化中长大的李绍为看来，他做了一件天经地义的事情。

这种完全源于文化自觉的侠义情怀，既为千百年来中国传奇提供了厚实素材，从另外一个角度看，又何尝不是中华民族生生不息的精神动力？

上溯百年，李绍为的同乡江忠源，湘军早期著名将领，在成为一名军事将领前就已经侠名远扬。他的侠名也来自千里护送客死北京的同乡的灵柩回湘。

江忠源，湖南新宁人，嘉庆十七年（1812）生于一个秀才家庭，道光十七年（1837）中举人，客居京师时，结识了曾国藩、郭嵩焘等人，相与往来。《清史稿》称江忠源“究心经世之学，伉爽尚义”，有一股封建士大夫的殉道精神。当时在北京，江忠源名气很大，曾被曾国藩称为“真侠士”。

清代道光年间，新化籍举人邹柳溪病逝于北京，江忠源自愿护送其灵柩由京返湘。后来，湘乡籍举人邓铁松在北京患了肺病，在回湘途中死于河北献县，又是江忠源负责料理后事，并护送其灵柩回到家中。献县到湘乡三千多里路，北京到新化则要更远一些，如此长途，一路上或舟车，或步行，风餐露宿，其间的艰难险阻可想而知。

三国时期关羽“千里走单骑”，义名传至今天。江忠源“千里走单骑”，是因为他笃于友道。护送逝者，费时、费力、费钱，显然没有丝毫实质性的好处可得——唯一好处，就是他的名声大扬，京城对湖南有此奇人无不敬仰，湘人自是为之骄傲，连在朝京官和其他外省人都以结识他为荣幸。当时曾国藩爱写挽联，有人结合两人行迹，说是“江忠源包送灵柩，曾国藩包作挽联”。

二

在今天翻读史书，有多少蝇营狗苟，有多少阴谋诡计，有多少血泪长河，但是，也有几千年的侠肝义胆——无论是保家卫国的大将于关键时刻慷慨赴死，还是默默无闻的草民骤然爆发布衣之怒，这些真实的传奇给中国这部历史洒入阳光，令人温暖与振奋。

在弘扬侠义情怀方面，金庸做了很多努力。“飞雪连天射白鹿，笑书神侠倚碧鸳”，金庸的武侠小说至今还拥有众多读者，原因很简单：在侠义情怀越来越淡薄的今天，金庸的小说满足了人们对“成人的童话”这一强烈的精神需求。

当年，金庸在《〈神雕侠侣〉后记》中这么写道：“郭靖说：‘为国为民，侠之大者’，这句话在今日仍有重大的积极意义。”在武术功能越来越趋向于强身健体的今天，作为武侠小说大家的金庸的本意，绝非呼唤“武”这般技艺，而是“侠”这种精神——那种千百年来贯穿于我们民族血脉中的急公好义、古道热肠。

电影《十月围城》曾打动了无数人，显示出卓然风骨。这部电影由陈可辛监制，导演陈德森十年磨一剑拍摄，用虚拟纪实的手法讲述了当年孙中山决定借探望母亲之名，冒险赴港，与十三省革命代表见面会谈，共谋起义大事。清政府在得知其欲赴港后，也决定利用这一时机进行刺杀，派出以阎孝国为首的众多刺客，买通当地的警察，织起了一张“刺孙”的天罗地网。而当地的革命党人则必须在两小时内完成保护孙中山的任务。一场惊心动魄的“全城追杀与反追杀”故事就此拉开序幕。来自四面八方的革命义士，有商人、乞丐、车夫、小贩、赌徒、报社社长、热血学生、戏班主等，这些身份不同、心态各异的普通人，为了保护孙中山而会集到了一起。

这些明知危险重重，却依然挺身而出的义士，在香港中环与数百名刺客展开浴血搏杀，接连粉碎了清廷一次又一次的暗杀行动，谱写了一曲感人肺腑的忠魂悲歌。当孙中山最后安全离港时，身后的街道上已染满保镖和杀手们的鲜血。电影主角都是小人物，生前平凡，死后也寂寂无名。他们挺身保护孙中山的动机也并非全然高尚而伟大，也有过犹豫、害怕、挣扎，但小人物最终成就了轰轰烈烈的大事业，小人物同样有大情怀，同样让人动容与感佩。这部电影虽是商业片，却全然不媚俗与喧闹，而是悲壮昂扬，歌颂了普通中国人的侠义情怀，代表了导演对大众的致敬。

三

失去了，才知道弥足珍贵。金庸曾说过：“现在最缺乏的就是侠义二字。中央电视台做‘感动中国’的专题节目，要我推荐‘感动中国’的年度人选，我选择的人物都是有侠义精神的人。……我所有的作品都是宣扬侠义精神的，本意基本与打打杀杀的‘武’无关。形成于春秋战国时期的侠义精神是我们民族的宝贵财富。”

当我们目睹曾经扎根民间的仁义善念变得淡薄时，面对侠义二字，又怎会不捶胸顿足、涕泗横流？

幸亏，我们还有千里背尸回乡的老农，我们还有在菲律宾劫持事件中临危不惧的导游，我们还有在长江急流中英勇救人的大学生……因为他们，后人在读今天的历史时，同样会发现阳光、希望与梦想，发现在支撑着一个民族坚强前行的诸多力量中，有来自草根的不老的侠义情怀。

从孔子到杨秀琼：跟游泳有关的人与事

游泳乃自古盛行的运动，“亲水”之心，古今一脉相承。

一

第一个学会游泳的人是谁已不可考。根据现有史料的考证，国内外较一致的看法是：较早学会游泳的是居住在江、河、湖、海一带的古人。他们为了生存，必然要在水中捕捉鱼类等作为食物，通过观察和模仿鱼类、青蛙等动物在水中游动的动作，逐渐学会了游泳。

说起善泳之古人，人们首先想起的应当是“浪里白条”，这是《水浒传》中一个让人印象极其深刻的人物，其本名张顺远不如绰号知名。此人浑身有着像雪一样的白肉，他在水底可以潜伏七天七夜，穿梭水面快速无比，就像一根白条一闪而过，所以人称“浪里白条”，是梁山好汉中水性最好的，和李逵并称“黑白水陆双煞”。他第一次登场，就与李逵打了一架，让李逵喝了一肚子水。后来，他屡立奇功，都是凭着一身好水性，但这位水上豪杰最后却葬身水底。他跟随宋江攻打方腊时，兵马杀到杭州城下，张顺想孤身一人做内应，就潜水向水门游去，不料碰响水帘挂着的铜铃，惊动了南军。他们从城上把滚石和檑木一齐往下砸，张顺竟被砸死在湖底。

晋朝有个叫周处的，“入水中，经三日夜，杀蛟而还”，可以长时间在水中游泳，很厉害。

张顺、周处只是小说中的人物，古籍中还记载了诸多游泳高手，有一个吕梁丈夫，便让孔子惊叹不已。《庄子》载：“孔子观于吕梁，悬水三十仞，流沫四十里，鼋鼍鱼鳖之所不能游也。见一丈夫游之……数百步而出，被发行歌而游于塘下。”

古代游泳好手也叫“弄潮儿”。唐代诗人李益写了一首著名的五言诗：“嫁得瞿塘贾，朝朝误妾期。早知潮有信，嫁与弄潮儿。”一个富商的妻子，看着潮起潮落这么守信，后悔嫁错了人。宋代，钱塘江大潮“际天而来，大声如雷霆，震撼激射，吞天沃日”，弄潮儿却能大显身手：“吴儿善泅者数百，皆披发文身，手持十幅大彩旗，争先鼓勇，溯迎而上，出没于鲸波万仞之中，腾身百变，而旗尾略不沾湿。”“长忆观潮，满廓人争江上望……弄潮儿向涛头立，手把红旗旗不湿，别来几向梦中看，梦觉尚心寒。”这是北宋词人潘阆观潮后留下的深刻印象。

南宋人写的《武林旧事》《梦粱录》中，也记载了一些弄潮好手的名字和他们的表演情况：“市井弄水人有如僧儿、留住等凡百余人，皆手持十幅彩旗，踏浪争雄，直至海门迎潮。”这些人虽然当时只是些市井中人，但放在今天，估计也是游泳健将了。

古代跳水高手的绝技也令人惊叹。《因语录》记载唐代一个叫曹赞的人，有极高超的跳水技艺：“百尺桩上不解衣服投身而下，正坐水面，若在茵席。”此人穿着衣服从百尺桅杆跳入水中，能悠然坐于水面，就像坐在席子上一样，丝毫不起水花。这样的技巧，即使打一半的折扣，也是惊人的。

宋代有一种惊险的跳水活动，叫“水秋千”。《东京梦华录》记载过一个高手的表演：“（画船）上立秋千……一人上蹴秋千，将平架，筋斗掷身入水。”彩船上立着高高的秋千，一个人登上秋千，高高荡起，当身体与秋千的横架接近水平时，突然从秋千上腾空而起，翻越筋斗，跳入水中。如此技巧，相信今天的跳水健儿们看了也会惊叹不已。只可惜该高手没有留下姓名。

事实上，孔子也是游泳爱好者，他从少年时期学会游泳以后，一直坚持游泳到古稀之年。史载，孔子格外喜欢逆游，即逆水而上。他认为这样游不但可以锻炼身体，而且还可以锻炼人的意志，培养吃苦耐劳的精神。

孙中山、毛泽东、邓小平、陈毅等人都酷爱游泳。“到中流击水”，横渡长江已成为游泳一大盛事。鲜为人知的是，倡导第一届横渡长江竞赛的是张学良。时为 1934 年 9 月 9 日，横渡起点在武昌汉阳门码头，终点在汉口三北码头，全程 5000 米，共有 44 人参加。当时为保证比赛顺利进行，张学良下令长江停航，外国商船也不例外。这次比赛，武汉三镇居民纷纷前往观看，长江两岸人声鼎沸，真是一时之盛况。比赛结果是 20 岁的武汉警备旅士兵鞠华强一举夺得冠军，用时 32 分 30 秒，他也因此成了武汉的第一个横渡长江的冠军，被当时报刊称为“横渡壮举”。张学良把一枚刻有“力挽狂澜”的银盾奖牌颁发给他，以资鼓励。

民国期间，有个著名的“美人鱼”杨秀琼，她是广东东莞人，后迁居香港地区，接受正规的游泳训练。让她声名大震的是 1933 年

10月的第五届全国运动会。这次运动会第一次把女子五项游泳列为正式比赛项目，因此轰动一时。一些坐在看台上的遗老遗少，见到女子运动员穿着泳装出场，慌忙离座退场，喃喃自语："罪孽！罪孽！女子洗澡，还招人来看，真是人间不知有羞耻事。"

在这次比赛中，杨秀琼先在50米自由泳中以38秒2的成绩力压群芳，接着又在100米仰泳、100米自由泳、200米俯泳中勇夺冠军。在女子200米接力赛中，她与刘桂珍、杨秀珍、陈焕琼、梁泳娴合作，取得第五块金牌。一个芳龄15岁的少女囊括全运会女子游泳全部金牌，确是空前之举。从此，"美人鱼"的雅号不胫而走。当时最著名的新闻，就是时任国民党政府行政院秘书长褚民谊亲自为杨秀琼驾驶马车。

从留存至今的照片来看，杨秀琼面貌清秀，充满青春活力。当时南京记者这样形容她："风度雍容华贵，双眸明亮，性格爽朗。穿玉色衣服，赤足趿高跟拖鞋，身躯健壮，远望如希腊女战士，言谈和蔼，含南国风味，十分可亲。"

遗憾的是，如此一位泳坛之花，命运多舛。1937年，杨秀琼与"北国第一骑师"陶伯龄结婚。抗日战争爆发后，杨秀琼和丈夫受邀到重庆参加全国游泳比赛，遭到川军司令范绍增的觊觎。范绍增，人称范跛子，他强迫陶伯龄与杨秀琼"离婚"，这位"美人鱼"被迫当了范绍增的第18房姨太太，那年她才19岁。后来，历尽沧桑的杨秀琼迁居加拿大，于1982年病逝。

二

生命起源于水，人类对水的热爱，根深蒂固。

早在《诗经》时代，中国人就可以优哉游哉在水里游泳了：“就其深矣，方之舟之。就其浅矣，泳之游之。”水深就坐船，水浅就游泳，很是惬意。

到了汉代，游泳活动普及民间。汉朝皇帝甚至在长安建造了一座颇具规模的“太液池”，这或许就是中国最早的游泳池。自此时起，人们游泳的技巧和技术也有了较大的提高。《淮南子》一书中就有游泳姿态方面的记载：“游者以足蹶，以手抻。”而长江中下游及南方某些地区，民间已经开始举办游泳比赛了。每至暑热季节，常有“喜泅之徒”前往参与“弄潮之戏”。

虽然民国年间女子游泳被遗老遗少指责，但其实妇女游泳的历史在中国相当悠久，《诗经》中所写的汉水中的“游女”就是一例。北魏时期的敦煌壁画中，有一幅画描绘的就是四个女子在水中嬉戏的情景，可见女子游泳在当时已经并不鲜见。在宋代，已经有了“女子跳水”的“水秋千”节目。对此，诗中写道：“秋千船立双绣旗，红衫女儿水面飞。”

游泳的健身功能较之散步、慢跑、打球等，更具事半功倍的效果。研究表明，游泳对人的心血管系统有着尤其明显的保健养护功效。体育界的许多专家也都认为，游泳在所有耐力运动项目中可算是比较好的一种。

跟杜月笙学做人？不要搞笑了

微信朋友圈里一度颇为流行所谓“杜月笙看人”“杜月笙语录”，真真假假，似是而非，甚至还有《跟杜月笙学做人》一类的鸡汤文章，这绝对是一碗“毒鸡汤”。

众所周知，千万不要跟流氓合作；同理，千万不要把流氓当作人生导师——杜月笙是个不折不扣的流氓，即使他一身长衫，满嘴义气。

一

跟一般江湖儿女不一样，在流氓心中，没有是非，只讲利益。

杜月笙是流氓，而且是个超级大流氓，这是谁都不能否认的。不管有人怎么说杜月笙够朋友、“会做人”、仗义疏财、与孟小冬的“爱情”，也无法回避一个事实：杜月笙是个流氓。

当然，也有人说，流氓又怎么了？刘邦当年不也是流氓吗？

但杜月笙真不是一个寻常意义上的流氓，他是一个靠贩卖毒品搭建起其庞大的商业帝国，并始终没有放弃这一罪恶勾当的流氓。

杜月笙出身贫寒，很小的时候就父母双亡。14 岁时，他到上海水果行当学徒，练就了单手削梨且梨皮不断之绝技，但他肯定不仅仅想当一个上海滩的削梨高手。他往恶少年发展，小偷小摸，嗜赌成性，日夕与流氓、歹徒为伍。因盗窃被开除后，他又去另一家水果店，这样下去当然没前途。他后来拜青帮一个流氓小头目为“老头子”，得到了去流氓巨头黄金荣府上当差的机会。他机灵诡诈，善于察言观色，迅速得到黄金荣老婆的赏识，由此成为黄金荣的亲信，由佣差上升为鸦片提运，并负责经营法租界三大赌场之一——公兴俱乐部。

毒品与赌博成为杜月笙的事业支柱，尤其是贩卖鸦片与毒品生产，让他迅速积累了惊人的财富。他在老家建的杜氏家祠，占地十亩，落成时盛况空前，仪仗队和客人有几万人，连蒋介石都送了匾额，上书“孝思不匮”。但极具讽刺意义的是，这个祠堂后来成了杜月笙的地下吗啡和海洛因加工厂。

杜月笙不仅有钱，更有势，堪称上海地下皇帝。毒品生意有那么好做吗？英国学者乔纳森·芬比所著《蒋介石传》一书，详细描写了当年杜月笙是如何经营毒品生意的：

到 1927 年，正如上海警察史学家弗里克·威克曼所注意到的那样，没有青帮的允许，几乎没有什么非法的东西可以经营。而那些藐视它的人很可能发现他们会遭到枪击、绑架或者被人用水果刀挑断脚筋。每逢中国的春节，杜（月笙）会邀请重要的毒品商人参加聚会，并且告诉他们付多少保护费。而那些未能付钱的人会发现有一副棺材被送到了他家以示警告，有时候还会有抬棺材的人。在一次迷雾重重的事件中，杜不喜欢的三个法国官员，在吃完他为他们而设的以来自宁波的蘑菇为特色的晚宴后不治身亡。这个歹徒的黑手到处都能看到，蘑菇宴事件之后不久，一艘载有有关租界地毒品交易报告的驰往巴黎的船只在印度洋失火沉没。报告丢失了，而且死者中有一名著名记者阿尔伯特·伦德莱斯，他曾宣称将把一条“爆炸性”的新闻带回家。自然而然，沉没事件应归因于杜。显然他是那个任何意欲控制上海者都必须与之打交道的人。

只要敢挡杜某生财之路，遇鬼杀鬼，见佛灭佛——这是杜月笙冷酷的逻辑。

是的，杜月笙发家后，一改传统流氓身着短打、手戴戒指、卷袖开怀的打扮，四季总是身着长衫，打扮斯文，衣领扣子扣得严严实实。这个细节，让今天一些吹捧杜月笙的人惊喜不已。

但如果改变穿衣打扮风格就能改变一个人的本质，那么，这个世界早已如天堂般美好了。

“心有猛虎，细嗅蔷薇。”一个人若因为这一场景而陶醉于猛虎“那一低头的温柔”，却忘记了这是一头猛虎，悲惨结果可想而知。

事实是，杜月笙一袭斯文长衫，又如何能掩盖无数沉沦于毒品之中的冤魂的哀号?

二

当年，上海滩三大流氓巨头，有“黄金荣贪财，张啸林善打，杜月笙会做人”之说。

不少人认为，杜月笙最终取代黄金荣成为上海滩第一流氓，是因为他会做人。

此言错矣！杜月笙能从小弟做到老大，是因为蒋介石。乔纳森·芬比在《蒋介石传》中写道：三巨头中，“成为蒋（介石）最重要盟友的却是第三个人物，贫穷的米店老板的孤儿杜月笙……人称‘杜大耳朵’”。嘴大、瘦削、有着一双大耳朵的杜月笙，因为1927年4月12日协助蒋介石在上海屠杀中共党员，一跃成为蒋介石的忠实盟友。《剑桥中华民国史》在提及四一二反革命政变时，认为作为帮凶的上海“青帮歹徒”是“黑手党”。

这一事件中，杜月笙是绝对的帮凶，他与蒋介石的军队周密地制订了解除强大的上海工人纠察队武装的计划：先是在4月11日深夜诱杀了中共高级领导、上海总工会委员长汪寿华，使上海数十万工人武装陷入群龙无首的困境；旋即，由青帮流氓与国民党军人组成的武装，向工人纠察队发动进攻。这几乎是一场屠杀。

史载，黄金荣正是通过这一事件看到了杜月笙的心狠手辣，从此退居幕后、甘当老二，让杜月笙成了上海青帮第一人。要知道，汪寿华明面上可是杜月笙的“好友”。4月11日晚上，他接到邀请赴杜府参加“死亡夜宴”时，正是出于对杜月笙的信任，拒绝了同志让他携带保卫人员的建议，单刀赴会。进入杜宅后，汪寿华立即被杜月笙指使手下流氓芮庆荣、高鑫宝、马祥生和叶焯山等人打昏，然后装入麻袋，残忍活埋于沪西枫林桥，牺牲时年仅26岁。

杜月笙由此得到了他想得到的巨大利益：他被蒋介石授予少将军阶，蒋介石更在所谓的“更具体的让步”中，把上海地区的鸦片经营权交给杜月笙的一家公司，并安排军警协助保护青帮的鸦片运输与仓储。最具讽刺意义的是，蒋介石还让杜月笙这个鸦片贩子当上了上海市禁烟局的局长。

美国著名传记作家汉娜·帕库拉在《宋美龄传》一书中写道：

有位美国外交官很好奇，为什么每次蒋介石到上海都要见杜月笙？有个中国官员解释给他听："蒋委员长到了上海，第一件事就是向杜月笙投名帖……两人之间的关系只是一种安排：杜月笙负责率领他的党羽管束共产党及其他不良分子不轻举妄动，换取他在烟毒、赌博和卖淫业的行动自由。"为了满足杜月笙追求社会地位的欲望，蒋介石指派他为"上海剿共特派员"。不仅如此，他的鸦片专卖生意若是失败，杜月笙还会要求退钱给他——他可是付了政府六百万元开办费——宋子文提议以政府公债偿付。不幸的是，宋、杜皆心知肚明，政府公债一文不值。一九三一年七月二十三日，倪太夫人逝世当天有人企图杀害宋子文，也就不足为奇。我们可以认定，经过这一幕，要给付杜月笙的退款很快就以现金支付。

《蒋介石传》一书中，也提到了这么一个细节，因为某次误信宋美龄姐姐宋霭龄提供的内幕信息，杜月笙投资失败，他找宋霭龄的丈夫、民国财政部部长孔祥熙索要赔偿，孔祥熙拒绝了。书上写道："'那天晚上，'一位英国顾问弗里德里克·莱希－罗斯回忆道，'一个头等尺寸的棺材被六个参加葬礼者放在孔博士的家门口。'第二天，中央银行即开会同意补偿一位遭受兑换损失的'爱国公民'。"

为了钱，杜月笙可以杀死租界的法国官员、外国记者，还可以以死亡威胁蒋介石的小舅子与连襟。他的这个特权，又哪是曾经的“老头子”黄金荣能够相比的？

三

应该说，杜月笙是在一个特殊年代、特殊背景下崛起的特殊人物：当时蒋介石政府因治理能力低下而不得不倚重黑帮管理。

在珍珠港事变之前，上海是一个被各方势力割裂的城市，分为华界、英美主导的公共租界和法租界。这三处地方各有自己的行政、司法、治安系统，国民党政府的势力只在华界有效，而公共租界与法租界长期处于谁也不搭理谁的状态。这种割裂状态为青帮集团的兴起提供了广阔的空间，流氓像游鱼一般穿梭于三个板块之间，形成一个庞大的地下社会，黄金荣和杜月笙这类流氓头子的话比官方更管用。而无论是租界还是华界，也乐于利用大流氓去管理小流氓，尤其是给黑帮提供了生存空间的租界，那些人数偏少又没民意基础的殖民者，社会管理能力极其有限，所以从未想过要清除黑帮，甚至还让一些声名显赫的黑帮头子进入巡捕房，以达到“以华治华”“以暴治暴”的目的，因此构成了一种奇特的社会状态：黑帮帮助租界维护公共秩序，而租界则给黑帮从事非法勾当的权力。杜月笙的毒品生意，就是在法租界做大做强的。

正是因为当时政府能力低下，黑帮才得以在民间形成广泛而有效的控制力。这种基于暴力与不道德的控制力，又被当时政府看中，双方形成合作，各取所需，坐地分赃。

那是一个实用至上的年代，哪管什么道德与正义。

租界需要黑帮管理，而蒋介石需要黑帮给他提供金钱（可见蒋介石搞经济确实差劲）。《宋美龄传》一书中写道：“委员长的‘剿共’作战一向耗费不赀，他依靠两个来源取得经费：一是财政部长，一是从毒品生意挤钱。蒋介石如何设法把鸦片市场的交易所得注入‘剿共’作战，同时又义正词严下令取缔吸毒，乃是一个政客说一套、做一套最鲜明的例证。”当年，蒋介石的一个亲戚对冯玉祥说，蒋介石的用人准则是“无论你怎样贪污，也无论你怎么坏，只要你拥护他个人就能成”。冯玉祥听后，愤愤不平，“蒋介石做的事，完全是他的一本贪污哲学，把国家和人民给害了”。

杜月笙拥护蒋介石，所以他拥有了为非作歹的特权。

冯玉祥怎能不愤怒？史载，抗战期间，冯玉祥有一次在贵州省桐梓县东冶镇遇到六辆装满烟土的卡车，每辆车上有两个宪兵押送。冯询问押车的宪兵排长，该排长告诉他，车上装的是从贵州省政府装车运交蒋介石的烟土。排长还告诉冯：“上海有人专办出售烟土的事。”上海专办此事者，当然是杜月笙。即使在大后方，杜月笙也没放弃鸦片生意。1938 年，杜月笙勾结戴笠，成立港济公司，偷运四川、贵州等地的烟土出去。他们一次获利 3500 多万元，瓜分的时候，大头由杜、戴两人平分，孔祥熙因准许放行，也得到 500 万元的酬谢。

不容否认的是，杜月笙确实在抗战时期做过贡献，面对日本人的诱惑，他也显现出中国人的气节，这也是今天一些人誉美杜氏之要点。

是的，我们不能因为杜月笙是一个鸦片贩子而否认了他曾助力抗战的事实，但是，我们更不能因为他为抗战做过贡献，而忘记他是一个罪恶的鸦片贩子（即使在抗战期间也仍然是鸦片贩子），忘记他曾大发国难财和接收财。

四

网上流传的所谓“杜月笙名言”“杜月笙语录”，有许多经不起推敲，显然是今人杜撰。比如，有一则叫“杜月笙看人”：1. 一群人中最安静的人，往往最有实力。2. 胆小的男孩一般能成大事。3. 打仗时前思后想才是帅才。4. 流泪的男人一定有爱心。5. 爱骂人的人，内心都很恐惧。6. 不吸烟、不饮酒的人，都很自私，一般不可托付终身。7. 重情之人，难有爱情之幸福。当你说出“爱”字，你就处于被动。

用句流行的话来说，“也是醉了”。杜月笙从一个流氓转眼化身为诗人、心理专家和爱情大师了。

根据史料可供考证的、确实出自杜月笙的话，一句是“做人有三碗面最难吃：人面、场面、情面”。还有“夜壶”一说，其实真实版本并非流传甚广的这一段：“我就是蒋介石的一个夜壶，想用就用，不想用就塞到床下去了。”实际上，他的原话是这样的：“你们不要看许多大佬们，都跟我称兄道弟，要好得很。……殊不知，他们是在拿我当夜壶，用过之后，就要火速地藏到床底下去。”杜氏在蒋面前失宠，是在抗日战争结束之后，上海租界已被收回，黑帮的作用开始减弱，杜月笙已不复以前的价值。后来，“太子”蒋经国到上海打虎，以投机倒把罪逮捕了杜月笙的儿子杜维屏，判了六个月徒刑。杜月笙此时明白，他的特权已经失去了。

其实，还有一句杜月笙的真正名言，却被今人有意无意地淡忘了，那就是："花一文钱要能收到十文钱的效果。"这句话才是杜月笙的本色流露。

杜月笙很有钱，他花了不少钱来投资人脉，笼络各色人等，从黑帮人物到各路军阀，从政治要员到文人墨客。他还做了一些慈善事业，平时也没什么架子，甚至别人请他再展示一下当年在水果铺当店员时的削梨绝技，他也不介意露一手。因此，今天有些人赞叹不已：看看看，这么了不起的成功人士，还这么和气，这么放得下面子，这么会做人。

只要有钱，就是成功吗?

要知道，杜月笙的钱，是浸透着血的不义之财；杜月笙娴熟削梨之手，又沾染了多少人的鲜血?

五

有段时间流行伪书，不良书商假借一个子虚乌有的外国人，找写手拼凑一堆莫名其妙的文字，就能大卖。

如今，有人杜撰杜月笙的所谓"名言""语录"，破绽百出，却也能在网上引发追捧，被频频转发。不少人一饮而尽这有毒的假鸡汤，还频频点赞，或若有所悟，或深受启发，以为学到了人生真谛。

从瘪三到大亨，杜月笙确实是个很有能力的人，智商情商都高，但这样的人真的能够成为人生导师吗？所谓“跟杜月笙学做人”，是不是完全忽视了最关键的一点：“学做人”，究竟是为了什么？

这无疑是一种深切的悲哀，一个应该被唾骂的毒贩，却成了某些人的偶像，就如李宗吾先生当年用来反讽批判的《厚黑学》却成了某些人用来混社会的教科书。

其实，学做人，先贤有诸多名言，远的如孟子所言“我善养吾浩然之气”，近的如曾国藩提倡的“拙诚”。

今天，太多人渴望成功，这是一件好事；太多聪明人，这也是一件不坏的事。但如何理解“成功”与“聪明”，则是对一个社会道德的综合考验。

不可能要求每个人都有“浩然之气”，更不能要求每个人尤其是那些聪明人“拙诚”。

但是，跟不能认贼作父一样，也不能以邪为师。

江湖骗子的江湖

从“大师”到“骗子”，王林注定成为2013年的新闻人物。

出没于历史长河中的有名或无名的骗子，多如过江之鲫。在他们的诡笑之中，人们心头生出一个大大的疑问：为什么骗子这么多？

一

民国盛产江湖骗子，《让子弹飞》讲的就是民国初期土匪和骗子之间的故事。老汤就是大骗子，弄一张委任状，就大摇大摆坐着火车吃着火锅，唱着歌去上任了。

刘从云混得比老汤好太多了。刘从云，四川省威远县人，号白鹤，出身贫苦，幼年时读过几年书，后来学了术数，人又聪明，测字、算命、看相、卜卦，玩得很熟练。跟王林一样，他自称气功大师，能够对人发功，使人感觉到他的“红线”和“红珠”，慢慢地在四川很有些名气，被称为“刘神仙”。于是，他就开始到处收徒弟，三教九流都有。但他能够飞黄腾达，是因为靠蒙上了刘湘这个大军阀。

1925年，刘湘在重庆成为“刘神仙”的门徒，赐道号玉宪。刘湘自来就相信术数，想以此保证自己的权势地位，并不断加“福”增“运”，“大吉利市”。他为了求得一块祖宗风水宝地，保佑自己发迹，决定将母亲棺椁重新安葬。他先是请了个“半桶水”的风水师，很不满意，然后“刘神仙”就闪亮登场了。

高官结交“大师”，当然是想登上更高的官位。刘湘找到刘从云，梦想更加高远了，仅仅一个四川省主席已经无法满足他的胃口。他对“刘神仙”言听计从到何种程度？他以术数治军，由刘从云全盘策划，以卜卦等术数方式决定作战计划。每次军前议事，刘湘皆要求部属对“刘神仙”下跪以聆听神训。不少人颇不以为然，有些人还反应激烈。一个名叫严啸虎的团长，扬言要杀掉“妖人”。

民国时期，军阀混战，不少军阀都挺缺乏安全感的，所以，他们豢养了一些三教九流的术士，用以欺人，也用以欺己。民国初期的四川更是动荡不已，一群人钩心斗角，尔虞我诈。这么一种混乱局势，正好是“刘神仙”此类人浑水摸鱼、借机发达的好机会。“刘神仙”赚了很多钱，广置田宅，开设金号，甚至还给今人留下了几道不错的川菜。

当然，“刘神仙”忽悠可以，关键时刻还是不顶用的。1932年12月，红军入川。“刘神仙”居然在刘湘那里争取到了带兵打仗的机会，他宣布关云长已经任命他刘从云为“军事委员长”，并发出通电。当然，“刘委员长”大败而归。当时的《大公报》还报道了刘湘用算命先生指挥打仗的奇闻：川军失利、红军壮大的原因，“实由于不知军事而妄为计划、胡乱指挥刘神仙致误。刘原属巫教，籍四川威远县，常为人算命看相，刘湘极信奉之，以其为军师，并兼领三旅之众”。

刘湘死于1938年，时年48岁。刘从云倒是活到了74岁：1953年，在成都被逮捕；1955年12月，被判处死刑，缓期两年执行；1957年2月，在保外就医中病死。他无疑没能算准自己的命运。

二

可以说，自从有了人与人的交往，也就有了骗子。骗子能够行骗成功，最主要的是让被骗者相信骗子的假身份。

纪晓岚在《阅微草堂笔记》里面，记录了几桩他们那个年代的造假之事，其中有一个假装租客的骗子，让人印象深刻。

此人在西城租住了四五十间房子，每月租金是二十几两银子。这个人租住了半年多，一直按时交纳房租，所以房子的主人也没有过多询问他的事情。有一天，租户忽然关门走了，也不告诉房子的主人。房主得知后过去查看，只有前后和邻街的房子还在，中间的大部分已经变成一堆废墟。原来这栋房子前后都有门，租户在后门开了一家木材店，卖盖房子的木料，暗地里就地取材把他租住的房子里的屋梁、门窗都拆掉卖了。房主和租房人不住在一起，又因为比较信任，所以一直没有发现。四五十间房子，那个做此“买卖”的人在拆卸和运送的时候居然一点痕迹也没留下，真是高人一个。

当然，也有假装身份失败的骗子。晚明有一个骗子，自称是宋朝诗人林和靖的第十世孙，跑到一位陈姓太史家去行骗。这位太史请他读林和靖的传记，读至“终身不娶，无子”时，此人顿时语塞。陈太史大笑，口占一绝赠给了他，云：“和靖先生不娶妻，如何后代有孙儿。想君虽是闲花草，未必孤山梅树枝。”这个冒充名人后代的家伙自然是羞愧而去。

骗子爱扮演的角色各种各样，官员是重要类型，还有些胆大妄为者，扮演的级别更高，比如皇亲国戚。在中国历史上，扮演太子的骗子也有好几个，但史上扮演角色级别最高的骗子，选择了扮演皇帝——这不是影视剧，是真的。

光绪二十五年（1899），武昌城里一公馆住下了主仆二人，主人二十来岁年纪，身材修长，肤色白净；仆人四五十岁模样，光面无须，说话带有女人腔。主仆都说一口纯正的北京官话，平日里闭门不出，但在衣着打扮、饮食使用方面，出手都很阔绰。而且，仆人每天端茶奉食，都是跪着呈上；有事情通报，则称主人为“圣上”，自称“奴才”。那“圣上”还常把玩一方刻有“御用之宝”四字的印章。

当时正是戊戌变法失败之后，光绪皇帝被慈禧太后囚禁的第二年，大家都在猜是不是光绪皇帝从北京逃出来了。有好事者还把仆人请到浴室，一看，还真的是太监！于是大家更加相信，开始争相巴结“皇上”。

这出骗局最终露馅了。湖广总督张之洞密电北京，明确得知真皇帝还被关着呢。最后审问出来，假冒光绪皇帝者是一个戏子，名叫崇福，从小就常到宫中演戏，所以对宫里的事情很熟悉。由于长相和光绪皇帝肖似，同班的戏子都戏称他为“假皇上”。仆人则是一个看守仓库的太监，与崇福相识已久，因为监守自盗被发现，遂逃出宫。两人知道光绪皇帝被幽禁在瀛台，无法和外界通消息，经过商量，就让崇福假冒光绪皇帝，然后到各省行骗，所用的被子、玉碗、印章都是太监从宫里偷出来的。最后，两人被砍了头。

此案在民国笔记《世载堂杂忆》里有很详细的记载，当时主审此案的江夏县知县陈树屏表示，他一见假冒者就起了疑心，因为对方的神情举止都带有演戏的痕迹，故而只能是一个戏台上的“皇帝”。

三

无论是历史还是今天，从来不乏骗子或活跃或隐秘的身影。一个骗子被揭穿了，谁敢保证没有其他在暗中偷笑并且更加低调的“骗子大师”？

骗子为什么这么多？为什么他们行骗能够屡屡得手？由张艳国、任放、刘保昌合著的《骗子的历史》一书，主要从明清两朝骗子的社会角色构成、骗子的思维方式及行为方式、传统骗术及其文化透视等角度，揭示了骗子历史发展过程中的种种社会文化根源及影响，颇有些趣味。

例如，书中谈到中国骗术的文化生存土壤，指出了六个方面：其一，中国传统社会是非法治化的社会，从而给行骗者造成了可乘之机；同时，受传统文化熏陶的中国人也容易对骗术失去警惕之心。其二，中国传统政治生活倾轧的残酷性，也是上至君王、将相，下至吏卒、小民行骗的现实条件。其三，文化内部相反相成的运动规律，促成了骗子文化的时衰时盛。其四，在中国民间文化中，骗子往往被认为是与官僚、富人作对并取得了胜利的形象，因此对骗子文化体现出一定程度的包容性。其五，骗子往往利用了人性贪婪的弱点和人类“想当然”的惯性思维特征行骗。其六，中国传统社会中不少百姓生活贫困，也是骗子大量涌现的原因之一。

事实上，作为一种好谋略的传统文化，“计谋”与“欺骗”紧密相连。君不见，“三十六计”，个个都是“骗计”。

值得一提的是，旧时官员对“计谋”与“欺骗”的模糊界定，也是骗子层出不穷的重要原因。阿瑟·贾德森·布朗所著《辛亥革命》一书说：“中国的商界，比如说票号和贸易公司可能还会讲求信誉，遵守合同的约定，中国的官员是没有原则的，他们主要看钱办事。”

在中国传统政治生活中，骗术高明者往往是政治上的“宠儿”。《骗子的历史》一书写道：翻检史书，奴隶社会、封建社会的历代统治者，尤其是在“父死子继”“兄终弟及”式的皇权、君权争夺中，真可谓“机关用尽”，而在统治者的日常政治活动，亦即“牧民”过程中，平息争端、加重赋税、权力争夺等，无不是用尽诈谋。倒是有不少正直、诚实的官员，如海瑞、林则徐等，往往容易遭到排挤、打击。在诈骗成习的大染缸里，又岂能容得下白布的清高？

古代骗子得以生存的一大原因，是科技不发达。但在科技发达的今天，王林之流同样大行其道，只能说明从古至今的骗子都找到了人类心灵深处的空虚点。这个空虚点，是科技无法填补的。

《龙门客栈》：演不尽跌宕历史人生悲欢

当年徐克的《龙门飞甲》与张艺谋的《金陵十三钗》展开了激烈角逐，所谓“既生瑜，何生亮”，又谓“狭路相逢”，在《金陵十三钗》舆论大热的同时，《龙门飞甲》似乎低调许多，但这部电影依然有众多观众，不仅因为这是首部武侠3D电影，更因为“龙门客栈”已成为中国影迷心中难以忘怀的一个符号。

一

说起《龙门飞甲》，大家自然会想到1992年徐克那部堪称经典的《新龙门客栈》。事实上，《新龙门客栈》改编自1967年胡金铨的代表作《龙门客栈》，胡金铨当年是香港武侠电影巨匠，徐克以《新龙门客栈》向胡老前辈致敬。而《龙门飞甲》讲述的则是《新龙门客栈》在三年之后的故事：茫茫大漠之中，有一家名叫龙门客栈的著名黑店，三年前曾毁于大火，当年的老板娘早已神秘失踪，只剩下逃过火劫的伙计们重起炉灶，痴等老板娘回来。几乎被世人遗忘的边关客栈，再次风起云涌。

从《龙门客栈》到《新龙门客栈》，再到《龙门飞甲》，三部电影的人物设置虽有所区别，但均讲述同样的主题：代表正义的江湖义士与代表邪恶的太监鹰犬的生死较量。而故事的源头，从《龙门客栈》中可以找到：义士拼死护佑忠良之后，忠良即于谦。

于谦是明代名臣，语文课本中有他的诗作《石灰吟》："千锤万凿出深山，烈火焚烧若等闲。粉骨碎身浑不怕，要留清白在人间。"历史上，诗如其人的不多，于谦算一个。

于谦在"土木之变"后拥立郕王朱祁钰即位，稳定京师人心，而后以文臣之身亲自督战，击退瓦剌大军。他因此论功加封少保，总督军务，走上人生巅峰。但他的悲剧也在辉煌的人生巅峰时拉开了序幕。

"土木之变"是明朝立国以来的一次奇耻大辱，明正统十四年（1449）八月，被太监王振忽悠的明英宗朱祁镇率大军行至土木堡（今河北怀来东）时，被瓦剌军队追赶上来，两军会战，明军全军覆没，明英宗被瓦剌军俘虏。瓦剌人于是以送明英宗为名，大举入侵中原，攻占城池，直逼北京。

当时许多人嚷嚷着要迁都，兵部侍郎于谦这时挺身而出，极力反对迁都，要求坚守京师，并诏令各地武装力量勤王救驾。北京保卫战开始后，于谦受命全权负责守战之事，打了一个大胜仗，瓦剌军溃败而去。于谦在自己的政治生涯上也达到巅峰。

后来瓦剌与明朝议和，把朱祁镇送回来了，但此时朱祁镇的弟弟朱祁钰已经坐在皇位上，朱祁镇自然做不成皇帝了。朱祁钰对他哥哥挺狠，千方百计消除其在朝廷中的影响，不时还对朱祁镇施以肉体与精神的折磨。但历史总是充满戏剧性，朱祁镇身体很好，朱祁钰的身体却垮了。景泰八年（1457）正月，朱祁钰病重，朱祁镇复位，改元天顺。朱祁镇上位后，对先前折磨自己的弟弟自然不客气，废其为郕王，迁西内。没多久，朱祁钰就死了，年仅 29 岁。

当初拥立朱祁钰为帝的于谦倒霉了，被逮捕入狱。正月二十三日，于谦被押往崇文门外，就在这座他曾拼死保卫的城池前，得到了他最后的结局——以谋逆罪斩决。

这是《龙门客栈》诞生的背景。电影中说，太监曹少钦掌管锦衣卫和特务机关，权重一时，他杀害于谦，为斩草除根，又派东厂特务去杀害于谦流放在北疆的儿女。这些鹰犬的对手是于谦的心腹侠士萧少镃、客栈掌柜吴宁和前部将朱将军的儿女朱骥、朱辉等。于是，茫茫大漠中，追杀者与保护者，共同走进了一个地方——龙门客栈。

二

这个名叫曹少钦的太监在《龙门客栈》与《新龙门客栈》中都出现了。曹太监实有其人，此人真名为曹吉祥，曾隶属于王振门下，当年与石亨等密谋帮助明英宗复辟并率兵迎明英宗复皇位，因此成为权宦，其子侄都握有兵权，嗣子曹钦担任都督同知，不久又晋封昭武伯，侄子曹铉、曹铎当上了都督，从此，有明一代开了宦官子弟封爵位的先例。曹吉祥身边聚集了一批趋炎附势的奸佞之徒，其嚣张气焰直逼"老前辈"王振。

观众至今难忘的一个震撼情节是：曹少钦武功超群，周淮安、邱莫言与金镶玉合三人之力也难以抵抗。危急中，沙漠中突然钻出一个刀客来，这家伙平时擅长分解烤全羊，手法娴熟，转眼间就把曹少钦一只手、一条腿给削成了骷髅。

但历史上的曹吉祥并非在大漠中刀剑穿身而死。此人欺上瞒下，权倾一时，还不满足，甚至幻想有朝一日成为皇帝。天顺五年（1461）七月，曹吉祥觉察到皇帝已看出他的野心，决定铤而走险，先下手为强。他与曹钦商定，由曹钦领兵冲入皇宫，他在宫内领禁军接应，一举废了明英宗。但风声走漏，明英宗急忙令人逮捕曹吉祥，并下令关闭皇宫四门和京城的九个大门。在与守门禁军进行了一番搏杀之后，曹钦投井自杀，曹铎及其家人不分老幼，尽被屠杀。曹吉祥一家发动的兵变一夜之间即被镇压。

曹太监死得很惨，不亚于在大漠中被狂削一气。谋反三天后，曹吉祥被处以分裂肢体的酷刑，碎尸于市，其党羽汤序、冯益等都被诛。

奸佞被诛，忠良归来。朱祁镇冤杀于谦后，就开始后悔。他派人去抄于谦的家，发现于谦家里什么也没有，除了生活必需品，根本就没有多余的钱财。正屋关得严严实实，打开来看，只有皇上赐的蟒袍、剑器。于谦死后，由石亨的党羽陈汝言任兵部尚书。不到一年，他所干的坏事败露，贪赃累计巨万。皇帝铁青着脸说："于谦在景泰朝受重用，死时没有多余的钱财，陈汝言为什么会有这样多？"石亨低着头不能回答。不久，边境有警，皇帝满面愁容，因为没有于谦了。过了几年，石亨亦被捕入狱，死于狱中。

墙倒众人推，但也有猛力撑扶的。史载于谦死时，阴云密布，"天下冤之"，京城百姓无不为之落泪，就连皇宫内的孙太后也为之感叹。都督同知陈逵被于谦的忠义所感动，收殓了他的尸体，过了一年，送回于谦的家乡杭州安葬。于谦因此与同葬此地的岳飞、张煌言并称“西湖三杰”。

三

历史上，有冤杀忠臣的皇帝，有飞扬跋扈的太监，有亡命天涯的遗孤，有舍生忘死的义士，但是真的有龙门客栈吗？

于谦有一子一女，子名冕，女名璚英。《龙门客栈》《新龙门客栈》中，均有一对忠良之后，便是以此二人为原型的。但“龙门客栈”的名称如何得来？或许可以从《明史》中有关于冕的记载中一探究竟：“冕，字景瞻，荫授副千户，坐戍龙门。谦冤既雪，并复冕官。自陈不愿武职，改兵部员外郎。居官有干局，累迁至应天府尹。致仕卒。无子，以族子允忠为后，世袭杭州卫副千户，奉祠。”也就是说，于谦死后，于冕等被充军到龙门。在中国，叫“龙门”的地方数不胜数，于冕去的这个龙门在山西。

大漠追杀是后来电影的想象，现在已无法考证当年于冕是否曾住过一个名叫“龙门客栈”的地方，但“龙门客栈”已经成为中国电影史上的著名虚拟地标。

“龙门客栈”的魅力，在于胡金铨、徐克等在狭小空间内设置的悬念与震撼。胡金铨曾说过：“我一直觉得古代的客栈，尤其是荒野里的客店，实在是最富戏剧性的场所。很少有地方能这样将时间、空间集于一身，一切冲突都可能在这里爆发。”胡金铨对客栈的偏爱，不仅因客栈中有限的空间能供给他集中戏剧性的焦点，还因为客栈一向是三教九流汇集之处，太监、将官、奇人、隐士、间谍等都处于一室。熟谙掌故、喜好稗官野史的胡金铨借客栈施展所长，把客栈变成一个社会的缩影，让人际关系能整体辐射开来。

在《龙门客栈》中，胡金铨一口气设置了六股势力，分别是东厂、于谦子女和押送的差官、客栈的吴宁掌柜、戍边军官、游侠萧少镃、搭救于谦子女的朱氏兄妹，他们互相对抗、牵制，正派义士从误会到联手对抗东厂特务，整个故事精彩纷呈，毫不冷场。结尾曹少钦的出现出人意表，他与萧少镃等人的大决战惊心动魄。

跟前辈相比，徐克的《新龙门客栈》则完全是美国西部片的结构：龙门客栈犹如一个封闭的西部小镇，忽然闯入了一批又一批外来者，打破了这里的既定结构，引起了事端。

事实上，中外电影史上诸多佳作讲述的故事都是在狭小空间内展开，有飞机（《空中监狱》），有汽车（《生死时速》），有轮船（《泰坦尼克号》），有火车（《卡桑德拉大桥》）。当然，更多的是房间，希区柯克的《后窗》等都是此中佳作。

虽然《龙门飞甲》打着 3D 的招牌，但在一个小客栈里讲好大故事，无疑才是这部电影最吸引人之处。其实，人生亦是如此。芸芸众生，来来往往，都是在一个狭小的舞台上，各自上演一段故事。

少林寺
——中国人的集体童话

回溯少林寺的历史，不能不说今天的“少林功夫”是一个巨大的传奇。古老的武术传统，机缘巧合，与高涨的民族情绪、蓬勃的商业意识互相结合、发酵，形成了独特的少林文化，风靡至今。

一

今天，少林寺是河南最著名的景点。一到郑州，车站旁边尽是少林寺的旅游信息，中原大地也尽是少林武校的招生广告。据说，少林寺周边从事跟武术相关的行业人员达数十万人。

但仅仅在数十年前，少林寺还是深藏于大山中的一座门庭冷落的破败寺院。一切改变始于1982年一部名叫《少林寺》的电影。由导演张鑫炎执导的这部作品，堪称20世纪80年代对中国人影响最深的一部电影，不少主演均是武术出身。在没有特技的年代，这部电影中的诸多武戏让当时的中国人如醉如痴，也造就了一批电影明星。

少林寺始建于北魏孝文帝时期。根据《魏书》记载：“又有西域沙门名跋陀，有道业，深为高祖所敬信。诏于少室山阴立少林寺而居之，公给衣供。”

纵观少林寺历史，能够清晰看到，少林寺的兴衰跟中国中心的地理变迁紧密相关。1982 年版《少林寺》取材于少林寺的一段真实历史：十三棍僧救唐王。唐初，少林寺十三僧人因助秦王李世民讨伐王世充有功，受到唐朝封赏，而被特别认可设立常备僧兵，因而成就少林武术的发展。少林寺抓住了一次大发展的宝贵机遇。

隋唐时，洛阳是至关重要的“第二中心”，相当于今天中国之上海。距离洛阳甚近的少林寺自然近水楼台先得月。隋代大兴佛教，少林寺成为北方一大禅寺。唐初，秦王李世民消灭王世充割据势力时，曾得寺僧援助，少林寺攀上如此高枝，自然又是一番跨越式发展。不仅李世民青睐有加，唐高宗及武则天亦常驾临该寺，封赏优厚。不过到了唐会昌年间，武宗禁佛，佛寺大半被毁，迄唐末五代，佛寺渐衰颓。

到了北宋，政治中心移到开封，少林寺又迎来兴盛期。元皇庆元年（1312），世祖命福裕和尚住持少林寺，封赠为大司空开府仪同三司，统领嵩山所有寺院。一时中外僧众云集，演武礼佛，僧众常有两千人左右。

此后，少林寺起起落落，再难重现隋唐与北宋时期的辉煌了，原因很简单，即中国的政治中心已经北移。地处中原大地，太平盛世时还算香火旺盛；一遇战乱，兵火无情，盗匪横行，少林寺难逃劫数，结果往往是庙舍被毁，僧众散逃。

少林寺最大的劫难发生在 1928 年。当时军阀混战，石友三火烧少林寺，千载少林寺之精华，悉遭火龙浩劫。

当年豫西大地多灾多难，为防盗匪，少林寺和尚自建武装，寺中藏有枪弹。1923 年，少林寺当家和尚妙兴任登封县僧会司及少林寺保卫团团总。保境安民倒也罢了，这妙兴却违背佛寺清规，投靠军阀，成为吴佩孚军事集团下的一个团长。1927 年，妙兴在与冯玉祥部队作战时阵亡。1928 年，河南军阀樊钟秀乘冯玉祥的国民军后方空虚，夺占了巩县及偃师县，但不久被冯部将领石友三夺回。樊钟秀南撤，转攻登封县城，其司令部即设在少林寺内。石友三部向南追击，至辗辕关，少林寺僧助樊狙击，终不敌而溃。3 月 15 日，石友三追至少林寺，遂纵火焚法堂。

《新少林寺》的背景其实就是这段民国乱世时期。军阀少帅侯杰被视为兄弟的副官曹蛮出卖，妻子颜夕离去，女儿身亡，仇恨令他痛不欲生，遂投身空门。其间，他结识了久居少林寺厨房却对佛学领悟甚高的煮饭僧悟道，并与少林寺三位少僧净能、净海、净空化敌为友。侯杰大彻大悟后出家为僧，并带领僧人对付出卖自己的曹蛮及其手下索降图，誓死保护战火中的灾民及少林寺。

二

事实上，石友三火烧少林寺之后，少林寺从此破败不堪，很难有《新少林寺》的场景了。少林寺今日之辉煌要等到《少林寺》的横空出世了。这部电影公映后的第二年，国务院确定少林寺为全国重点佛教寺院。

《少林寺》这部电影更是带动了少林寺的旅游热与武术培训热，直至形成一个巨大的产业，延续至今。以“少林寺”僧团名义而巡演世界的“武僧”更是把“少林寺”“少林功夫”品牌带到了全球。

但是，对少林寺功夫的质疑也一直没有平息，其核心是：名山古刹真的能出武术大师吗？

功夫影视、武侠小说无不在传递这样一种文化：癫僧、狂道、隐侠、剑仙……功夫高人多隐居在名山古刹，他们夏练三伏，冬练三九,一旦出山，就震动江湖。但是，这只能是一种神话。在深山老林里“闭关”苦练是不容易出功夫大师的。

其一，自从进入热兵器时代之后，武术人士想要安身立命，或者说，谋一饭碗，必须到城市中来。城市机会多，无论是娱乐业还是安保业，都有武术人士发挥才能的空间。晚清、民国以来，一些武术大家无不是在北京、上海、天津、广州等大城市成名，例如杨露禅、董海川在北京扬名立万，霍元甲威震津门，后又击败外国力士而轰动上海，黄飞鸿在广州、佛山，李小龙则在香港地区。

纵观近代以来武术大师的故乡，有以下几个共同特点：一是地处交通要道，人员流动交往频繁；二是相对富庶，特产丰饶；三是“武术之乡”一般处于兵家必争之地，矛盾较为尖锐，人们有习武防身的习惯，民风相对剽悍。

其二，从某种意义上来说，中国武术是在千百年来冷兵器战争中身经百战的幸存者总结出的战场生存之道，并不产生在寺庙和深山之中。衡量一个人是否武术名家，不可能让他上场表演一套拳，然后评委打分评出来。武术名家是硬对硬切磋出来的。没有切磋交流，一味闭门造车，是不会有高手出现的。

困扰中国武术多年的问题是门户之见。当年老舍先生在《断魂枪》中就写过，曾经的镖师沙子龙宁肯将枪法带进棺材，也不愿意传授给别人。这种狭隘观念，在今天依然可见。

其三，发达的科技，在速度、力量、技术等诸多方面，都对武术的技击能力有极大的促进。用今天的科学方法训练出来的散打高手，无论是攻击能力，还是抗击打能力，均要超过当年通过简陋的石锁来训练力量的武术人士。这也证明，拥有先进训练条件的大城市，才能训练出真正的高手来。

三

其实，在1982年《少林寺》这部电影上映之前，就有不少武侠作家写过少林武术，梁羽生、金庸、古龙等人均在小说中将少林武术视作名门正派的代表。但电影的影响力确实巨大，何况那是一个精神生活相对匮乏的年代，观众猛然见到用成熟的香港商业电影语言演绎的、如此刚烈与勇猛的武术，怎能不心醉神迷？更何况，这部电影迎合了当时的民族情绪。

在刚刚走向改革开放的年代，中国人从长久的封闭中走出来，蓦然发现中国与世界的差距如此之大，巨大的失落感与进取心交织在一起。卓然独立的中国武术，无疑让当时的中国人重拾信心。

武侠小说被称为成年人的童话，是因为能力超群的武侠高手能够让对现实生活不满而又无可奈何的成人，看到梦想与希望。而少林寺堪称中国人的集体童话。

我们为何爱读金庸？乱世情义，最是动人

2018年10月30日，金庸先生病逝，享年94岁。这不由让人想起《鹿鼎记》第四十四回的回目："事到伤心每怕真。"在这一回，韦小宝听闻陈近南遇袭身亡。金庸此前已"被去世"了多次，但这次是真的。

一时间，怀旧潮涌动不息，每个人都有属于自己的"金庸记忆"。可以说，金庸达到了一个文人的极致：用自己的文字，构筑了一个自己的世界。但他的意义，不仅仅在于此。更重要的是，他告诉了自己的读者：

这世间，情义为何物。

一

金庸的武侠小说有个突出特点：背景均设定为"乱世"。

如果按时间顺序来排列：《越女剑》的故事发生在春秋末年吴越争霸时期。《天龙八部》选的是辽国、西夏与北宋三国交战的历史背景，北宋南边还有一个大理国。《射雕英雄传》的背景是靖康之耻

后，宋金对峙的动荡岁月。在小说结尾，有更大的浩劫来临：蒙古崛起，开始灭金侵宋。《神雕侠侣》，讲的则是蒙军与南宋的交战，聚焦点放在襄阳，襄阳之战是中国历史上宋元封建王朝更迭的关键一战，南宋守军苦苦撑了六年。《倚天屠龙记》的故事放在元朝末年农民大起义的时间段，明教和白莲教相联合，在元末农民战争中充当了重要角色。《碧血剑》则是明朝末年内忧外患的时代，明朝在李自成、张献忠的农民起义军与后金铁骑内外夹击下，摇摇欲坠。《鹿鼎记》说的则是清朝初年乱世如麻的情形：文字狱、“三藩之乱”、天地会反清复明。

《笑傲江湖》的历史背景并不明晰，但乱世的感觉同样扑面而来：名门正派与魔教残酷对决，江湖腥风血雨。除了与名门正派对抗，魔教中人也争权夺利，东方不败与任我行火并；而披着“名门正派”外衣的伪君子如岳不群，野心家如左冷禅，真小人如余沧海，为争夺武林霸权自相残杀……怎一个“乱”字了得！

《连城诀》亦是如此，虽然没有交代故事发生的明确的历史时代，但江湖中人围绕着《连城剑谱》及惊人宝藏，展开连环恶斗，毒招使尽，人性沉沦，是一个阴森可怖的故事；《侠客行》《白马啸西风》说的也是武林人士为了武林秘籍或武林“神器”，大打出手，把江湖搅得混乱不堪。

《书剑恩仇录》《飞狐外传》《雪山飞狐》，则发生在后人称之为“盛世”的乾隆时期，相对于《射雕英雄传》《神雕侠侣》等书中宏大的战争背景，这三本书所述故事之时代无疑要平和得多，但也脱不开一个“乱”字。《飞狐外传》《雪山飞狐》，都有一条主线，那就是朝廷对江湖的围剿，以名利诱骗江湖人士自相残杀，其中还隐藏了一条暗线，明末李自成麾下胡、苗、范、田四名侍卫后人的恩怨情仇。《书剑恩仇录》是金庸的处女作，基于“乾隆是海宁陈家之子”的传闻，紧紧围绕乾隆身世这条线索展开，还有男主人公陈家洛与霍青桐、香香公主姐妹俩的感情故事。

武林与江湖，从来就不是岁月静好之地。金庸武侠小说选择以乱世为背景来切入，无疑极大增强了小说的戏剧张力。乱世，意味着悬念、冲突、转折、不确定性，难以预测的未来，无法把握的命运，时时匮乏的安全感，以及严酷考验下暴露的真实人性。《连城诀》中那个著名的坏人花铁干，刚亮相时是一个有良好声誉与口碑的大侠，“一生行侠仗义，并没有做过什么奸恶之事”。然而，这么一个人物，却在雪谷之战中露出了大奸大恶的另一面：在三位兄弟惨死之后，他的精神崩溃了，受制于不堪一击的血刀老祖的心理战术，本来可以轻松杀死敌人，但他却再无斗志，跪地求饶，阿谀谄媚，为掩盖丑行，在灭口不成之后，肆意污辱侄女水笙的清名。通过此人，金庸把在正常秩序下被压抑和窝藏着的卑劣人性在特殊情况下的骤然爆发，写得入木三分。

乱世与悲剧是紧密相连的。金庸小说中两位著名的主人公郭靖与萧峰，其命运都被设定为在他国长大的少年：郭靖是一个汉人，却在蒙古草原长大，回到中原若干年后，蒙古铁骑大举南下，他不得不与少年时代的故旧对决；萧峰是契丹人，他的命运更是诡异，一群汉人武林高手，在伏击了萧峰的父母后，将这个契丹“孤儿”委托少林寺畔一对汉人夫妻养大，却又做好了萧峰长大后万一明白真相的杀招。萧峰果然找到了真相，他背负深仇大恨，但面对自己熟悉且热爱的汉人社会和朋友时，又是何等悲凉。

二

因为乱世，情义才更浓烈与真实。

金庸的主业是办报，一个优秀的新闻人，自然是社会的深刻洞察者。金庸武侠小说中写尽了人性的复杂与幽深、人情冷暖、世态炎凉，他对于人性的深刻揭示与剖析，其实也是在写一个真实的人类社会。在他笔下，有贪婪、阴谋、背叛、嫉妒、傲慢、偏见，还有对权力和金钱疯狂的追逐……这些置于乱世的背景下，更显得世事无常，比如结拜兄弟的背叛（杨康），比如青梅竹马的恋人的变心（岳灵珊），比如多年师徒的反目（谢逊与成昆），还有一直浑然不知地生活在假象中，被别人处心积虑地当成一颗棋子，犹如中国古代版的《楚门的世界》（狄云）。

他写了那么多顶天立地、“虽千万人吾往矣”的英雄，却最终以一个贪财好色、嬉皮笑脸的小流氓韦小宝来封笔，真是耐人寻味。结合金庸武侠小说创作的时代背景，可见他彼时的苍凉与悲观。后来在修改《鹿鼎记》时，金庸曾透露要给韦小宝安排一个较悲惨的收场：一是赌钱输光了家财，二是七个老婆一个接一个跟其他男人跑掉。原因是：“韦小宝坏事做尽，没理由有个好结局。”但他终究没有修改，也许在真实的人类社会中，韦小宝们远远多于郭靖、杨过、令狐冲。

但金庸之所以能成为金庸，是因为他在苍凉中有侠义，有温暖，有悲悯，因此也有希望。

金庸虽是武侠小说宗师，但他同样是写情与义的顶尖高手。他的小说中有那么多处大悲大恸，让人痛到极致：萧峰失手打死阿朱，陈家洛站在香香公主的坟前，郭靖在桃花岛上看到江南五怪的遗体，殷素素自尽前告诫儿子“越是好看的女人越会骗人”，还有一直在江湖寻找杨过、希望再见他一面的郭襄……漫漫长路，时光飞逝，这期间宋亡元兴，花开花落，不知经历了多少人事沧桑，郭襄已不再年轻，却一直未能找到杨过。过了四十岁，她突然大彻大悟，剃度出家，给亲传弟子取法号“风陵”，只为纪念她与杨过初次相逢之地风陵渡。

读金庸，有诸多让人读完久久不能忘怀的情节。

少林寺里，曾经的天下第一大帮帮主萧峰，已成中原武林公敌，就在“群雄”仗着人多势众准备置萧峰于死地的关键时刻，段誉上来，认了他为兄弟，并肩作战。人群中的虚竹见状，亦排众而出，尊萧峰为兄长。小说中写道：“萧峰微微一笑，心想：‘兄弟做事有点呆气，他和人结拜，竟将我也结拜在内。我死在顷刻，情势凶险无比，但这人不怕艰难，挺身而出，足见是个重义轻生的大丈夫、好汉子。萧峰和这种人相结为兄弟，却也不枉了。’”无论是《天龙八部》的小说还是电视剧，此刻萧峰、段誉、虚竹兄弟三人共饮烈酒，力战群雄，怎不令人热血沸腾、悠然神往？

这是面对死亡时，男人间的情义。

光明顶上，六大门派围剿明教，明教遭受重创，杨逍受了重伤。当武当派殷六侠殷梨亭剑指杨逍时，一个女孩子忽然挡在了杨逍的面前，喊道：“休伤我爹爹！”殷梨亭得知她是纪晓芙和杨逍的孩子后，问她的名字，她大声回答：“我叫杨不悔。妈妈说，这件事她永远也不后悔！”纪晓芙宁肯死在灭绝师太掌下，也不愿出卖情郎。但在她香消玉殒十几年后，杨逍才知道这份以生命为代价的爱情。无论是《倚天屠龙记》的小说还是电视剧，这个挺身站在父亲前面的杨不悔，说出自己名字来历的一刻，又怎不令人心醉神迷、热泪盈眶？

这是在时间的磨砺后，男女间的情义。

程灵素是金庸小说中最温暖的一个人物，书上写她身段瘦小如幼女，面有菜色，只有一双眼睛又大又亮，这个相貌稀松平常的女子，却是金庸所有作品中真正当得起“冰雪聪明”四个字的人。她暗恋胡斐，而胡斐无疑更钟情于美艳的袁紫衣，提议与她结为兄妹，这是一个女子最心碎的时刻。书上写她应允了，然而“言语行动之中，突然间微带狂态”。这个把爱深深藏在心里的女子，日渐憔悴，却始终不悔，最后为救胡斐牺牲自己，替他啜毒而死。

人性之一极，是何等丑恶，而另一极，又是何等伟大！乱世侠义，是乱世的温暖与希望。

三

复仇，是金庸武侠小说的常见母题。

有为父亲复仇的，比如郭靖；有为师父复仇的，比如韦小宝；有为丈夫复仇的，比如商老太；有为家族复仇的，比如夏雪宜；也有路见不平、为一个素昧平生之人复仇的，比如胡斐。胡斐在广东佛山镇撞见恶霸凤天南杀死无辜农民钟阿四全家，怒不可遏，立誓要杀凤天南，为这句承诺，一路千里追踪北上。胡斐是金庸笔下颇为成功的一个“侠”，他在《飞狐外传》后记中如此写道：

武侠小说中真正写侠士的其实并不很多，大多数主角的所作所为，主要是武而不是侠。孟子说："富贵不能淫，贫贱不能移，威武不能屈，此之谓大丈夫。"武侠人物对富贵贫贱并不放在心上，更加不屈于威武，这大丈夫的三条标准，他们都不难做到。在本书之中，我想给胡斐增加一些要求，要他"不为美色所动，不为哀恳所动，不为面子所动"。

古今中外，人们都爱看复仇题材的文学作品。在西方，《哈姆雷特》《呼啸山庄》《基督山伯爵》等都是复仇主题的经典。君子报仇，十年不晚。中国古代复仇题材更是繁多，从《史记》到唐代传奇，从血亲复仇、君国复仇到侠义复仇、荣誉复仇，林林总总，后人看得血脉偾张。

在金庸武侠小说中，复仇往往是一个人的宿命，郭靖、杨过、萧峰、张无忌、袁承志……一众男主角，基本是按复仇模式成长的。比如杨过，从小认为父亲死于郭靖、黄蓉之手，一心想取郭、黄二人性命，为此苦练武功。复仇是他的执念，他胡闹、癫狂、叛逆、特立独行，都是被这个执念绑架。但他最终放弃了复仇的执念。在襄阳城外飞石击毙蒙哥后，他与郭靖携手进城，接受欢呼。在杨过心里，这是回归正道：

二十余年之前，郭伯伯也这般携着我的手，送我上终南山重阳宫去投师学艺。他对我一片至诚，从没半分差异。可是我狂妄胡闹，叛师反教，闯下了多大的祸事！倘若我终于误入歧路，哪有今天和他携手入城的一日？

这就是金庸超越寻常复仇想写的“侠”：侠之大者，为国为民，而不是为了一己私利、私欲和私念，哪怕是刻骨铭心的私念。

侠被正统定义为“以武犯禁”，不受统治者的欢迎。但对老百姓而言，侠是正义代表，是对现实不满和抵抗的想象：当遇到不公平不正义之事，却无法通过正规手段解决的时候，就会渴望侠的出现，让不公不义可以在小说中得到解决。武侠题材作品不仅在中国，在全球都是“成人的童话”，比如西方有罗宾汉、佐罗，还有钢铁侠、蜘蛛侠。

但金庸笔下的侠，基于中国传统文化的价值理念，在面临个人利益与民族大义时，有更高的使命担当，比如郭靖与杨过。有时，要做出“大”与“小”、“公”与“私”、“武”与“侠”的选择，并不容易，甚至充满悲剧色彩，但这就是“侠”的宿命吧。雁门关前，萧峰胸口的狼头刺青与自己接受的汉人教育构成了尖锐的矛盾，面对大辽和哺育他长大的大宋，这种身份困惑让他痛苦不堪。最终，他毅然放弃对汉人的复仇，选择忠义，以箭自戕，胁迫耶律洪基退兵，不为功名利禄，只为宋辽两国之间的和平。

萧峰之死，是金庸小说中最为悲壮的一幕，也是将“侠”的蕴意阐释到极致的时刻。

四

金庸之前，金庸之后，武侠小说作者都大有人在，他们为何无法超越金庸？

因为金庸是中国传统文化滋养出来的大家，他甚至可以称为一代大儒。他的写作手法中西结合，博采众长，但作品所蕴含的真意却是纯粹的中国文化内核。犹如他笔下的大侠，霹雳手段，菩萨心肠，能爆发出金刚之怒，却始终不缺悲天悯人的情怀。漫威系列里致力通过消灭一半人类来获取生态平衡的“灭霸”一类人物，不可能成为金庸小说中的英雄。他真正欣赏的，是郭靖这样舍命捍卫民族利益的英雄，是狄云这样屡屡被羞辱、欺骗却始终葆有一颗赤子之心的英雄，是丘处机这样西行万里劝止杀戮的英雄。

众所周知，金庸本名查良镛，出身于浙江海宁名门望族，清朝康熙皇帝曾誉称查家：“唐宋以来巨族，江南有数人家。”他在一个传统的士绅家族中长大，表兄是文人徐志摩，同宗有著名诗人穆旦（查良铮），姑父是民国军事理论家蒋百里，表姐蒋英是钱学森的夫人，著名言情作家琼瑶还是他的表外甥女……他从小接受了严格而良好的传统文化教育，青年求学时代，国家遭日寇入侵，此后他颠沛流离。他的出身、他的根基、他的教育、他的经历、他的视野，决定了他的武侠小说气质。

他的武侠小说，太“中国”了。

当年武侠小说三大宗师，梁羽生过于古典，拖沓佶屈；古龙又过于现代，行文节奏快，换成任何一个国家，都能成书；唯独金庸，将古典与现代进行了完美结合，更重要的不是形式，而是内容，充满了中国文化正统的浩然正气，以儒为主，释、道辅之，人们能读到孟子至大至刚的大丈夫气概，也能读到庄子“相忘于江湖”的潇洒自由，还能读到佛家的仁厚宽恕。

20 世纪 70 年代末 80 年代初，改革开放后，中国人情感复杂地看到了一个炫目的世界；在失落与奋进双重情绪夹击下，在西方文学与内地的“伤痕文学”“寻根文学”纷至沓来时，国人惊喜地看到了金庸的武侠小说，看到了中国传统文化的另一种呈现方式。那之后的每一代中国人都有不同的阅读兴趣，但金庸从未过时，从小说，到影视剧，到游戏……金庸用他的武侠小说，为几代中国人勾勒出一个磅礴的、史诗般的民族想象。

应该说，金庸不仅是中国故事的杰出讲述者，他的武侠小说更是中国文化自信的优秀载体。

金庸生前曾就中华文明的过去、今天和未来进行过一次演讲。他说，中国文明历史悠久且连续不断，是世界唯一的。这是因为一方面我们有一股韧力，一股很顽强的抵抗力量；一方面我们又很开放，在文化上同它们融合在一起，经过一段时间，大家变成一个民族，我们的民族从此又壮大起来。他还说，今天我们中华民族之所以这样壮大，靠的就是改革和开放。当我们遇到困难的时候，内部要积极进行改革，努力克服困难，改革成功了，我们的民族就会中兴。同时我们还要对外开放，这点更为重要，因为我们中国人有自信心，我们自信自己的民族很强大，外来的武力或外来的文化我们就都不害怕。

他的结论是：我们不要一提起历史，就认为我们民族不行。

五

金庸已经告别江湖，他会被中国人慢慢遗忘吗？

不会的，因为他的文字还在，他构筑的中国人的精气神还在。对于中国人来说，这是亲切的、不可替代的，就像即使用惯了刀叉，我们的双手碰到筷子仍然熟稔；就像喝多了咖啡，但我们的胃还是习惯茶叶。在中国不断进步的过程中，中国人更能理解金庸武侠小说的另一个母题：少年成长。无论多么艰苦、经历多大劫难，成长是顽强的、无法阻挡的。越来越多的中国年轻一代读者会以更大的“代入感”来读金庸。

《倚天屠龙记》中有一段话令人难忘：“张三丰瞧着郭襄的遗书，眼前似乎又看到了那个明慧潇洒的少女，可是，那是一百年前的事了。”

许多年后，还会有读者掩上金庸的小说，想起这位在 2018 年离世的作家，由衷致意：“谢谢金大侠！”

有一种爱情，叫江湖儿女的爱情

贾樟柯导演的作品《江湖儿女》，讲的是一个关于小城青年爱情以及情义、背叛和救赎的故事。故事从 2001 年讲到 2018 年，十八年间，黑帮老大斌哥从呼风唤雨的街头霸王，变成了瘫痪在床的油腻中年男人；而斌哥的女朋友巧巧却在命运的推动下，从自称“不是江湖上的人”、只想早点与深爱的男人结婚的小城姑娘，变成了江湖中的巧姐……在今天，江湖人士又被戏称为“社会人”。这一对混在社会之中的情侣的人生与灵魂长路，令人唏嘘不已。

“情义”是江湖儿女的标签，他们的爱恨情仇从古至今留下无数传奇——即使有“江湖”的身份限定，他们的传奇依然带着浓重的悲剧色彩。

但传奇就是传奇，人们需要传奇。

一

什么是“江湖”？

“江湖”一词，最早见于《庄子·大宗师》：“相濡以沫，不如相忘于江湖。”这是说两条陷于陆地干涸困境的鱼，只能互相吐沫苟延残喘，庄子于是感慨道：“与其如此，不如到江湖中擦肩而过，自由遨游，不再相见。”“相忘于江湖”，意蕴深远。并无具体地域指向的“江湖”，一个不受正统权力控制与法律约束的隐秘世界，也成为避世者的向往。宋代先贤范仲淹在《岳阳楼记》中写道：“居庙堂之高则忧其民，处江湖之远则忧其君。是进亦忧，退亦忧。”将“庙堂”与“江湖”做了对立：体制内与体制外、权力中心与权力鞭长莫及之地。

但江湖自有江湖的规矩，或者说，江湖自有相对于正统律法的潜规则。金庸小说中最悲凉的故事之一，是《笑傲江湖》里正派高手刘正风欲金盆洗手、退出江湖而不得，被同为名门正派的嵩山派灭门，最终他与人生知己、魔教长老曲洋合奏一曲《笑傲江湖》，双双自绝经脉而死。

江湖就是这么一个矛盾的地方：体制内的叛逃者、失意人、厌倦客能够潜入江湖，休养身心，甚至如鱼入大海，逃过大劫。比如西施与范蠡，大悲大喜之后，最好的归宿是江湖；但江湖中人沉浮其间，深知江湖险恶，有道是“常在江湖漂，哪能不挨刀”，江湖自有其逻辑与规则，会给每个江湖儿女刻上精神刺青，诚如武侠大家古龙的一句名言：“人在江湖，身不由己。”

“身不由己”，多么无奈又多么透彻的四个字。爱情，是人类追求的最美好的情感之一，心心相印、灵魂契合，但往往因为“江湖”二字，却生出无数痛彻心扉的“身不由己”。金庸小说《倚天屠龙记》中，武当派张翠山与天鹰教殷素素，“一对璧人”，在远离尘嚣的冰火岛，二人倾心相恋，生下儿子张无忌。十年后，一家三口重返中原，顿时陷入凶险江湖，恩恩怨怨，加上“正邪不两立”的陈规，夫妻二人被迫双双自尽。

江湖，在很多时候并非诗和远方。相反，江湖往往因为缺乏主流社会的法律约束，更崇尚“丛林法则”，以致沦为强横者的天下。而江湖中的新生力量频频向现任霸主发起挑战甚至取而代之的传统，更接近人类原始时代的古老风俗。就像英国著名人类学家弗雷泽的著作《金枝》写的那样：在古老的年代，一座神庙的祭司被称为“森林之王”，逃奴能够担任这个尊贵的职务。然而，其他任何一个逃奴只要能够折取“森林之王”日夜守护的一棵树上的一节树枝，就有资格与他决斗，如能杀死他，则可取而代之，这节树枝，就叫作“金枝”。

江湖之中并不刻意隐藏的蠢蠢欲动的野心，给江湖人带来了极大的不确定性。电影《江湖儿女》中，骑摩托车的少年围殴坐着皇冠车的斌哥，类似《金枝》里的挑战与取代，象征意味十足。这场血溅街头的斗殴开始前，斌哥与巧巧还沉浸在爱情中，巧巧任性说要去两百千米外的呼和浩特吃烧麦，斌哥指挥司机说掉头直奔呼和浩特。浓情蜜意间，不祥的摩托车轰鸣声响起，一场直接改变斌哥与巧巧的挑战骤然降临。这就是江湖，这就是江湖人的爱情。

当然，庙堂与江湖的分野，并非那么绝对。貌似高大上的庙堂之上依然有人使用下三滥的江湖手段，这在中国古代从不罕见。有句话说得好：“有人的地方，就是江湖。”

而有江湖的地方，就有爱情，不是循规蹈矩、凡夫俗子的爱情。

二

很多人向往江湖儿女式的爱情，希望逃脱传统约束，桀骜不驯，浪迹天涯，来一场奋不顾身的恋爱。

1990年，香港电影《天若有情》曾经打动无数人：刘德华扮演的黑帮青年与吴倩莲饰演的富家小姐，两个身份悬殊的年轻人，不顾一切地相爱了，哪管重重阻挠。电影的最后，他们砸了一家婚纱店的橱窗，换上了婚纱和礼服，刘德华口鼻淌血骑着摩托车狂奔，吴倩莲身披婚纱坐在后座，紧紧搂着他，婚纱飘扬于夜风中。这个镜头，定格了一个时代关于爱情主题的难忘记忆。

多少人不耐烦一成不变、平庸枯燥的生活？多少人厌倦了模式化的、别人设计好的人生？多少人向往着荡气回肠、酣畅淋漓的爱情？

隋朝末年，在雷暴将至、剧变酝酿的前夜，长安豪宅中，一个是富贵显赫然而垂垂老矣的权臣杨素，一个是落魄潦倒然而器宇不凡的青年李靖，老人毕竟老了，没有被青年一番慷慨激昂的话打动，但执拂站在老人旁边的侍女，却美目深注，留神打量这位青年。深夜，她敲响了他的门，告诉他："我欣赏你，我跟你走，一辈子。"他看着她，一个绝色美人，又惊又喜。还有什么比这个女子的勇敢示爱，更能激励一个落魄的男人？

这就是著名的"红拂夜奔"的故事。红拂女没有看错人，若干年后，她看中的男人李靖成长为唐朝开国的一代战神，获封卫国公，她也成了一品夫人。

如此爱情传奇，令后人无比神往。《红楼梦》中，林黛玉非常欣赏红拂女的慧眼识人与主动追求爱情的勇气，她写诗赞道："长揖雄谈态自殊，美人巨眼识穷途，尸居余气杨公幕，岂得羁縻女丈夫。"在她眼里，红拂女是"女丈夫"——在压抑的荣国府，红拂夜奔的故事，只存在江湖中。

明末清初的柳如是，也是一位传奇女子。1640年冬天，削籍回乡、门庭冷落的钱谦益意外迎来了一位客人——柳如是。

钱谦益是明末文坛领袖，名满天下，而柳如是为"秦淮八艳"之一的江南名妓，才貌双全。她在主动拜访钱谦益之前，曾对狂蜂浪蝶般上门骚扰的登徒子，放出话来："天下惟虞山钱学士始可言才，我非才如学士者不嫁。"钱谦益闻此言，颇为自得，但并未放在心上：他与柳如是毕竟整整相差了36岁。

如今，柳如是主动找上门来了，落魄的钱谦益感动不已。诗文相往，心心相印，"老夫聊发少年狂"，钱谦益进入了"老房子着火"的状态。一年后，他以正妻之礼，迎娶了柳如是。一时舆论哗然：两人年纪相差悬殊，而且钱谦益原配尚在。更重要的是，在那个年代，士大夫涉足秦楼楚馆、狎妓纳妾，算是风流韵事，但要以大礼婚娶妓女，则为礼法所不容。家人激烈反对，绅士哗然声讨，官吏斥为"大逆不道"，有人往他俩的婚船上砸石头、砖块，辱骂不休。

但钱谦益吩咐家人一律叫柳如是"夫人"，他坚持给了柳如是一个体面的婚礼。世俗算什么？礼法算什么？非议算什么？钱谦益虽然后来晚节不保，但此刻没有辜负柳如是的深情。

钱、柳婚后不久，明朝覆亡，清兵入关，天崩地裂，乱世如麻。他俩的爱情必须面临乱世的考验，因此给后世留下了历史难以承载的惆怅与哀伤。

中国古代历史的规律是：每逢中央政府控制力弱化、地方豪强割据称雄时，正是江湖兴盛时。乱世是江湖壮大的背景，也是江湖儿女快意恩仇、敢爱敢恨集中爆发的戏剧张力的来源，在体味这一段历史的后来人心中，无论血脉偾张，抑或黯然神伤，甚至号啕痛哭希冀挽回局面，都是难得的情感体验。

电影《新龙门客栈》中，有句台词多么经典："人说乱世莫诉儿女情，其实乱世儿女情更深！"

三

江湖儿女爱情的魅力，还在于不确定性当中对于身份门第的打破。

譬如梁红玉，因家道中落沦为官妓，在一次宴会上遇到韩世忠，梁红玉侍酒落落大方，英姿飒爽，毫无娼家气息，令韩世忠刮目相看。两人互通款曲，互生怜惜，英雄美人成眷属。梁红玉是文武双全的人物，在北宋悲惨覆亡、南宋仓促建立的乱世当中，她辅佐韩世忠，甚至独自带兵作战，立下赫赫战功，最终获封"安国夫人""护国夫人"，死后与韩世忠合葬于苏州灵岩山下，是历史上改变悲惨命运、实现人生逆袭的榜样。

明末李自成起义军中的著名女将、李岩的夫人红娘子，原本是江湖卖艺的苦命女子，处处被人欺凌。姚雪垠的历史小说《李自成》中，红娘子是这么出场的："（李自成的妻子高夫人）人马刚刚走出一个山口，听见山下边一片呐喊之声，同时看见二十几个人，男女老幼都有，挑着担子，手执武器，从一座寨门里奔逃出来。一位女的骑着一匹小马同三个执刀步行的男人断后。有一百多条汉子手执刀、剑、红缨枪和棍棒等各色武器在后边呐喊追赶，那个女的逃了一段路忽然停止，身上带有弓箭不用，却用弹弓连着打伤两个追在前边的汉子，然后又走。走了不远，又回头打伤了一个追近的人。尽管她弹无虚发，但毕竟寡不敌众，又被行李所累，眼看着她的二十几个人就要被包围起来。”

高夫人把这一行人救了出来，“看那个会使弹弓的妇女约摸有二十岁，模样儿生得不错”，就问她为何被人追打。“年轻妇女的眼睛红了，恨恨地说：‘什么也不为，只为我是个跑马卖解的，别人以为好欺负，不把我们当人看待。夫人，我们虽然是穷人，抛头露面混江湖，可是我们靠自己本事吃饭，卖艺不卖身，哪能受人们随便欺负！这村里有一个恶霸，听说是替永宁万安王府管庄子的，硬想欺负我。我们起初忍气吞声向他讲好话，谁知反而惹他动了怒，一声呼喝，上来一百多狐群狗党就打我们。我们当场打倒他们几个人，挑起行李往寨外逃……’她用袖头揩揩眼泪，又说：‘唉！夫人，你看，我们吃碗饭多不容易！’”

武侠小说与影视剧让人们产生了很多误解，以为江湖中人都是鲜衣怒马、富贵逼人，不事生产也有花不完的钱。其实，真实的江湖是一个被传统主流社会不断挤压的边缘与窘迫的存在，而江湖人士绝大多数是社会的底层，沉浮于草莽，生灭于民间。

在古代，行走江湖的多是这么几类人：侠、医、艺、妓、僧与道，都是社会边缘人。《水浒传》中，开黑店的孙二娘立了规矩，三种人不能杀：一类是犯人，一类是僧侣，还有一类是妓女。因为这三类都是江湖同道中人，自己人不为难自己人。

有人不解："侠"怎么可能也是社会底层呢？《射雕英雄传》中的黄药师，那可是有权、有钱、有势的大岛主。小说家言啊。或者说，在汉武帝团灭游侠之前，"侠"的日子还是过得很滋润的。游侠最盛时，是在战国末年。当时天下分裂，互相征战，游侠一时蜂起。秦朝统一后，游侠活动陷入低潮，但是到了汉朝初年，正是百废待兴之际，存在诸多权力真空地带，游侠又频繁活动，史载，大侠朱家曾养豪士数百，"天下亡命多归之"。这些游侠藐视官府权威，甚至对抗官府。除了游侠，还有豪侠，这都是些拥有私人武装、大量兼并土地的豪强。到了汉武帝时代，他怎能容忍？

《资治通鉴》提到，大臣主父偃向汉武帝提出"大一统"建议，其中重要一点，就是整治这股豪侠游侠的"歪风邪气"。他对武帝说："天下有名的豪强人物、兼并他人的富家大户、鼓励大众动乱的人，都可以迁移到茂陵邑居住，这样对内充实了京师，对外消除了奸邪势力，不用诛杀就消除了祸害。"汉武帝同意了，但马上有大将军给大侠郭解说情：这个人家中贫困，不合迁徙的标准。汉武帝一听怒了：郭解是平民，权势居然大到让将军都来替他说情！汉武帝不仅坚持迁走郭解全家，还找了个借口，把郭解给灭了族。侠的社会地位就此一落千丈。在中央政府控制力够强的大一统封建社会，确实很难有侠的生存空间。侠这个群体的勃兴，是在政治黑暗、社会败坏时期，侠将自己的游戏规则，运用于体制权力无法触及之处。

"仗义每多屠狗辈。"相传唐朝安史之乱后，文人李益恋上歌伎霍小玉，山盟海誓，但李益贪恋仕途，嫌弃霍小玉的身份，始乱终弃，霍小玉悲恨交加，卧床不起，整个长安城都为她鸣不平。这时，一位侠士黄衫客愤怒之下，将李益绑起来，送到霍小玉门口。霍小玉面对负心人，万般苦楚，却一言不发，泼一杯酒在地上，表示与李益“覆水难收”，旋即香消玉殒。后人认为，李益是人渣，黄衫客才配得上霍小玉，还有人写了这么一首诗：“一代名花付落茵，痴心枉自恋诗人。何如嫁与黄衫客，白马芳郊共踏春。”

元朝的时候，读书人的地位被贬得极低，所谓“一官二吏三僧四道五医六工七匠八娼九儒十丐”。大杂剧家关汉卿与杂剧女演员朱帘秀相恋，倒是“门当户对”。朱帘秀是当时天王巨星级的杂剧演员，关汉卿为恋人量身打造了诸多名剧。1958 年，田汉的《关汉卿》第一次在现代舞台上展现关汉卿与朱帘秀的爱情故事，将她塑造成胆识不凡、刚烈正直的侠女式杂剧女演员。剧中，关汉卿写《窦娥冤》，朱帘秀慷慨道：“你敢写，我就敢演！”尽显女中豪杰本色。遗憾的是，朱帘秀最终没有成为关汉卿的妻子，她嫁给了钱塘道士洪丹谷，终老杭州。

四

江湖儿女爱情动人之处，又怎么少得了敢爱敢恨的女主角？

无论是红拂女，还是柳如是，都是“女追男”的角色。但她们的魅力远不在于主动，而在于关键时刻的选择。

还是接着讲柳如是的故事：她是一介女流，却表现出比很多男性文人更多的气节和担当。清军南下，柳如是不愿意降清，劝钱谦益和她一起投水殉国，钱谦益犹豫了，下水池试了一下水，说“水太冷，不能下”，而柳如是却“奋身欲沉池水中”，被钱谦益拉住了。钱谦益后来还做了清朝的官员，去了北京，柳如是不愿意跟他一起去，就留在了南京，暗中资助、鼓励抗清义士。后来钱谦益被诬告入狱，她又不遗余力去搭救。

史学大家陈寅恪晚年的封笔之作，是80万字的《柳如是别传》。一个大学问家，为何最终选择为一个妓女作传？无疑，在明末清初的动荡岁月中，富有民族气节的柳如是深深打动了陈寅恪，历史大势不可逆转，但个人的节操、道德的坚守，却是时代洪流中一个人最为根本的底色。陈寅恪对柳如是评价极高，认为她具有“民族独立之精神”，为之“感泣不能自已”。

《江湖儿女》这部电影，堪称对坚持江湖情义的女性的赞歌。学者汪涌豪在《中国游侠史论》中写道：游侠的人格特征，纵然有任张声势擅作威福的骄蛮一面，但更多的是慕义感分临难不苟的忠勇、重气轻死不爱其躯的疏放、修行砥名有以树立的自励。他还说：游侠他们大多是胆汁质的、多血质的、外倾型的“太阳之人”，敏感，冲动，对环境高反应。其实，他们，也可以是“她们”。很多时候，女性的侠义之气超过了男性。

在这部电影街头群殴一节里，女主角巧巧眼看男主角斌哥寡不敌众，就要给活活打死，便下车举起斌哥的手枪，朝天开了两枪，震慑住了对方，救了恋人一命。接下来，她坚决没有吐露枪的主人是斌哥，结果因非法执枪罪被判刑五年。服刑期间，斌哥没有来看她；刑满出狱，斌哥没有来接她。她千里迢迢跑到四川奉节，斌哥却已经成了另一个女人的男朋友。

在异地他乡，她被人偷了钱包，山穷水尽，走投无路，他却避开不愿见她。无疑，他是个人渣。

这世上哪有救世主？一切只能靠自己。巧巧在奉节自救的故事，也是电影的高潮与笑点，充分显示了她玩转江湖的能力。这个当初虽然找了个江湖人士当男友却不想涉入江湖的姑娘，终于成为江湖一员。若干年后，她在老家等到了因脑出血而瘫痪的斌哥。她把他接到家里，悉心照料。当昔日猥琐的小弟老贾如今出言嘲讽斌哥时，她毫不犹豫地把一个茶壶砸在老贾头上。

这个男人负了她，她仍然维护他，因为已远去的爱，更因为她认为江湖人要坚持的“情义”。

真正的情义，不是威风八面时的跟从和取悦，而是全世界都抛弃了他的时候，唯有她，还能靠得住。

时间可以抹去热恋的炽烈，却能把情义锻造得更加坚固。这份情义，并不仅仅属于江湖独有，这是全人类的美好情感。

因为，对大多数人来说，江湖是浓缩的人生；或者，江湖只是凡人心头的一个想象。江湖是虚幻的，而人生是真实的，情义是必需品。

我有二十年，足以慰风尘

《荒野猎人》来了，莱昂纳多靠这部电影终于拿到了奥斯卡最佳男主角。那阵子，全世界的影迷都为他高兴——在一个众口难调、众声喧哗的年代，这挺不容易的，原因很简单：大伙儿陪莱昂纳多等了二十年。二十年，莱昂纳多一直很努力，拍不同的电影，从一个美少年变成了拥有肥肚腩的大叔。这就是等待的价值，过程比目的更令等待者与旁观者感慨。

一

没有什么比时间更令人感慨。

1997年，电影《泰坦尼克号》风靡世界，世人也记住了莱昂纳多。《泰坦尼克号》翌年成为奥斯卡奖大赢家，足足斩获11个奖项，但跟莱昂纳多啥关系都没有，他不愿当看客，索性没有出席颁奖典礼。2016年，莱昂纳多凭《荒野猎人》拿下了小金人。他上台领奖时，那掌声真叫经久不息。莱昂纳多在获奖感言中谈到了全球气候变暖，他说在拍摄《荒野猎人》时不得不去南极，这样才能找到冰雪。

《荒野猎人》与《泰坦尼克号》讲的均是寒冷与死亡的故事。《荒野猎人》的故事发生在1820年，《泰坦尼克号》是1912年，相差九十余年。这九十余年变化巨大。当皮草猎人在寒冷的北美与印第安人以及黑熊搏斗时，东方的中国还没有被迫打开国门；当泰坦尼克号沉入冰冷的大洋时，清朝已经灭亡。生生死死，改朝换代，沧海桑田。时间如洪流，永不停歇。

且不说那一代代人难以察觉而事实在缓慢而持续进行的气候变化，也不说那百年前埋下隐患日积月累终于在一瞬间山崩地裂的王朝更替，就说说莱昂纳多这二十年，他胖了，尖下巴变成了双下巴，眼角有了皱纹。

二十年，是观察变化的很好的时间段。古代人平均寿命短，第一个二十年，长大成人，结婚生子；第二个二十年，那是干事业的黄金时期，例如岳飞的生命，就终止在39岁；第三个二十年，开始沐浴人生余晖，享受天伦之乐了；如果还有第四个二十年，那简直是天赐的福气。

古人说，“君子报仇，十年不晚”。二十年，可以报两次血海深仇了，但古人更喜欢用十年来报仇，用二十年来重逢。杜甫在著名的《赠卫八处士》一诗中就这么写道：“焉知二十载，重上君子堂。昔别君未婚，儿女忽成行。”今人也喜欢二十年后的相会，张枚同作词、谷建芬作曲的《年轻的朋友来相会》就这么唱道：“再过二十年，我们重相会。”这首歌极其有名，传唱甚广，还被联合国教科文组织选入亚太地区音乐教材。

《年轻的朋友来相会》诞生于1980年，那时唱着这首歌的年轻男女在二十年后的 2000 年再相会，可以想象他们会是何等的感慨。

二十年，足够发生太多让人感慨的事情：一个孩子长大，英俊少年变成或帅气或猥琐的大叔；梦想成真，或雄心破灭；草莽崛起，或一代枭雄终归于尘土。

公元 1662 年，时在崇祯皇帝煤山自缢将近二十年之后，在昆明篦子坡，南明永历帝朱由榔被吴三桂手下杀死，年仅 40 岁。行刑时，朱由榔的儿子朱慈煊指着吴三桂痛骂，但朱由榔一言不发，从容受死，东躲西藏近二十年，走投无路，他知道一切已不可挽回。

对于吴三桂而言，引清军入关，并甘为前驱，从东北打到西南，如今勒死永历帝，开藩设府，坐镇云南，他的权力和声势已达到空前高度。但他不知道盛极而衰的道理，到了顶点，就要走下坡路了，而且是断崖式的坠落。他杀死永历帝二十年后，吴家留在云南的后人也被斩杀殆尽，他打下的基业如秋风扫落叶般被一卷而空。

吴三桂是个好演员，他剃发蓄辫，帮助清朝扑灭明朝最后的火种；如今反叛，又扯起了“复明”的旗号，起兵之前，率部下祭扫桂王陵墓，“恸哭，伏地不能起”；起兵后，发布檄文，指责清朝“窃我先朝神器，变我中国冠裳”，并声称要“共举大明之文物，悉还中夏之乾坤”。杀出云南后，他一度很牛，貌似成功在望，但最终溃败，子孙尽遭屠戮。

耐人寻味的是，吴三桂反清部队“所过州县俱令剪辫”，但是，有不少人拒绝剪辫而自杀或被杀；而短短二三十年前，诸多明朝百姓因拒绝剃发蓄辫而自杀或被杀。这就是时间。

二

人们为莱昂纳多获奖而欢呼，基于漫长的等待终有收获，不仅为“小李子”，也为自己。这种强烈的代入感，是人们能够忍受等待的一种自我安慰。

戏剧中，王宝钏寒窑苦等十八年，终于等来了功成名就的薛平贵。“夫妻相见，直从正午呜咽流泪到黄昏”，这是全剧的高潮，催泪效果不亚于杰克与露丝冰海沉船中的生离死别。人们一边抹泪，一边庆幸好人有好报，男主、女主终于能够从此幸福地生活在一起了。但编剧很残酷，王宝钏与薛平贵团聚后，只享受了十八天的荣华富贵，就去世了。人们又抹眼泪，这次不是欣慰的泪，而是绝望的泪了。据说有一位山西富商的母亲看过后，闷闷不乐，让编剧把结局改成王宝钏与薛平贵白头偕老，让苦苦等待十八年的苦人儿也能享享福。

人的一生，从呱呱落地后，就是在等待中度过的。等待第一口母乳，等待第一回走路，等待第一次恋爱，等待第一份收入，等待第一个孩子……等待退休，等待老去，等待死亡。周而复始，无穷无尽。但很多等待并没有结果，这是人们最害怕的，毕竟大多数人都不是莱昂纳多。对莱昂纳多而言，如果等了二十年，仍然没有等到小金人，只是不完美，因为有没有小金人并不妨碍他拥有名声、财富；对很多人而言，如果等了二十年，却没等到目标实现，那不是不“完美”，是“完蛋”了。

王宝钏是戏剧中的虚拟人物，历史中的朱常洛却是个真实的悲剧人物，为继承皇位苦等二十年，终于即位，但只做了三十天皇帝，就一命呜呼。

朱常洛的父亲是万历皇帝，明朝历史上在位时间特别长又特别不负责任的一个皇帝。朱常洛是长子，但父亲不疼。做父亲的一心想立宠妃郑贵妃的儿子福王为太子，但大臣不同意，他一怒之下不理朝政，明朝大臣脾气也是拗，硬顶着，这就是著名的“争国本”，有各种宫斗、各种对抗。直到朱常洛 20 岁时，万历皇帝不得不立他为太子。但福王长期赖在京城不走，太子地位很不稳固，连太监都欺负他，冬天太子读书，太监硬是不生火，把太子冻得直哆嗦，还不敢发脾气。一直到当太子的第十四年，郑贵妃手下太监指使凶手潜入太子宫殿时被擒，一时朝野舆论哗然，万历帝迫不得已，才当众表示对太子的爱意，并让福王离开京城就藩。又过了六年，万历皇帝驾崩，漫长的二十年后，朱常洛终于登基了。

苦苦等了二十年，朱常洛想做个好皇帝，登基后在民生、政治和军事方面连放三把火，文武百官纷纷点赞，都认为迎来了一个好皇帝。不料三十天后，皇帝就归西了，甚至连年号都还没来得及改。朱常洛之死，还留下了明朝一大悬案“红丸案”。而二十一年后，福王就藩之地洛阳被李自成大军攻下，大胖子福王没逃掉，死得很惨。

二十年，对莱昂纳多来说，是锦上添花式的等待；但对朱常洛而言，却是孤注一掷的等待，如果没等到，就完蛋了，连太监都会把他踩在脚下羞辱。不仅皇帝，很多人都是孤注一掷的等待。比如《儒林外史》中的范进，二十多年苦读，如果最终没有中举，他的人生确实就完蛋了，他那个粗鄙不文的屠夫岳父也会把他羞辱至死。这种孤注一掷的等待一旦等到了，没有坚强的神经和健壮的身体很难抵挡狂喜的冲击。范进中举后疯了，被岳父一个巴掌打醒，他还是幸运的，比朱常洛幸运。

等待很复杂，因为不只是等待的人在等待，还有一群跟你相关或不相关的人都在等待着你的等待。且不论后宫中的势利太监，就是古人小说中的屠夫老丈人，都在一个又一个时间节点准备好两副面具，冷静地等待女婿过来。

等待的喜剧或者悲剧，只有在多年的熟人身上，才会发挥出喜剧或者悲剧的最大影响力。

三

等待很辛苦，很多人不愿意等待。其实，每个选择都应得到理解。这不是一个简单的道德问题，泛泛几句话无法解答，所以可以深奥一点，将其归结为一个跟时间观相关的哲学问题。简而言之，就是我们对时间概念的科学认识或哲学认识。

中国古人有清晰的时间观。比如，生了儿子或者女儿，就酿一坛酒珍藏起来，或曰状元红，或曰女儿红，对时间寄托着朴素的期望。这是一种很美好的情感：时间一天天过去，孩子一天天长大，美酒一天天醇厚。一切都在累积，只等喜事来临，只等开坛那一刻。《孟子·尽心上》有一句话："所过者化，所存者神。"说的就是一切的过去都积存着，改变在慢慢发生，美好的、崇高的在慢慢留存。

曾入选语文课本的《触龙说赵太后》，其实也是一个关于时间观、时间概念的故事。赵太后刚掌政，秦国加紧进攻赵国。赵国向齐国求救，齐国要赵太后以幼子长安君作为人质才肯出兵。长安君可是太后的心头肉啊，她不肯，大臣轮流劝，这位母爱爆棚的太后都不听，并把狠话撂在那里了：“有复言令长安君为质者，老妇必唾其面。”意思是：“谁再劝我，老太太我就往谁脸上吐口水！”

但是，左师触龙游说成功了。他是一个聊天高手，先拉家常，然后给赵太后上了一堂如何科学理解时间概念的哲学课，劝老太太不要执着于当下，而是要有长远的历史眼光：您如此宠爱您的儿子，其实从长远看是害了他，您现在不希望他远离您，养尊处优，该为赵国立功的时候不让他立功，您百年之后，他凭什么在赵国立足啊？触龙说：“一旦山陵崩，长安君何以自托于赵？”赵太后毕竟是个政治家，很快就想通了：“诺，恣君之所使之。”于是长安君去齐国当了人质，齐国出兵，很快挽救了危局。

触龙的一番话，打动赵太后的核心是：你只能陪长安君走一段路，你不可能一直陪他走下去，你现在不让他为没有你的时候提前做些积累，你放心以后让他一个人走下去吗？

“每个人只能陪你走一段路。”这是印在《山河故人》海报上的一句台词。看完电影，再琢磨这句话，心有戚戚焉。这部电影选取了三个时间段，讲人的相聚与离别，人们在时间中身不由己往前走，走着走着，有的人就离散了，有的人就永别了，有的人就淡忘了。这是一部讲时间的电影，让人若有所思，让人泪眼蒙眬。若知道未来如此，此刻何必彼此伤害？

沉迷于当下不能自拔，还是用长远的历史眼光看到未来？这其实并不是一个很容易决定的选择。当局者迷，“只在此山中，云深不知处”。一个人，一群人，往往都有这种局限：纠缠于一时一地，而不会放到大尺度的历史空间来安放自己的眼光。黑格尔就痛心疾首地说过：“时代的艰苦使人对于日常生活中平凡的琐屑兴趣予以太大的重视，现实上很高的利益和为了这些利益而做的斗争，曾经大大地占据了精神上一切的能力和力量以及外在的手段，因而使得人们没有自由的心情去理会较高的内心生活和较纯洁的精神活动，以致许多较优秀的人才都为这种艰苦环境所束缚，并且部分地被牺牲在里面。”这话有些绕口，还是黄仁宇在《万历十五年》中说得更清楚：“生命的真意义，要在历史上获得，而历史的规律性，有时在短时间尚不能看清，而须要在长时间内大开眼界，才看得出来。”

且不论哲学家、史学家的时间观，寻常人的往事回眸，无论“曾经沧海难为水”，还是“只是当时已惘然”，都有构建于一个时间跨度的质朴力量，直击人心。“也许我偶尔还是会想他／偶尔难免会惦记着他／就当他是个老朋友啊／也让我心疼也让我牵挂／只是我心中不再有火花……”李宗盛创作、张艾嘉演唱的《爱的代价》堪称经典，其中的沧桑感，让人黯然神伤。《爱的代价》其实就是以爱的历史眼光来诠释人生的。

四

科幻小说大师阿西莫夫在代表作《基地》三部曲中，杜撰了一门学科，叫“心理史学”。以银河系中超过两千万颗星球上的居民为研究对象，用历史上大规模人群的活动所产生的一系列经济社会的政治效应，来预测人类社会的发展。在书中，“心理史学”成功地预测到了银河帝国的混乱与瓦解，并准确规划了未来一千年的复兴。“心理史学”贯穿《基地》三部曲，正是其最具魅力之处。

今天有没有类似的“心理史学”可以来预测地球的未来？这似乎是一个很大的难题。《基地》中，“心理史学”成于科技巅峰期，在人类社会陷入倒退甚至重回愚昧之后，隐藏在银河系边缘的基地仍然保存着人类文明的最高智慧，并以此开展千年复兴。今天科技让人类社会得以加速度发展，越来越多的“黑科技”出现或即将出现，让人震撼，并且憧憬未来更高层级的文明。跟“心理史学”的复兴不一样，今天相对落后的文明仍然在不断向上攀登，能够去预测明天更高级的文明吗？

只能说，这是一个时间感紊乱的时代。在不断涌现的科技革命面前，很多东西的价值被重构，包括时间的意义和对能力的定义。例如，拥有十几二十年功力的、代表人类最高水平的棋手，却被新推出的机器人屡屡打败。又如，医学界有“一万小时天才定律”，一个人要想成为医术高明的医生，起码得学习三千本医疗著作、上万篇论文和临床报告，需要投入十年的时间，但是，IBM 研发的学习工具“沃森”，学习这些知识，仅需 17 秒。

原本循序悠悠前行的时间，已彻底被打乱了。科学家雷·库兹韦尔在《奇点临近》一书中写道：整个 20 世纪一百年的进步幅度，在 21 世纪只要二十年就能达成。根据他的计算，人类在 21 世纪的科技进步，将是 20 世纪的一千倍。

是的，在 1980 年唱着《年轻的朋友来相会》的人们，无法想象 20 年后的一切。2000 年，中国铁路第三次大提速，慢悠悠的绿皮火车，在部分路段能够跑到时速 160 千米了，这是 1980 年难以想象的，但在时速 160 千米的绿皮车上，又怎么能预想到 300 千米时速的高铁时代呢？再往前追溯，即使是慢吞吞的火车，也是许多年前许多人眼中的极速猛兽。

叶圣陶在《旅路的伴侣》中就曾这么写道："坐过火车的人，才懂得航船行得慢的真意味。坐航船的惯家却这么说，'反正是个到，何必急急？坐了火车，一霎就赶到了，到了又干什么呢？'或者说，'一包花生米，三个铜子白酒，得这么一点儿醉意。横下来呼呼一觉，待船家喊醒时，就跨上埠头。这岂不爽快而有味？'"

是的，慢悠悠的时间正在离我们远去，以往用二十年来等待的，或许如今只需要五年了，甚至五年时间都不用了。这让人欢喜，却又有些浓得化不开的忧伤。就像电影《山河故人》那样，短短十年时间，儿子已经想不起母亲的名字，他一直挂着十年前母亲送给他的钥匙，却再也想不起那把锁在哪里。

在写这篇文章的时候，笔者不由又沉思于等待的形式、意义与价值。等待或许更短暂，等待或许更漫长。翻出之前坐高铁时诌的一首小诗，作为结尾：

高　铁

我总是固执地把高铁想象为剃刀
尤其是积雪未融的月夜
锋寒投过大地，纯白如白初生
短暂似初雪，亘古若荒月
都瞠目这把剃刀的迅捷
贴着钢铁的肌肤，排山倒海
剃掉乡愁、思念、等待和离别
加速度的中国，新的时间物种

如何理解父辈的绿皮车，悠长与缠绵
用时间认识时间，用记忆巩固记忆
窗外万物，汹涌而来，转瞬即逝
连梦都无法承载的幻觉
我突然想起，在高铁上为何难以入眠
是害怕梦在剃刀之下节节悲鸣
梦还在路上，旅途却已终结

我们这一代必须跨越的诚信鸿沟

“魏则西事件”至今仍令我们感慨、困惑并诟病资本的力量，但感慨、困惑、诟病之后呢？我们还能假装什么都没发生，收拾好自己的心情，不管不顾前行吗？

假若我们不管不顾，还能走多远？我们的面前俨然已塌陷出一道巨大的诚信鸿沟，难道要等着我们的下一代人，来跨越这道鸿沟吗？

一

众所周知，“莆田系”的故事要从游方郎中说起。南宋的时候，一代大儒朱熹就被一个游方郎中给坑了。

不可否认，游方郎中之中有掌握独家秘籍的高人，“一招鲜，吃遍天”，也有行侠仗义、重义轻利之高人，同仁堂的祖师爷乐良才，不就是游方郎中出身吗？不过，朱熹当年没有碰到这样的高人。

朱熹晚年定居福建南平的建阳，他有严重的风湿性关节炎，平时行走需要拄着拐杖才行。那时还没有遍地开花的各种专科医院，朱熹老夫子只能忍着疼痛，拄拐而行。某一天，来了个自称“程道人”的游方郎中，古籍中没有说此人是不是来自莆田，但此人的口气倒是跟今天莆田系医院一般大，他告诉朱熹：“我有奇术，能够治愈您这毛病。”朱熹大喜。程道人取出几枚银针，替朱熹针灸。几针下去，果然神奇，朱熹感觉疼痛大为减轻，继而全部消失，他居然不用拄着拐杖也能行走了。

如果南宋的时候有电视台，肯定能在类似《夕阳红》的节目中看到喜滋滋的朱老夫子，他扔掉拐杖，手抚长髯，红光满面，放声吟道：“十载扶行恃短筇，一针相值有奇功。出门放步人争看，不是前来勃窣翁。”意思是：我用了十年的拐杖，如今几针下去就治愈了。出门的时候大家都啧啧称奇。哎呀，这还是那个步履艰难的老夫子吗？

朱熹要给程道人银两，但他不接受，他表示要朱熹刚才吟的诗，他说：“先生大名，天下谁人不知？有此诗和先生手迹相伴，远胜银两多多矣！”朱熹没有细想，就给程道人留下一幅墨宝。这首诗名为《晦翁足疾得程道人针之而愈戏赠此诗》，诗末落款为“晦翁”。程道人拿起诗作，满意地走了。

但戏剧性的一幕出现了，没过几天，朱熹的足疾又犯了，而且比针灸前更严重。他这才明白上当了，于是嘱家人、学生去找那程道人，把墨宝要回来，但哪里还找得到？朱熹后悔死了，连连说自己失察，遭人算计：“此人必拿着我的诗做招牌，四处招摇，如何是好？如何是好？”

诚信是中国传统文化中的基本道德规范。孔子说过：“人而无信，不知其可也。……其何以行之哉？”意思是，一个人如果不讲信用，在社会上就无立足之地，就会寸步难行。要知道，朱熹当年的文坛名气之大、学术地位之高，可不是今天一般名人、专家能够相比的。何况朱熹还是一个远比今天这些名人、专家更重名节的人。他说过："诚者，实也。""诚者，真实无妄之谓，天理之本然也。"在他看来，诚信是修身齐家的规范标准，同时也是治国平天下的道德依据。如此之人，却被一个游方郎中给毁了清誉。

看来这个不要银两要墨宝的程道人，颇有些广告意识。就像今天那些把生命当成生意来做的人，一边数着脏钱，一边却不忘自我标榜，身边总要挂几幅锦旗，如"送子观音""再世华佗"一类。程道人有了朱熹手迹，更牛了，广告词是"朱夫子都说我好"。

二

游方郎中的特点是打一枪换一个地方，钱一到手，立马闪人。中国历来是个熟人社会，如果骗了熟人，唾沫都足以把骗子淹死，所以游方郎中历来不敢在老家行医。离开家乡，立刻脱离了原有的舆论场，多大的牛都敢吹，多狠的手都敢下，多脏的钱都敢赚。

但是，今天屡见不鲜的"杀熟"，又如何解释？

只能这么解释了："杀熟"者愿意比游方郎中一类付出更高的诚信成本，或者说，他根本就不在乎诚信成本。美国趋势经济学家杰里米·里夫金认为："经济，是一种有关信任的游戏。"但有些人的理解是："经济，是一种有关金钱的游戏。"只要能赚到钱，哪管身后洪水滔天——失去朋友，被人唾骂，没有信誉，又算得了什么？

不得不说，这种极其不正的“三观”，还颇为流行。造假如同肆意滋生的毒蕈，多少人把聪明才智耗费在这损人利己之中？

一切为了钱，但最终钱又有什么用？有个神话故事发人深思：古希腊神话中的一个国王贪恋财富，求神赐给他点物成金的法术，狄俄尼索斯神满足了他的愿望，最后却连他的爱女和食物也都因被他手指点到而变成金子。

这个不顾一切疯狂追求金钱而最终导致悲剧的人物，并不仅仅存在于神话当中。我们上中学时就学过，中国是最早产生纸币的国家，早在北宋时期就出现了“交子”，后来明朝还有著名的“大明宝钞”。但是，纸币为何没能在古代中国大规模推广，从而让中国错失了让明朝时期资本主义萌芽继续发展的历史机遇？

原因之一是失信。

交子最早出现在四川，起初是不方便携带巨款的商人把现金交付给铺户，铺户把存款数额填写在用楮纸制作的纸卷上，再交还存款人，并收取一定保管费，这张写有存款数额的楮纸，就叫“交子”。后来，随着经济繁荣，许多商人联合成立专营发行和兑换交子的交子铺，并在各地设分铺。由于铺户恪守信用，随到随取，交子逐渐赢得了很高的信誉。商人之间的大额交易，为了避免铸币搬运的麻烦，也越来越多直接用交子来支付货款。后来交子铺户在经营中发现，只动用部分存款，并不会危及交子信誉，于是他们便开始印刷有统一面额和格式的交子，作为一种新的流通手段向市场发行。正是这一步步的发展，使得交子逐渐具备了信用货币的特性，真正成为纸币。

试想想，当中国已经使用纸币交易的时候，欧洲还处在黑暗的中世纪，如果一直这样下去并不断完善，中国的经济社会发展将迎来何等飞跃！遗憾的是，这种发展进步没有出现，交子也早就尘封于历史。转折点在于政府发行交子，按今天的理论，纸币发行流通必须归政府主管，但可惜的是，宋朝皇帝不懂金融，只知道印钱来钱快，不用什么本钱，只要在一张纸上印几行字，就可以当真金白银来用，真是天大的好事啊！宋徽宗大观元年（1107），宋朝政府改交子为钱引。钱引的纸张、印刷、图画和印鉴都很精良，但它与交子最大的区别在于其不置准备金、不许兑换、可以随意增发。结果可想而知，恶性通货膨胀随之而来，丧失信用的纸币处境堪忧。

大宋的纸币，很快就成了一张废纸。

三

想想真令人感慨：商人约定俗成，互相监督，能确保交子发行流通的信用基础，但掌握了更大资源的政府接管后，却反而毁掉了交子赖以生存的信用。政府与国家失信，比个人、企业失信，危害要大得多，所谓“国无信不立”。

历史的教训，比比皆是。公元410年夏天，罗马城被阿拉里克率领的西哥特人所占领，大火焚烧了三天三夜。这一浩劫加速了西罗马帝国的最后灭亡。书写历史的人记载这一段历史时，会不会掷笔长叹？

这一幕原本不会发生或者不会这么快发生。当时的罗马帝国已不复当年雄威，遭境外蛮族不断袭击。为了克服危机，帝国的摄政大臣斯提利科与深入其境内的西哥特人订立条约，以土地换取他们对帝国的保卫。但是，斯提利科的安抚政策遭到主张对蛮族强硬的皇帝宠臣奥林庇乌斯的反对。他怂恿皇帝处死独自从前线回来的斯提利科，撕毁与西哥特人的协议，并且屠杀在帝国内部安顿下来的蛮族家庭。西哥特人被激怒了，开始大举进攻，并包围了罗马城。西哥特人再无对手，因为斯提利科手下的士兵在主帅死后走投无路，全都投靠了西哥特人。

西哥特人围城长达两年，虽然有过几次和平解决的机会，但由于罗马方面的傲慢和失信，最终功败垂成。西哥特人失望之下，终于破城而入，洗劫罗马。值得一提的是，被冤死的斯提利科被称为岳飞式的罗马英雄，他是西罗马帝国最后的守护神，南征北战，疲于奔命，最终却死于佞臣与愚蠢的皇帝之手。

黑格尔有一句话很经典："人类从历史中学到的唯一教训，就是人类无法从历史中学到任何教训！"如何理解这句话？或许是：我们今天犯的错误，古人早就犯过；我们在此处犯的错误，别人在他处也同样经历。

历史总是螺旋式上升，当我们今天读美国作家辛克莱尔在一个世纪前写就的《丛林》时，会对"螺旋式上升"有更深理解。《丛林》是一本揭露肉制品企业黑幕的书，强烈建议吃饭前不要翻开。书中写道："仲夏的毒辣太阳照在这块可憎之地，上万头牛散发着恶臭，蒸腾出传染病菌，整车的鲜肉和刷墙的大桶、煮肥皂的大锅以及装肥料的大罐放在一起，看上去就像来到了地狱。"

没过多久，美国国会通过了两部法律：《纯净食品和药品管理法案》以及《肉类检查法案》，并组建一个有 11 名专家、学者的班子，形成了美国食品药品监督管理局（FDA）的雏形。

这是一个很好的启示：政府失信，后果远比个人、企业失信严重；重建诚信体系，政府主导的法律完善与规范，也远比个人自律和企业建立行业标准更有效果。

还有一个很好的启示：道德批判不难，难的是制定规范并严惩失范行为。

四

1896 年，意大利作家格拉齐娅·黛莱达在她后来获得诺贝尔文学奖的《邪恶之路》一书中，写了一对情侣互相折磨的灵魂之路："他们俩被一条铁链系在一起，径直朝着同一个惩罚他们的地点走去。"人生的终点，是相同的。生命的意义，在于过程，但与谁同行，完全不同，区别之大，如同携臂同行与同戴一副枷锁前行，又如同赤脚走在海边沙滩与赤脚走在荆棘丛中。

诚信缺失的大环境下，谁也不能独善其身，谁都是受害者。

诚信，是处理人与人之间关系的核心。在一个诚信缺失的社会里，人与人之间相互提防，相互猜忌，你打交道的每一个对象都是你的假想敌：真诚的赞美被怀疑成"蒙汗药"，无私的帮助被怀疑为陷阱，诚挚的忠告被怀疑为挑拨离间，甚至连有意无意的一瞥，都会被疑心为谋害的暗号。而人们最害怕的，是自己能够推心置腹的朋友，没准恰恰是关键时刻发出狠辣一击的敌人。

无论是在过去，还是在今天，都有无数让我们为之动容的信义传奇，但无法回避的现实是，一个发自内心敬畏诚信的社会还未完全建立。反而，对自己生存的这个社会的不自信，对与自己相关的、周边一切事物的怀疑，正在瓦解一个群体的信任心理，正在扰乱一个社会的心灵和秩序，正在演变成一个民族的灵魂痛苦！

面对横亘在我们面前的这条诚信鸿沟，批评别人很容易，自我批评却很难；相对于批评，重建则更难，尤其是每个个体均要加入重建。

如果只知道控诉，而不会自省，不敢面对自我的丑陋，又怎么能清楚自己的责任？我们指责别人作恶，又能否意识到：假如我有作恶的资本与条件，能预料到作恶带来的丰厚回报，我还能够保证不作恶吗？

没有哪一种文明天生就具备高尚的品质。诚信的品格，需要经过道德和法制的反复锤炼，才能融入血液，成为习惯。

加强诚信，是一个漫长的过程，正因为漫长，我们才更需要强调：

如果要等着下一代人去跨越诚信鸿沟，那将是我们这一代人的耻辱！

我们已经遗忘的亚马孙女战士

在现代社会，各有各的活法，所以在今天探讨哪种活法更好，都是件复杂的事，那么让我们回望历史，把目光放到我们已经遗忘的年代，有一种活法，叫亚马孙女战士。

一

亚马孙女战士的故事，记载于古希腊伟大的历史学家希罗多德《历史》一书中。在古希腊传说中，这个完全由女性组成的好战部族，曾经与古希腊人发生多次冲突，甚至一度攻进雅典。还有一个传说，讲亚马孙战士也参加了著名的特洛伊战争，她们的首领杀死了一群希腊人，但最后被著名的阿喀琉斯干掉了。

一个更翔实的神话故事是这样的：雅典国王忒修斯早年冒险时，到过亚马孙的领地，看上了一位美丽的亚马孙女子希波吕忒。忒修斯邀请美女上船参观，但等她一上船，马上解缆开船跑了，就这样把美女拐到雅典，两人结婚了。但精彩的故事才刚刚开始：亚马孙人因自己的人被拐跑而特别愤怒，便组织了一只舰队杀将过来。这群骁勇的海军陆战女队员攻占了雅典城，把雅典人围困在城堡里。在决战中，双方死伤惨重。有意思的是，被拐跑的美女希波吕忒“嫁狗随狗”了，与丈夫忒修斯并肩作战，对抗昔日的姐妹们。不料一根标枪飞过来，刺死了她。为纪念她，雅典人后来还建立了一根大柱子。佛兰德斯画家鲁本斯代表作之一《亚马孙之战》，画的就是这场战斗，人仰马翻，异常激烈，女战士面对健壮的希腊男人毫不退让，气势甚至压倒对方。

这群好战的女人应该给希腊人留下了难以磨灭的心理阴影。据希腊文献记载，约在公元前5世纪下半叶，雅典城还专门举行过一次命题雕塑创作竞赛，题目是《受伤的亚马孙人》。今天在罗马梵蒂冈博物馆，还能见到当年这一题材的两尊雕像。

毫无疑问，亚马孙人组成了一个女儿国。很多人比较迷惑：既然女战士不允许男人生活在她们的区域范围内，那么她们为什么不会灭绝呢？难道她们的国土内也有《西游记》中所说的那条神奇的子母河？

当然，这子母河纯属神话传说。唐僧的原型、唐朝高僧玄奘所著《大唐西域记》中对女儿国是这样描述的：“拂懔国（即东罗马帝国）西南海岛有西女国，皆是女人，略无男子。多诸珍货，附拂懔国，故拂懔王岁遣丈夫配焉。其俗产男，皆不举也。”意思是说，女儿国旁边还有一个国家，每年这个友好邻国安排男人过来。

亚马孙人也是这么解决生育问题的。希罗多德的《历史》中写道：“她们传续后代的方法，是靠定期访问邻近民族的男性而完成的。如果生下女儿就留下，生下儿子就送回到父亲那里去。”

据希罗多德考证，亚马孙的一支后来与斯基泰男青年们结合，产生了萨尔马提亚人，并最终取代了斯基泰人。萨尔马提亚人的女性还在一定程度上保持着母系的强悍，她们一定要等到在战争中亲手杀死一个男性敌人才能结婚。斯基泰人当年控制了连接东方与欧洲的草原，那时还没有“丝绸之路”，只有“草原之路”，也被称为“斯基泰之路”。据学者考证，斯基泰人很可能就是中国古籍中记载的“塞族人”，也就是说，传说中威猛无比的亚马孙女战士，其实距离我们并不远——塞族人当年就活跃在今天的伊犁河流域。

二

另一个关于女儿国的比较著名的版本，来自清代小说家李汝珍所著《镜花缘》。跟亚马孙人与《西游记》不同的是，《镜花缘》中的女儿国并非没有男人，而是一个以女性为中心的女儿国。书中写道：“男子反穿衣裙，作为妇人，以治内事；女子反穿靴帽，作为男人，以治外事。”在小说中，从皇帝到辅臣都是女子，女子的智慧、才能都不弱于男子。在被强迫缠足、被“存天理，灭人欲”残酷束缚的清代，女儿国传递的是男女平等，甚至女人比男人拥有更高地位的愿望。

当然，《镜花缘》中的女儿国，或许只是小说家言，历史上有多少不让须眉的奇女子，却不得不在喟叹中不甘而又无奈地虚度年华。就如同清末“鉴湖女侠”秋瑾赋诗“可怜谢道韫，不嫁鲍参军”，托词咏古，其实在叹息自己嫁了一个废人。

谢道韫是东晋时的女诗人，出身高贵，她是宰相谢安的侄女、安西将军谢奕的女儿，也是著名书法家王羲之的儿子王凝之的妻子。

她是才女，也是猛女。王凝之是个稀里糊涂的书呆子，不知努力抗敌，结果被叛军轻易杀害。谢道韫得知噩耗后，举刀冲入敌阵，连杀数人，才被抓住。叛军主将很是佩服，最终将其释放。以秋瑾的性格，当然佩服谢道韫。秋瑾的丈夫也姓王，叫王廷钧，比秋瑾小两岁，“体清腴，面皙白”，“状貌如妇人女子”，反不如秋瑾之“伉爽若须眉”。

秋瑾自信“漫云女子不英雄”“红颜谁说不封侯”，鼓动姐姐妹妹们站起来，在《敬告姊妹们》一文中写道：“二万万的男子，是入了文明新世界，我的二万万女同胞，还依然黑暗沉沦在十八层地狱，一层也不想爬上来……一生只晓得依傍男子，穿的、吃的全靠着男子。身儿是柔柔顺顺的媚着，气虐儿是闷闷的受着，泪珠是常常的滴着，生活是巴巴结结的做着：一世的囚徒，半生的牛马。试问诸位姊妹，为人一世，曾受着些自由自在的幸福未曾呢？”最后，起义事泄，她从容赴死，绝对不亚于那个年代的男子。

像秋瑾这样的女性形象，在中外历史上都相当罕见。法国大革命期间，女性领袖奥兰普·德古热发表《女权宣言》，认为“女性生来就是自由人，和男人有平等的权利”。没过多久，她被过去的男性同党推上了断头台，并在相当长的一段时间内，被称为“想成为男人的厚颜无耻的妇女”，一直到二战结束之后才重获尊重。

更普遍的女性形象是含辛茹苦、甘于忍耐，以男人为中心，在家从父，出嫁从夫。可以说，从父系社会开始，女性一直处于附庸状态，诸多文学作品，塑造与暗示的都是这种形象，比如戏曲中苦守寒窑十八年的王宝钏，比如电视剧《渴望》中的刘慧芳，又如，巴尔扎克将女人的命运和唯一的荣耀定义为“赢得男人心”。托尔斯泰名著《复活》中受尽欺凌与屈辱的玛丝洛娃，能够对请求她宽恕的聂赫留朵夫，悲愤吼出“你今世利用我作乐，来世还想利用我来拯救你自己”这样一句话，已经很不容易了。

三

不要以为西装革履就是战袍
不要以为浴帽围裙就是渺小
信以为真连续剧里的那一套
皇上吉祥
简直可笑
……

这是歌手张惠妹演唱的《母系社会》的歌词。有意思的是，张惠妹是高山族人，而高山族至今还遗存有母系社会的某些特征，比如高山族的阿美人婴儿禁止父亲怀抱，这条奇特的禁忌其实是母系社会确保孩子抚养权掌握在母亲手里的措施。

这几句歌词点明了“男尊女卑”现象的根源：女子经济地位不独立。传统社会分工是“男主外，女主内”，承担沉重的家庭劳作被视为妇女的天职，其经济价值却不被承认。女人没有独立的经济地位，必须依附于男人生存。在古代，嫁个如意郎君是女人天大的事，原因很简单，爱情能够让女性得到尊重，或者说，爱情（注意：并非婚姻）能够拯救女性。

《男人来自火星，女人来自金星》这本书上白纸黑字写道：“人之为人，想必都有各自的难处：男人不可能100%地了解女人，女人也不可能100%地了解男人。这是永恒的真理。”更何况在秋瑾那个年代，只有女人听男人的话，男人又怎么可能放得下身段，来听女人的话？

余秋雨在散文《风雨天一阁》中，提到了一位女性——钱绣芸。天一阁是江南著名的藏书楼。“嘉庆年间，宁波知府丘铁卿的内侄女钱绣芸是一个酷爱诗书的姑娘，一心想要登天一阁读点书，竟要知府作媒嫁给了范家。现代社会学家也许会责问钱姑娘你究竟是嫁给书还是嫁给人，但在我看来，她在婚姻很不自由的时代既不看重钱也不看重势，只想借着婚配来多看一点书，总还是非常令人感动的。但她万万没有想到，自己成了范家媳妇之后还是不能登楼，一种说法是族规禁止妇女登楼，另一种说法是她所嫁的那一房范家后裔在当时已属于旁支。反正钱绣芸没有看到天一阁的任何一本书，郁郁而终。”余秋雨叹息说，今天，当他抬起头来仰望天一阁这栋楼的时候，首先想到的是钱绣芸那忧郁的目光。

在这种绝不对等的男女关系的背景下，就能够理解《红楼梦》为何如此打动人心了。四大名著中，且不论《西游记》里命运卑微的女妖精，在《三国演义》中，女人是男人阴谋的牺牲品，是随时可以放弃的棋子；在《水浒传》中，女人的处境更糟糕。相比之下，《红楼梦》是真正把女人当女人，而且认为女人优于男人，诚如贾宝玉的名言：“女儿是水做的骨肉，男人是泥做的骨肉，我见了女儿，我便清爽，见了男子，便觉浊臭逼人。”

在《红楼梦》中，宝玉与一众少女之间是一种纯粹的真情，不伪，不做作，不矫饰，这是更高的属于《红楼梦》的境界，即使在今天，也可遇不可求。今天的女性地位已经大不一样了，男女之间、夫妻之间、情侣之间，处处体现一种博弈。

说到博弈，不得不提到钱锺书的《围城》。在探究两性关系之奥妙方面，《围城》是本杰作，例如这段话："女人原是天生的政治动物。虚虚实实，以退为进，这些政治手腕，女人生下来全有。女人学政治，那真是以后天发展先天，锦上添花了。……女人不必学政治，而现在的政治家要成功，都得学女人。"

戏谑之中，《围城》还是体现了对女性的尊重。方鸿渐追求唐晓芙而不得，是他真正的痛。唐晓芙恨方鸿渐多情，对他说过一句话："我爱的人，我要能够占领他整个生命，他在碰见我以前，没有过去，留着空白等待我。"

这句话很平淡，却如风雷激荡。

四

张惠妹在《母系社会》中这么质问："这个世界没有女人该怎么办？你想你想……"当然，这是没法想象的，正如同我们今天没法想象很久很久以前亚马孙女战士的生活方式一样。

那个遥远的年代，湮没在过去的时间之中已经太久了，我们还无法从时间的尘埃之中，来挖掘我们想象和理解能力之外的史实。亚马孙女战士，她们真的存在过吗？或者，她们只是神话传说？在当今社会，我们去追溯亚马孙女战士的故事，那般模糊与含混，只能依稀看到骄傲的笑容，对男人的轻蔑。

时间不断延伸，过去我们无法完全窥见，只能看到不远的过去，还有很近的未来。著名史学家汤因比在不朽之作《历史研究》中，形象地把前文明社会比喻成一群昏睡在山腰部的一块突出岩石上的人们，它的下面是悬崖峭壁，上面是峭壁悬崖。这群人是如何爬到这个高度的，已无人知晓，这些人中，有些人能够继续攀爬到一个更高的高度，有些人却只能停留在某个地点，比如亚马孙人。汤因比说："一系列推理告诉我们，这个前文明社会必定还有某些更早的历史阶段，比起任何我们已知的、仍在运行的文明更有活力。"

或许亚马孙人只是属于那个更早的历史阶段，在我们已知的数千年的文明中，主要是一以贯之的女性附属于男性的历史，这段漫长的历史，发生改变也仅仅在数十年间。未来又会发生什么样的变化？这是悬念。但正在加速度推进的时间，或许会将未来的男女关系彻底颠覆。

未来与过去，都是超乎我们想象的。

世相

世事洞明皆学问

是胜天半子，听天由命，还是天人合一

电视连续剧《人民的名义》大火，也带火了一本短篇小说《天局》。这是角色祁同伟最喜欢的一本书，他有一句著名台词：“从此以后我就跟老天爷，跟我自己的命运较量上，我知道，我不会管别人怎么看我，也不管我自己用什么样的手段，哪怕搭上我自己的性命，我也要胜天半子。”“胜天半子”，即来自《天局》。

相比于充满宿命色彩的听天由命，胜天半子何等霸气、豪气、傲气！

但祁同伟最终胜天半子了吗？

这确实是一道艰难的人生选择题：是没有风险地听天由命，还是不管不顾绝地反击却充满未知地胜天半子？

其实，还有一个选项：天人合一。

一

孤鹰岭上，祁同伟把冷冰冰的枪管塞进嘴里时，他在想些什么？

他出身寒门，不懈努力，成绩优异，毕业后即使分配到小乡村，亦没有自暴自弃，后来还成为缉毒英雄，就在孤鹰岭上，身中毒贩三枪，他的功名几乎是用命换来的。但无论他如何努力，始终被困于一隅，似有冥冥天意。他知道，并非天意，而是一个女人的感情要挟。绝望之下，他向这个女人下跪，娶她为妻，虽然她比他大 10 岁。从此运势大变，飞黄腾达，而他也已习惯下跪。他认为，男儿双膝一屈，跪下，有黄金，有前程，有美女。

他的心情应该很复杂，在鄙视自我和怜惜自我之间挣扎，最终他把这一切归结于“天”，他的不甘、委屈、挫折……都是天意，他要跟天斗，富贵险中求。但是，他最终没有胜天半子，他生命的最后，是一颗残酷的枪子。

很多人因为祁同伟，想起了《红与黑》里那个野心勃勃、拼命上位的于连。于连是一个贫寒子弟，孤身一人在等级森严的社会里咬牙奋斗，不择手段，只为成功。他跟祁同伟有很多共同点，比如攀附比自己年龄大许多的女人，他俩的结果也一样：正当自以为踏上了飞黄腾达的坦途和得到了超越阶级的爱情之时，社会却无情地把他送上了断头台。

西方甚至专门有“于连式人物”这个词语，他们目光灼灼，欲望腾腾，屈身于贵妇人石榴裙下，只为出人头地。《红与黑》中对于连的外表是这么描写的：“他的两颊红红的，低头看着地。小伙子有十八九岁，外表相当文弱。五官不算端正，却很清秀；鼻子挺尖，两只眼睛又大又黑，沉静的时候，显得好学深思，热情似火，此刻却是一副怨愤幽深的表情。”

这段描写很经典：于连文弱，注定了他不可能像父辈一样从事体力活；喜欢深思，用今天的话来说，“想得太多”，又注定了他不甘于现状，他强烈意识到人应该有尊严，但自己出身低微，又很难得到尊严，因此痛苦，内心被不满和仇恨的火焰焚烧；他模样清秀，这是他的优势，他后来与两位贵族女性发生恋情，借此跻身上流社会，但也恰恰是他的相貌优势，导致了他的命运悲剧。

对于于连式人物，人们的心态很复杂，单纯的道德批判是苍白的。就如同祁同伟让人百感交集，而不仅仅是对一个堕落官员的唾弃，甚至有人评价：“对祁同伟恨不起来。”

哈姆雷特是出身高贵的王子，一百个人心中有一百个哈姆雷特，一百个人心中，也有一百个于连、一百个祁同伟。

二

上天高高在上而又触摸不着，触摸不着而又无处不在；给人信心，或让人绝望。

为何要胜天半子？因为绝望者认为上天不公平，想绝地反击。

虽然“上天其实是公平的”“上天不会偏袒任何一个人”这些半哲理半鸡汤的话很流行，但自古至今，一直都有人在拷问：所谓的上天是公平的吗？答案，当然是不公平。

史书记载过这么一个悲惨的场景：绮年玉貌的妃子要被老皇帝处死了。临行前，绝望中，她频频回首，拼命朝曾经百般宠爱她的皇帝抛媚眼，想打动他，但皇帝生硬地说：“趣行，女不得活！”意思是：快滚，你死定了！

她只能去死。因为皇帝是天子，他代表着“天”。

这就是历史上著名的钩弋夫人的故事。当时，汉武帝巡狩到今天的河北地界，观天象、占卜吉凶的“望气者”对汉武帝说此地有奇女，汉武帝立即下诏派人寻找。果然找到了一个美貌女子，她的双手天生握成拳状，虽年已十多岁，但双手依然不能伸开。汉武帝唤此女过来，伸出双手将这女子的手轻轻一掰，便打开了她的手，她的手掌心里紧紧地握着一只小玉钩。汉武帝认为是天意，便纳她为妃，史称“钩弋夫人”。后人分析，她可能患有小儿麻痹症，但如何解释汉武帝能够展开她的手？应该是当地人串通好，讲个故事，献上美女。

汉武帝很宠爱她，她很快生了儿子，但他实在太老了，自知来日不多，故立她的儿子为太子，却不让她活。原因很简单：“主少母壮”，年幼的皇帝登基后，母后可能独断骄横，没有人能阻止她。

她只能死了，当初因为“天意”成为他的爱妃，如今又因为“天意”，在她最好的年龄告别人世。史载，她被处死后，暴风刮起满天灰尘，老百姓都感叹哀伤。

天往往是拟人化的，而且这自然的天，要屈从于人世的天子，人们只能通过天象异常，来警告、提醒或宣泄。

元杂剧《窦娥冤》有一句经典的台词，借窦娥之口，来抒发对上天不公、天地不仁的愤懑：“为善的受贫穷更命短，造恶的享富贵又寿延。天地也！做得个怕硬欺软，却原来也这般顺水推船！地也，你不分好歹何为地！天也，你错勘贤愚枉做天！哎，只落得两泪涟涟。”

窦娥确实很冤：父亲没钱还债，把她送给别人当童养媳，婚后不满两年，丈夫就去世了，艰难度日，结果又碰到流氓张驴儿父子，这对流氓父子想强娶窦娥婆媳，窦娥严拒。张驴儿在羊肚汤中下毒，想毒死窦娥的婆婆后霸占窦娥，结果把自己的爹给毒死了，却诬告是窦娥下毒。官员严刑逼供，窦娥不忍心婆婆连同受罪，便含冤招认药死张驴儿父亲，被判斩刑。对一个弱女子来说，老天爷对她何等不公，所以她痛骂上天。

在这部剧中，上天的意蕴很丰富也很复杂，并不仅仅是冷酷的无奈的存在，通过剧中那场著名的六月飞雪，上天用一种超现实的特殊方式，来自证被窦娥打动，并暗示了即将到来的冤案昭雪。

但这并非胜天半子。

三

不同于倒霉的钩弋夫人，一千多年后，有个深宫的女人成功“逆天”了。

晚清咸丰皇帝年纪轻轻就死了，临终前就身后事问计权臣肃顺：要不要效仿当年汉武帝？肃顺说：必须的！这是后来一手遮天的慈禧太后生命中一次巨大危机，但咸丰这天子优柔寡断，不忍生前下手，只是写了封遗诏给皇后慈安，说慈禧若有不法，即可诛之。“不法”当然是慈禧的鲜明个性了，但她仍活得好好的，为什么？因为慈安也是一个优柔寡断之人。有一次，慈禧从自己身上割了一块肉，煲汤给慈安补身子，慈安感动之下，就把遗诏给烧了。后来的故事，大家都知道了：以肃顺为首的“顾命八大臣”死得很惨，而慈安过世后，再也无人能够制约慈禧，这个任性而又自私的女人，把清政府带上一条不归路。

能够想象，在深宫中，一个个难眠之夜，这个狠辣而又寂寞的女人，有时咬牙切齿，有时自鸣得意，感喟于自己对“天”的胜利。后来，她年纪大了，能够睡得安稳了，她把自己也当成天了。她的话，就是金口玉言；她的念头哪怕只是一转念，也是天意。

真的有“天意”吗？冥冥中一切的一切真的早已注定，不容人为地去改变？如果真的如此，那么慈禧又是如何改变“主少母壮”险些被诛的命运？难道她垂帘听政也早已注定？

科幻作家刘慈欣有篇短篇小说《镜子》，说的是有个天才发明了一种超弦计算机，运算能力强大到可以模拟出不同的宇宙及其后的所有事情，不巧的是正好他模拟出了我们所在的宇宙的模型，利用该模型计算机可以看到人世间任何事情的过去与未来……也就是说，宇宙在爆炸时就已经被确定了，所以整个宇宙的命运也在那时就被注定。这个天才被追杀，而当作奸犯科的官员知道所做一切都能被还原时，绝望地选择了自杀。这不是祁同伟式企图胜天半子式的自杀，而是得窥天意后知道无论如何都无法改变天意的自杀。

但人又是不甘心认命的。诚如物理学家霍金所言：“我注意过，即使是那些声称‘一切都是命中注定的，而且我们无力改变’的人，在过马路前都会左右看。”

四

不认命，不信一切上天注定，其实是人类文明得以延续与进步的强大动力。但过于强烈的欲望，如熔岩般奔涌的野心，又造成了多少悲剧?

千百年来，人类在安于宿命与奋起逆袭之间纠结——是天意难违还是天道酬勤？不同年龄，不同环境，不同时代，皆有不同的心境。年轻时热血沸腾，自认为只手能撑一片天，到了知天命的年龄，对过往或呵呵一笑，云淡风轻，或心仍不甘，却已经有心无力了。

人生并非棋局，只是当局者迷，以为这是一局棋，执着于以身为棋，胜天半子，或负天半子。亦有人貌似早已看透这一切，比如《人民的名义》中的庸官孙连城，又是官场中另一类型的官员，除了每天在家胸怀宇宙看星星，啥都不想干。

其实，人生绝不只有胜天半子或者听天由命两个选项，还有第三个：天人合一。

天人合一，中国人最基本的思维方式，具体表现在天与人的关系上。哲学家张岱年在《中国哲学大纲》认为"'天人合一'乃是中国人生思想的一个根本观点"，用大量篇幅来阐述其要旨：

关于人与宇宙之关系，中国哲学中有一种特异的学说，即天人合一，中国哲学之天人关系中所谓天人合一，有二意义：一天人相通，二天人相类……

天人相通的学说，认为天之根本性德，即含于人之心性之中；天道与人道，实一以贯之。宇宙本根，乃人伦道德之根源；人伦道德，乃宇宙本根之流行发现。本根有道德的意义，而道德亦有宇宙的意义。人之所以异于禽兽，即在于人之心性与天相通。人是禀受天之性德以为其根本性德的……

简而言之，天人合一，就是人的行为，要遵循人伦道德之天道，如孔子所言“随心所欲不逾矩”。再换成哲学的语言：“将人的思想意识与客观世界发展的规律融合为一体，获得最终的意志自由。”为什么一定要孜孜以求“人定胜天”呢？人与天，可以一体的。

逆袭无错，奋斗可嘉，但要在道德的约束下，如果说“道德”二字太过宽泛，换句话说，不能突破法律的红线。不说事事问心无愧，至少处处遵纪守法。这就是祁同伟与侯亮平的区别——人，一定不能轻易下跪。

凡事把握好度，这是先人的智慧。可惜现实中，人们往往走了极端。

五

胜天半子，还是听天由命？霍金的选择，值得深思。

这是一个不幸之人，因疾病全身瘫痪，不能言语，人生大部分时间被禁锢在轮椅上，但他拒绝上天的安排，不懈挑战命运，成为我们这个时代最伟大的科学家和思想者之一，这岂非胜天半子？

但霍金对“天”充满了敬畏，对人类在地球上斗天斗地、欲望无限扩张而忧心忡忡。他对地球未来、人类未来的预言，绝 非笑话。

如何把握好度，确实是人类共同面临的问题。这是需要人类大智慧来完成的著作——“天局”。

古人打假记

造假的事儿，可谓“源远流长”，自从人类开始进行商品交易之后，造假售假就如影随形。随着科技发展，造假手段愈发“高明”，至今有愈演愈烈之势。古人的烦恼，也延续至今，今人只能寄望未来——在未来，没有假冒伪劣的那一天。

一

谁是造假的祖师爷？不好考证。

有人说是赵武灵王。《韩非子·外储说左上》中记载说：“赵主父令工施钩梯而缘播吾，刻疏人迹其上，广三尺，长五尺，而勒之曰：‘主父常游于此’。”就是说，赵武灵王让人搭架子在石头上刻上巨大的脚印，然后在旁边写上：赵雍到此一游。后人若糊涂，往往就会被骗了——哇，原来赵武灵王是个巨人耶！

也有人说是秦昭王。同样是《韩非子·外储说左上》记载道：“秦昭王令工施钩梯而上华山，以松柏之心为博，箭长八尺，棋长八寸，而勒之曰：‘昭王尝与天神博于此矣。’”此人造假手段更加牛，在华山上整了个自己跟神仙下棋的假古迹出来。

当然在古代造假群体中，像吕不韦玩得这样大的不多，更多造假者，还是玩弄些小技巧，骗几个小钱。著名才子纪晓岚在他的《阅微草堂笔记》中就记载了自己遭遇假货的故事。一是假墨，纪晓岚买了当时的名牌罗小华墨。这墨看上去“漆匣黯敝，真旧物也”，可是买回去一用，居然是泥抟的，染了黑色，还带了一层白霜，利利索索地把纪晓岚骗了。二是假蜡烛。纪晓岚赶考，买了几支蜡烛，回到寓所怎么也点不着，仔细一看，原来也是泥做的，外面涂了一层羊脂。他甚至还碰上了假鸭子：晚上买了一只鸭子，回去一看，竟然也是泥做的。这鸭子的肉已被吃尽，只剩下一副完整的骨架。骨架里搪上泥，外面糊上纸，染成烤鸭的颜色，再涂上油，灯下难分真假。更离奇的是还有假鞋子。纪晓岚家的奴仆赵平，曾以两千钱买了一双皮靴，很是得意。有一天下雨，赵平穿着皮靴出门，光着脚回来了。原来那靴子的靴筒是乌油高丽纸做的，揉出了皱纹，貌似皮子。靴子底则是用破棉花糊粘的，再用布绷好。

根据纪晓岚的记载，可见明清时期造假之盛行。明人笔记史料中，对此也有一些记载，让人哭笑不得。

这件事发生在苏州。有读书人某生，路过苏州时遭遇小偷，被偷得一文不剩。无奈之下，心生一计，用黄泥搓小泥球若干，和以红颜料，覆以白纸，上书：千年单方，家传鼠药。沿街叫卖，两月之间，竟无人投诉，积钱至二十六吊。某生恍然大悟：原来在苏州黄泥都能卖钱，竟投笔从商。

另一件事发生在杭州。那时西湖已是旅游胜地，人流量很大，造假的骗子也很多。有一卖假药的骗术颇高，每售药，供观音大士像于旁，置药丸于一木箱中，但凡有病人求药，不问病情，伸手至箱中抓一把药丸出来丢于观音大士手中，药丸多有留于观音大士手中而不至滑落者，于是言于求药者：观音大士已为汝选好该用之药。求药者欢喜而去，围观者无不惊叹，术士日进百金。街头有一无赖，知术士必有手段，苦于不知实情，心生一计。一日，言于术士：某有一奇术，不足为他人道也，愿示于君。术士好奇。无赖领术士入一星级酒店，山珍海味，珍馐佳肴，酒足饭饱之后，拍拍屁股领着术士扬长而出，竟无人过问，更无人阻拦。术士大奇，千哀万求，定要无赖传授此术。无赖愿与术士交换秘方。术士言：某之术简单，观音掌中暗藏磁铁，制药丸时杂之以铁粉，则药丸必可粘留于观音手上。无赖言：某之术更简单——先付钱。

用黄泥搓的老鼠药也就罢了，老鼠都不会吃，但掺了铁粉的假药，就相当可怕了，不知害了多少人。

二

“其他作伪多类此，然犹小物也。”纪晓岚在讲述自己遭遇假货经历之后这样写道，表示当时造假者很多，不过，假冒伪劣的多是些不关痛痒的小东西。

古代科技不发达，造假者手段有限，最常见的是在酒中掺水，严重时甚至以水代酒。《太平广记》辑录有隋代书籍《启颜录》中的一篇《酒肆》，说是几个人在酒店遭遇到了假酒，他们便一起开这酒的玩笑，其中一人说：“酒，何处漫行来，腾腾失却酉。”众人问他是什么意思，他说："有水在。"就造假者而言，往酒里掺水，是最简单的造假了。这种造假虽然多见，但还不至于严重危害到人身安全，奸商只是在分量和质量上打打折扣。

跟今天"三聚氰胺""苏丹红""瘦肉精""皮革奶"之类相比，古人造假完全不在一个层次上。科技是把"双刃剑"，以化学为例，它让人类社会得到了快速发展，现在的医药、化工、冶炼等，都是化学的功劳。但是，随之也涌现出一批丧尽天良的造假"化学家"。

当然，古代也有"化学家"，他们是炼丹术士。炼丹者以铅、汞等天然矿物为主要原料，用炉鼎烧炼，以求制出服后不死的丹药。术士宣称，服食丹药可祛病保生，不死成仙，故外丹术又叫仙丹术。炼丹术士大多迷信服食黄金可得长生，说"服金者寿如金，服玉者寿如玉"。他们认为，自然界中的金和玉都是不容易发生朽坏变化的一类物质，服食金玉，就能把金玉的稳定性质转移到人体，人就可以长生了，而且，仙丹炼成的标志之一，就是它能点铁成金，或者点铜成金、点锡成金等，"金成者，药成也"。所以，汉魏以来，炼金制银一直是外丹术的重要内容。由此，外丹术又叫金丹术或黄白术。

从某种程度来讲，炼丹术士其实也是假药的制造者。"服食求神仙，多为药所误。"就丹药本身而言，从它产生那天起，不仅没有给人们带来延年益寿的好处，相反，"欲求长生，反致速死"，服食丹药的人往往提前结束了性命。所谓神丹妙药，原来竟带有毒性。科学地说，丹药中所含铅、汞、硫、砷等物质，多是有毒的。铅服后会损伤脏器、神经系统，汞（即水银）中毒后会头晕头痛，口腔麻痹。砷的氧化物有剧毒。正因如此，自古以来，从帝王百官到道士女冠，服丹丧命者数不胜数。有学者认为，仅是死于丹药中毒的皇帝，历史上就有十五六位，其中尤以唐、明两朝为甚，唐朝有唐太宗等六位皇帝死于丹毒，明朝则有明世宗等五位皇帝之死与丹药有关。

对于丹药的毒性，历代有识之士和一些冷静的炼丹家早有认识，唐时《悬解录》说："金丹并诸石药各有本性，怀大毒在其中。"北宋沈括等人更明确提出，对金丹大药"不可不戒"，"生金有毒，至于杀人"。从这个角度上讲，旨在让人长生的丹药无异于害人的毒药。

不过，在古代，能够服食丹药的，非富即贵，虽然是假药，但跟今天"化学家"们制造的假冒伪劣相比，危害要小得多了。

三

遭遇假货，总是件让人不愉快的事。小则破财，大则丢命，因此，对于造假者，自古至今，人们都是深恶痛绝的。

清朝，安徽桐城人许奉恩在《兰苕馆外史》中记载，一个叫定远的地方，春夏大旱，田间颗粒无收。到了六月中旬，终于下了雨，于是农民们思谋种荞进行生产自救，但苦于没有种子。制假售假者某甲"藏陈荞甚多，虑颗瘪色黯，不能出售，以甑蒸之，顿觉硕大光润，大喜，遂榜其门曰：'出卖荞种。'于是争往购求。荞价翔贵，获利千万"。这用甑蒸了的种子，种到田里的结果可想而知，"由此饥饿以死者指不胜屈矣"。后来，卖假种子的某甲，受到了天谴："无何，雷击某甲死，釜底书'蒸荞误人，粉身莫赎'八字。"这当然是演义了，但可见时人对造假者的痛恨。

西汉文帝时有人名新恒平，是个造假高手。他伪造了玉杯和周鼎，企图欺骗文帝而取得富贵。先在玉杯上刻“人主延寿”，令人献上。又诳称周鼎亡在泗水中，现在黄河溢出，与泗水相通，望见东北汾阴有宝金之气，可能是周鼎要出现吧。文帝于是派人在汾阴治庙，南面临河，想祭祀后取鼎。后鼎出汾阴，文帝大喜。其实，是新恒平埋鼎汾阴。此人可奉为赝品制作的祖师爷。他下场很惨——骗局被揭穿后，因造假被文帝夷灭三族。

敢骗皇帝的多，敢骗群众的更多。对这些造假者，历来处罚都很严厉。

在唐朝，《唐律疏议》规定，一旦某种食物变质，已经让人受害，那么食品所有者必须立刻将其焚烧，否则要被杖打九十下。如果不毁掉有害食品，反而送人甚至出售，致人生病，食品所有者要被判处徒刑一年。如果这种食品致人死亡，食品所有者则要被判处绞刑。别人在不知情的情况下，吃了本应焚烧但未被焚烧的有害食品造成死亡的，食品的所有者也要按过失杀人来处罚。

到了宋朝，商品经济大繁荣，投机商人常常使用“鸡塞沙，鹅、羊吹气，鱼肉注水”之类的伎俩牟取利润。为了加强管理，宋代官府让各类商人组成行会，商铺、手工业和其他服务性行业的相关人员必须加入行会，并按行业登记在册，否则就不能从事该行业的经营。商品的质量也由各个行会把关，行会首领负责评定商品的成色和价格，充当本行会成员的担保人。除了有行会把关，法律也继承了唐律的规定，对腐败变质食品的销售者给予严惩。

但是打假这事儿，往往是“道高一尺，魔高一丈”，尤其是到了现在，造假手段层出不穷，底线被一次次突破，人们普遍缺乏安全感。食品安全也是国人当前关心的话题。古往今来的经验都在表明：靠商人的道德自律是远远不够的。打假还得继续，需要更强的力度、更新的思维。

古今过劳死略考

从茹毛饮血年代上气不接下气地追逐野兽或被野兽追逐，到在水泥钢铁与玻璃构筑成的摩天大楼里呵欠连天、脸色苍白，我们会悲哀地发现，“采菊东篱下，悠然见南山”的神仙生活，只是片段，人类历史更多的时候，是在考虑如何生存——不断征服自然，不断征伐四方，或者，不断应付自然的报复，不断应付贪婪与杀戮。

但令人郁闷的是，文明发展到如此高度，人类为什么还这么辛苦？

一

现在回首看人类始祖，应该是相当地累，他们站起来了，却没有虎豹之锐利，也没有犀象之巨力，而且想法还挺多，所以欲望也较强烈，在神奇莫测的大自然前，挣扎求存。

但正如唐人柳宗元在《捕蛇者说》中所说“苛政猛于虎”，比自然更让人苦累的，是苛政与权谋。历史故事中最著名的过劳死案例，当数秦人万喜良，也就是孟姜女的丈夫。他结婚才三天就被强征劳役，远离家乡去修长城，结果在思念、劳累与冻饿中身亡，遗体还被砌进长城里。后来孟姜女万里寻夫送寒衣，哭倒长城八百里，成为千古悲壮传说。

在历史上，过劳死的名人很多。例如诸葛亮，与其说他是病死，不如说是操劳累死。

诸葛亮是个工作狂，自从 28 岁“受任于败军之际，奉命于危难之间”，至 54 岁病逝，前后二十六年，都是在征战中度过，不曾安闲一日。

长期用健康来换取事业，最终“出师未捷身先死”，诸葛亮带着无穷遗憾离开了这个他为之操劳一生的世界。

今天看来，雍正皇帝也算是过劳死。虽然围绕这位皇帝之死，有无数传奇版本，但累死的可能性是最大的。

雍正算得上是中国历史上最勤政的皇帝之一。他刚一登基，即罢鹰犬之贡，表示自己不事游猎，这和康熙动不动就出巡或围猎完全不同。雍正当上皇帝后，不巡幸，不游猎，日理政事，终年不息。他除了去过河北遵化东陵数次，十三年里就没怎么出过北京城。最开始的时候雍正是怕允禩等政敌发动变乱；后来政局稳定后，他也没有出游，主要原因还是政务繁忙，根本没时间出去享受。

雍正在即位后的五六年里身体还算可以，但在雍正七年（1729）的时候，他得了一场大病，一病就是一年多，几乎一命呜呼。手下的官员上请安折让他多休息，雍正偏要逞强，只要他能动得了，什么事情都要躬身亲为。如此一来，即使不忙死，也会累死。就说雍正去世前的几天，他也没有得到任何的休息，反而一直在抱病工作。直到最后那天挺不住了，他才让两个儿子前来侍候。

以帝王为主题的影视作品呈泛滥之势，而这类题材作品绝大部分是演义，让大伙儿觉得当皇帝就是能有三宫六院，吃喝玩乐。其实，皇帝这个职业并不好做，历史上有荒淫放荡、不理朝政者，但更多是宵衣旰食、焦头烂额者，连雍正这样的雄才大略者都累成这样，更别说资质一般的皇帝了。

二

历史是人民创造的，回望历史，尽是精疲力竭然而面目模糊的身影。历史记下了诸多帝王、名相勤政爱民的辉煌事迹，却无法彻底还原那些真正用汗水与生命推动历史的百姓的故事。

长城、运河、一座座坚固的城池……为修建这些浩大的工程，累死过多少人，历史没有过多记载，只有一个民间传说的万喜良，在妻子的悲恸中露出累死的躯体。

普通民众累，皇帝累，而那些为人臣子者，也是相当累。完颜绍元在书中就写过大臣上朝的痛苦：

凡在中央各机关供职的官员，一定品秩以上，或有职务所规定，必须参加由君主亲自主持的最高国务会议，通称朝会，故京官上班的第一道程序，便是“上朝”，亦称“朝参”。朝会有大朝、常朝等区分。《梁书·武帝纪》里有一篇梁武帝的诏书，道是一切国务，必须先在朝会上咨询大家的意见，所以百官应该“旦旦上朝，以议时事，前共筹怀，然后奏闻”。

古代的上班时间，比现在早多了。《诗经 · 齐风 · 鸡鸣》中写道，妻子催丈夫起床：“公鸡已经叫了，上朝的都已经到了（“鸡既鸣矣，朝既盈矣”）；东方已经亮了，上朝的已经忙碌了（“东方明矣，朝既昌矣”）。”也就是说，古人鸡鸣即起准备上班的传统，至少在春秋时代就已形成。往后，这个时段逐渐固定为卯时（早晨五至七时）。

古代没有空调，天寒地冻时从被窝里爬出来，那是相当痛苦的。古代也没有法定退休年龄，一些走路颤巍巍的老臣，拼老命也不敢迟到。

现在考勤是打卡，迟到者会罚钱，古代官员迟到，可能会被打屁股，甚至革职、坐牢。《唐会要》中记载，文武百官参朝，如果无故不到，重则罚俸禄三个月，轻的也得罚一个月。

上班需准时，下班也不允许早退。清朝“对下班也盯得很紧，特派太监管门，对京朝机关的散值情况逐日登记，官员若有部院应办事务或奉旨特派事件而应早散值，必须将早退的缘由告知管门太监，随时登记，以备查核”。

要求很高，所以朝臣们很辛苦。上朝规矩，除一二品大员年高者，特赏可以骑马或坐椅轿，其余人一律步行入宫。所以为了赶时间，大伙儿半夜就起来了，没有时间吃早饭。虽然从唐代起，朝官在退朝后，都可在宫内饱餐一顿皇帝的招待宴——“朝食”，但是皇帝退朝的时间大约在 9 点多，一个人早晨 3 点起床后 6 个小时不吃东西，肯定是饥肠辘辘，这可怎么办呢？据明代文人笔记记载，唐代有个叫刘晏的官员，在一个寒冷的冬天一早入朝，中途经过卖蒸饼的店，闻到店里飘来的香味，就叫手下人买了几个，用朝服的大袖子包起来带在身上，待到退朝回家时，还对同僚们说蒸饼的味道美不可言。很难说刘晏是在上朝途中还是在朝堂上趁皇帝不注意的时候把这些蒸饼咽到肚子里去的，不过他这种垫垫肚子的做法还真是够聪明的。到了宋代，朝廷意识到官员不吃早点会在皇帝面前肚子咕咕叫，便人性化了很多，在官员等待上朝时，宫廷提供羊肉享用。但到了三九严冬，羊肉已冻住，硬得咬不动了，有的官员就只好把羊肉揣在腰间，待体温将肉暖化了再吃上两口。

朝臣上朝还有另外一个烦恼：上朝时间太早，黑灯瞎火的，很不方便。据《天咫偶闻》记，明代紫禁城皆有路灯照明，天启时太监魏忠贤当权，才下令尽废路灯，方便夤夜出入。其后，该制度又为清朝继承，紫禁城内，除朝房及各门外，绝无灯火，理由为消弭火患。结果便是百官“戊夜趋朝，皆暗行而入，相遇非审视不辨”。因为无灯照明，还发生过有人在雨夜趋朝时因路滑失足跌入御河溺死的意外，这种死法相当郁闷。

当然，这种上班时的牺牲绝不会发生在王公大臣身上。完颜绍元写道：

清制，凡亲王与部堂长官上朝，皆有专人打灯引至景运、隆宗二门；军机大臣则有角灯导入内右门。还有，奏事处官员、各部院衙门递奏官和各省提塘官，因为他们提前送到的各种文件和报告或许会成为皇帝在朝会上提出讨论的议程，因而也特许给灯。上述这些灯火，就是广大“无光”上班族防备工伤的借光之源。大体办法，各自赶早，如等早班车似的站在东华门外，远远看见有灯过来，便蜂拥而上，亦步亦趋。没赶上这趟的，只好再翘首以盼下一个“有光”

上班族到来。

所以说，古代的上班族，并不比现在轻松。

三

网上总有人在排列“中国最累的城市”，“逃离北上广”也一度成为时髦词。但是，我们能逃离吗？

古人有潇洒辞官者，但不是因为累，而是因为政见不同，或自己努力也无法改变现实，于是不玩了。

陶渊明是选择远离朝政、悠游山林的一个标志性人物，他有过十三年的仕宦生活，做的都是小官。这十三年，是他为实现“大济苍生”的理想抱负而不断尝试、不断失望、终至绝望的十三年。最后赋《归去来兮辞》，用今天的话来说，就是“老子不玩了”。

在中国的传统文化中，陶渊明占据一个独特的位置，源于他对人生的选择。他影响了很多人，但更多羡慕陶渊明者属于“叶公好龙”。这些人退隐山林，只是以退为进，一有合适机会，便欣然出山矣。在今天，陶渊明是很多大城市白领的偶像，但有几人能做出如此决然之选择？

面对过劳死的焦虑，我们在叹息之余，也期盼劳动保护和社会保障的进一步升级，打造健康中国。

假如明天重新来临

《夏洛特烦恼》，一部浸染着浓浓东北小品感觉的喜剧电影，不声不响地火了，这成为中国喜剧电影的一个标志性事件。

当然，人们对这部喜剧电影的追捧，不仅仅在于电影中无处不在的笑点，更多的是在笑声中的眼泪与共鸣：假如人生能够重新选个活法……

一

从前，唐朝有一个叫淳于棼的人，是个任性的酒鬼，某一天喝醉了，倒在槐树底下做了个梦，梦见自己娶了公主，封疆一方，大富大贵。不料强敌来犯，自己屡战屡败，公主又猝然去世，富贵转眼一场空……他醒来后，落日余晖还留在墙上，而梦中却仿佛整整过了一辈子。这就是著名的“南柯一梦”。古往今来，这个故事让无数中国人唏嘘不已。《夏洛特烦恼》可以说是现代版的“南柯一梦”，人生失败的夏洛，醉倒在马桶上，在梦中变成了明星，万人倾慕，挥金如土，但同样好景不长，最终死于艾滋病，惊醒时，还趴在马桶上，酒臭犹在，脸有泪痕。

但是，相比南柯一梦的故事，《夏洛特烦恼》无疑要复杂得多。电影中，梦并非最重要的元素，最重要的是“穿越”。这些年来，穿越题材已经泛滥成灾，不过，《夏洛特烦恼》的穿越，还是颇具想象力的。夏洛从一个已婚待业男人穿越回读高三时的 1997 年，然后依靠唱 1998 年以后的流行歌曲，顿成一代天王，犹如穿越小说开山之作《寻秦记》中的项少龙，一个现代人穿越到了战国时代，凭背诵唐诗宋词，赢得了一个又一个美女的芳心，尤其是在战国第一才女兼美女纪嫣然面前，抛出了一句“绝对的权力导致绝对的腐败”，这思想高度瞬间征服才女。

在群雄之中，项少龙固然很帅很聪明也很能打，但并非颜值最高、智商最高、功夫最牛的一个，他的优势在于脑袋中有两千多年的文明积累，他来到战国，就像三体人来到地球一样，完全不是一个层次了。夏洛也一样，他穿越回到高三，仍然是个顽劣的不会读书的差生，但他拥有别人没有的记忆积累，而这些不属于穿越所至时代的记忆积累，全部成了穿越者的原创。

跟《寻秦记》相比，《夏洛特烦恼》又不是简单的穿越故事，它更像当今很多人的梦想——重新换个活法。现阶段活得太苦太穷太失败，满心后悔与不甘，希望从头再来，从某个关键节点重新开始，例如回到已经过去的人生的某个三岔路口，走另外一条路。

多少人渴望有试错的机会，有重新开始的机会，带着经验教训，走上终南捷径。所以，《夏洛特烦恼》必然是击中了一个特定年龄段的观众的心灵柔软处，他们经历过，他们很烦恼，他们不甘心，他们想再来一次。

二

小时候不谙世故，看《西游记》时总是为孙悟空感到难受：一只自由自在的顽猴，沦落成一个乖巧听话的超级保镖，跟着无趣的唐僧走在漫长的西行路上，一旦想起啸聚花果山的岁月，他肯定郁闷得一塌糊涂。笔者曾不止一次地设想一张泪流满面的猴子脸：在无数个夜晚，孙悟空被八戒、沙僧粗鄙的呼噜声吵醒时，是不是辗转反侧，心有不甘，火眼金睛中溢出了眼泪？

假如悟空能够重新选择，他还会选择大闹天宫吗？但吃过蟠桃、打过神仙，他还会甘心做一只终老花果山的普通猴子吗？

命运从来无法假设，即使是《西游记》这样的小说。所以，不少对现状不满而又无法改变命运的人，沉迷于网络游戏，因为在游戏中，一切都有可能，一切都可以重来。

1815 年秋天，在遥望非洲大陆的圣赫勒拿岛上，一个法国男人回忆自己波澜壮阔的一生时，或许会一遍遍地想：假如一切可以重来，不用一切，只用一次……

他就是拿破仑，滑铁卢之战后，被流放于此，至死都没能再踏上他曾经纵横驰骋的欧洲大陆。

众所周知，滑铁卢是拿破仑一生最大的无可替代的痛。他在孤岛上，给这场决定了欧洲历史的战役复盘时，应该无比懊恼：决定胜负的只是一瞬间，胜则赢得世界，输就掉脑袋。但这关键的瞬间不属于他，他输了。

著名作家茨威格在他的不朽名著《人类的群星闪耀时》中，曾专门写了决定拿破仑个人与大历史的这一瞬间，题为《滑铁卢的一分钟》。文中写道，当滑铁卢战役打响后，法军与盟军中的英军拼死决战，疲惫不堪，打成了平手，双方都寄希望于援军的到来，谁的增援部队先到，谁就将是历史的操盘手。法军三分之一的部队被拿破仑派出去追击此前被击溃的普鲁士军队，避免他们与英军会合。但在人生最关键的一次选择中，他选错了人：平庸呆板的元帅格鲁希。

当这支部队像没头苍蝇一样在荒原上搜寻普鲁士军队时，滑铁卢战役打响了，大家都听到了隆隆炮声，部下立刻向格鲁希建议：马上奔赴战场，但胆小如鼠的格鲁希害怕违抗拿破仑给他的最初命令，迟迟不能下定决心。此刻，副司令热拉尔恳求格鲁希允许他率领一个师的步兵和一些骑兵去增援，“格鲁希考虑了一下。他只考虑了一分钟。然而格鲁希考虑的这一分钟却决定了他自己的命运、决定了拿破仑的命运和世界的命运”。至今，我们在书中，还能听见茨威格的长叹：

在瓦尔海姆的一家农舍里逝去的这一分钟决定了整个十九世纪。而这一分钟全取决于既固执又平庸的格鲁希的一张嘴巴。这一分钟全掌握在被格鲁希神经质地揉皱了的写着皇帝命令的那张纸的双手之中——这是多么的不幸！倘若格鲁希在这刹那之间有勇气、有魄力、不拘泥于皇帝的命令，而是相信自己、相信显而易见的信号，那么法国也就得救了。可惜这个毫无主见的格鲁希只会始终听命于写在纸上的条文，而从不会听从命运的召唤。

历史不容幻想，拿破仑最终因为像猪一样的队友，输掉了滑铁卢战役——普鲁士军队及时回援战场，而拿破仑的援军在格鲁希的带领下，还在茫然中离战场越来越远。

在生命的最后时光，拿破仑是不是也像孙悟空一样，在无法改变的命运中，在一个个难以入眠的夜晚，一次次假设，咬牙切齿，捶胸顿足，郁闷得无以复加。

三

1837 年，一个跟夏洛年纪差不多、同样充满挫败感的青年男子，做了一个同样奇特的梦，梦见一个身着黑袍、背龙泉剑的白胡子老头告诉他：奉上天的旨意，命他到人间来斩妖除魔。这个名叫洪秀全的青年男子醒来后，若有所思，但并未想到，若干年后，这个梦带来的那一片尸山血海。

做这场梦之前，洪秀全已经在童生试中三次落榜，这场梦后六年，他又憋足劲参加了一次考试，仍然落榜。他突然想起那场奇梦，一狠心：算了，重新开始，老子自己玩。

在人类文化中，“宿命”是一个绕不过去的母题，譬如洪秀全，他跟当时千千万万中国农村耕读人家的子弟一样，毕生理想就是考取功名，朝为田舍郎，暮登天子堂，这是唯一一条人生道路。未中秀才的读书人均为童生，明清两朝，不少读书人，到六七十岁胡子花白了，还是童生身份。从留传于世的洪秀全的诗文来看，他确实不是读书的料，如果一直读下去，真的可能胡子花白了，还是童生。

洪秀全决心打破宿命，换种活法，重新开始自己的人生：他把孔孟之书全扔掉了，把家里的孔子牌位换成了上帝的牌位，自称是上帝的二儿子，耶稣的弟弟。虽然未曾读过《圣经》，但他开始逢人便宣传他所理解的基督教教义，称之为“拜上帝教”。此前做过的奇梦，成为自己理论最有力的佐证。

在中国历史上，屡屡落榜而最终选择跟科举说拜拜的读书人，不在少数，一旦选择“不玩了”，人也解放了，有更多精力开辟人生新道路，其中一些人因此闯出了一片新天地。写《聊斋志异》的蒲松龄、写《儒林外史》的吴敬梓，还有写《本草纲目》的李时珍，都是落榜生，不求科场功名，另走人生新路，卓有成就。不过相比之下，洪秀全人生转型之彻底，蒲松龄、吴敬梓、李时珍等是望尘莫及了。

一条路走不通，选择走另一条路时，往往是奋不顾身的，因为很难再做第三次选择了，又不可能也不甘心再回到第一条路上去。洪秀全屡试不中，满腔怒火全撒到科举上去，他的名言“推勘妖魔作怪之由，总追究孔丘教人之书多错”，对于当时挤在科举道路上的读书人来说，这是很难接受的。所以后来太平天国以驱逐清廷的民族大义来号召民众时，曾国藩打出了“捍卫名教”的旗号，同样应者如云。

洪秀全轰轰烈烈开始了人生新选择，从一个失败的考生，变成了显赫的天王。但他始终是一个儒生的心理，终究摆脱不了科举失利的心结，而解开这个心结的最好办法，就是自己“开科取士”。所以打下第一座城市永安后，他立马就开始自己设考场、自己出考题、自己录状元了。有趣的是，这次参加考试的几乎都是没读过什么书的太平军各级军官，更有趣的是，洪秀全让南王冯云山当了状元——冯云山跟洪秀全是科举考场上的难兄难弟，同为失败的落榜生。

此后，太平天国进行了多次科举考试，当然，跟清朝十足规范的科举相比，太平天国的开科取士，许多时候只能用“儿戏”二字来形容了。

这正是古往今来众多人开始人生新选择的潜意识：新选择是否成功的参照，永远是前一条没走通被放弃的路。第二条路，对于第一条路而言，是竞争，是攀比，也可以说是报复。

再怎么说心静如水，其实还是愤愤不平。

四

有句话很有名：“世上只有一种真正的英雄主义，那就是在认清了生活的真相后，依然热爱生活。”

人生往往不如意，人生也有多种选择。“此处不留爷，自有留爷处。”有的选择退隐山林，由儒入道，从刘伶到唐寅，一个狂狷的群体；也有的放弃初心，随波逐流，甚至认贼作父、为虎作伥，热血青年沦为冷血禽兽；当然，还有一类人，就如苏轼所言，“守其初心，始终不变”，这类人铮铮铁骨，死扛到底，历史上也是层出不穷的。

清醒看到一条路明明不通了，还要坚持走下去，这种态度，比理想主义者更不容易。

明末有一位叫作邓渼的读书人，现代人知道的不多了，但这是一个历史不应遗忘的人。

邓渼书读得不错，中进士后，从县令做起，官至监察御史。他是个好官，不管在什么位置上，都体察民情，到田间地头了解民间疾苦，老百姓给他送东西，他照价付钱。用现在的话来说，这是个密切联系群众的好干部。他同时又是个刚正不阿的人，要做到这一点很不容易，要知道，他当监察御史的时候，正是太监魏忠贤一手遮天时。那年头，不少读书人出身的官员，争先恐后认魏忠贤做义父。认一个太监做义父，何其无耻啊。

对于这种糟糕的政治生态，邓渼有着清醒的认识。他留传于世的几首诗，很鲜明地表明了自己的态度："欲割迟鸡肋，将留念脍鲈"(《奉赠少保李于田先生一百三十六韵》)，"鸡肋不易弃，吏隐徒空言"(《长短句赠张克隽喜其初至》)。将当官比作"鸡肋"，食之无味，但欲弃不能。是的，邓渼可以有另外的选择，退隐山林。他字远游，号壶邱，自号箫曲山人，可见他对远方、对山水的渴望。但他仍在官场坚持，因为总得有人坚持。

魏忠贤再牛，邓渼也不买账，他多次上疏，指责阉宦为患误国强烈要求铲除阉党："当今阳气犹微，阴气正恶。""阉宦目不识丁……奸辅当国，宦邪盛行，上道湮废，人心愤抑……奸党擅权误国，为宗社安危大计，虽累百疏不为多。"有人评价邓渼弹劾阉宦奏疏时说："奏书一上，九重动容，百僚吐舌，巨猾绅奸，敛迹束手。"今天看来，邓渼所言，确实就像酷暑溽热当中的暴雷。

邓渼不是一个人在战斗。御史林汝翥曾怒打魏忠贤手下太监，魏阉大怒，出动上百人要报复林汝翥，林越墙而逃，躲到邓渼家中，并求他递《劾魏忠贤疏》给熹宗皇帝。邓渼毫不犹豫递交了，结果被阉党构陷，矫旨将他流放贵州。临行时，家人牵衣痛哭，邓渼拂袖大笑而去。

历史的很多片段，就是一块沼泽地，有人陷进去了，更多人绕着走，但总有些人，会坚定地走下去，虽九死而不悔，前仆后继，直至走出一条路来。

五

美国作家西德尼·谢尔顿有一篇著名的长篇小说《假如明天来临》，主人公特蕾西·惠特尼，是谢尔顿笔下最激动人心的女人。她本是一个幸福的小女生，美貌，单纯，有蒸蒸日上的事业，又即将嫁入豪门，正是一个纯真的女生对未来抱有无限憧憬的时候，命运的陷阱却彻底改变了她的人生。母亲被迫自杀，她为母复仇，蒙冤入狱。出狱之后，她开始了以前从未想象过的复仇之旅，为自己、为母亲报仇雪恨。她知道，她已经回不到过去，虽然她那么渴望赢回曾经失去的一切。

在今天这个大变化的年代，每个人的命运，都是一部长篇小说，或汪洋恣肆，或深水静流，很少有人甘心平庸过一生。很多人总想着要改变，要重新设计人生，要去体验无限可能。《夏洛特烦恼》正是挠动了众多人的这个烦恼，而且在当前离婚潮、选秀潮背景下，更让观众心有戚戚焉。

但重新选择一条路，就能从此幸福吗？《夏洛特烦恼》给出了否定的答案。新永远是与旧相对的，新永远是在旧的记忆中开始的，无法割裂，也让人更清晰认识自己需要什么。记载“南柯一梦”故事的《南柯太守传》有这么一句话：“生感南柯之浮虚，悟人世之倏忽，遂栖心道门，绝弃酒色。”而《夏洛特烦恼》的结尾，是夏洛像个固执的孩子一样紧紧抱着妻子马冬梅不放，他曾在梦中永远失去了她，惊醒后，只想寸步不离。很多观众看着这结尾，大笑，而后有眼泪。

是的，这是一个有太多选择的年代，乱花渐欲迷人眼，很多人不甘心做西行路上的孙悟空，更害怕像拿破仑那样在关键时刻做出错误选择。其实，无论是坚持下去还是重新选择，都值得尊重，但前提是要静下心来想清楚：为什么要坚持下去？为什么要重新选择？芸芸众生，要弄清楚自己究竟需要什么，是件很困难的事，或许要经过多次选择，才会明白自己的真正所需，也会更珍重自己的真正所需。

我们总是想得太多，但并不意味着想得很清楚——弄清楚了这一点，很重要，这样，假如明天重新来临，我们依然能守住初心。守住初心，就守住了明天。

历史上那些被信任缺失毁了的事

如今似乎进入了一种“我疑故我在”的思维模式，尤其是在网络平台上，“不相信”已经成为很多人的思维定式。我们正在为缺乏信任而付出越来越高的成本。但是重建信任，谈何容易？

一

历史上很多惨痛教训，都与信任缺失有关。

大唐天宝十五年（756）六月四日，哥舒翰哭着率军出了潼关。一代名将，此时惶恐悲恸，似乎预料到了自己接下来的悲惨命运。

哥舒翰的名字，写进过唐诗。《哥舒歌》有云：“北斗七星高，哥舒夜带刀。至今窥牧马，不敢过临洮。”作为一代名将，哥舒翰的名气不如唐初的李靖，也不如同时代的郭子仪，这当然跟他晚节不保相关，只因此次“恸哭出关”。

当时，安禄山反叛，“渔阳鼙鼓动地来”。哥舒翰受唐玄宗之命，守潼关拒叛军。潼关是天险，哥舒翰擅长守城，在他的经营下，潼关固若金汤。叛军主力对潼关发起一次又一次的进攻，持续半年之久，都劳而无功，西进长安的目标变得十分渺茫。当时局势对唐朝非常有利，一方面唐将李光弼与郭子仪率军接连大败叛军史思明部，切断了叛军前线与范阳老巢之间的交通线；另一方面，叛军东进被张巡阻于雍丘，南下又被鲁炅阻于南阳。安禄山腹背受敌，一度打算放弃洛阳，回老巢范阳固守。若是果真如此，就不会有马嵬坡之变，也不会有《长恨歌》传世了。

在奸相杨国忠的谗言下，唐玄宗害怕哥舒翰拥兵自重，成为安禄山第二，不断催促他出关与叛军决战。哥舒翰知道皇帝已经不再信任他，如果再拒守不出，肯定死得很难看，只得带二十万大军出关。叛军潜锋蓄锐，引诱唐军弃险出战。决战之际，又假装不敌，引诱唐军进入埋伏圈，使哥舒翰遭到平生未有的失败。二十万大军，仅剩八千人。哥舒翰常胜将军的声名，一朝扫地。他被属下劫持，投降了叛军，后来屈辱地跪倒在安禄山面前，被当成劝降其他唐将的棋子。劝降不成，他又遭囚禁，最后被杀。叛军过了潼关，一举攻下长安。大唐盛世，至此急转而下。

在历史上，因为不信任导致的转折比比皆是：诸葛亮与魏延、赵构与岳飞、崇祯与袁崇焕……

二

误会与分歧，从人类社会一产生就如影随形。或许，心心无法相印，是人类注定的宿命。回望历史，一次次假设：如果他信任他，还会有后来的家国悲剧吗？

战国时期赵国兴衰，跟廉颇是否获得信任紧密相关。司马光说过这样的话：“廉颇一身用与不用，实为赵国存亡所系。此真可以为后代用人殷鉴矣。”

赵国国运的转折点在长平之战。起初是廉颇在长平固垒坚守三年，意在挫败秦军速胜之谋。秦国看速胜不行，便使反间计，让赵王相信，秦国最担心、最害怕的是赵国用赵括替代廉颇。赵王求胜心切，终于中了反间计，认为廉颇怯战，强行罢廉颇职，用只知纸上谈兵的赵括为将。赵括取代廉颇的职位后，完全改变了廉颇制定的战略部署。秦国大败赵括军于长平，坑杀赵兵四十余万。

长平之战后，接下来发生了艰苦卓绝的邯郸攻防战，其惨烈程度堪称战国时期的“斯大林格勒保卫战”。此战秦军四十五万精锐士兵攻城，而赵国刚经历长平之战的惨痛，邯郸城内士卒多为刚征集的平民，人数约有三四十万人，年龄多为 40 岁左右。在古代这个年龄已经算老人了。此外还有大量的 13 到 18 岁的青少年，年轻力壮的士卒不超过十万。但赵国此刻君臣、军民同心，廉颇再获信任，任守城主将，带甲上城亲自指挥督战，最终大败秦军。

遗憾的是，廉颇后来又因为君王听信谗言被免职。他逃到魏国，后又去了楚国，始终没能获得重用，只留下“廉颇老矣，尚能饭否”的千古喟叹，最终郁郁而终。可见猜忌始终如毒蛇一般，频繁出没于历史各个年代。

拍马屁是如何改变世界的

近读《元史》，读到蒙古大汗窝阔台之死，颇为感慨。

简而言之，这是一个因为拍马屁而引起世界历史改变的故事。

一

公元1241年冬天，整个欧洲在严寒与比严寒更可怕无数倍的战争威胁之下瑟瑟发抖。这一年圣诞节刚过，蒙古军队的铁蹄就踏过了多瑙河，向西挺进，前锋已翻越东阿尔卑斯山，进入北意大利，而小股侦察分队，则穿过多瑙河谷地，逼近了维也纳。

谁都能预料到接下来的场景：遮天蔽日的箭雨，屠城，尸山血海。

这是蒙古军队的第二次西征，15万大军势如破竹，一路横扫，先征服俄罗斯，旋即击败波兰－日耳曼联军，又大破匈牙利军队……击败了总数为自己五倍之多的欧洲各国军队，控制了从第聂伯河到奥得河以及从波罗的海到多瑙河的整个东欧和中欧的部分地区。谁能拯救欧洲？

就在欧洲绝望地做着准备迎来注定失败的战争与恐怖的屠杀时，

奇迹发生了。从遥远的东方，来了疲惫而悲伤的快骑，他们带来了一个消息：窝阔台大汗驾崩了！

就像从一场惊悚的噩梦中突然醒来一样，某天清晨，欧洲守军从城墙上战战兢兢望出去，突然发现，蒙古大军消失了。

这是成吉思汗定下的规则：大汗死后，黄金家族的所有子孙，无论他们在哪里，都必须返回蒙古本部参加新大汗的推举。他们狂风暴雨般袭来，又风驰电掣般走了。

有人提出这么一个问题："如果窝阔台汗不暴毙，那么欧洲将会如何？"

一个回答是这样的："如果窝阔台没死，那么黑死病就不会被带到欧洲。没有黑死病，神父就不会死亡。没有大量的人员死亡，上帝的存在就不会遭受怀疑。没有怀疑，意大利就不会有文艺复兴。没有复兴，意大利和西班牙就不会强大。没有这两国的强大，日耳曼民族会控制中欧，奥匈帝国就不会出现。没有奥匈帝国的出现，也就不会爆发第一次世界大战。"

把窝阔台之死与第一次世界大战联系在一起，确实有些脑洞大开。历史不可假设，但毋庸置疑的是：窝阔台之死，让世界历史随之改变。

回溯这段历史，欧洲人要感谢一个没有在史书上留下名字的人。

但此人其实与历史上众多的同道之人，拥有一个共同的名字：马屁精。

二

窝阔台因酗酒而死。

他的身体本来很好。他是成吉思汗的第三个儿子，在马背上长大，在战争中成长，随父亲四处征伐，骁勇善战，是蒙古帝国著名的虎将。

或许因为小时候吃过不少苦，登基后，他开始享受生活。他认为，这人世一半是为了享乐，一半是为了英名。当你放松时，你自己的束缚就放松，而当你约束时，你自己就受到束缚。这无疑是很不正的“三观”，但他是大汗，谁敢批评？

他最大的享受就是喝酒，堪称嗜酒如命，每次喝酒，能够从天黑喝到天亮。酒精对他的健康损害很大，宰相耶律楚材多次劝谏无用，便拿着铁酒槽对窝阔台说：“这铁为酒所浸蚀，所以裂有口子，人身五脏远不如铁，哪有不损伤的道理呢？”

耶律楚材是一个特别好的人，窝阔台很敬重他，但窝阔台认为酒更好，依然往死里喝。

到了 1241 年，他喝出问题来了。一次游猎归来，他多喝了几杯，突然昏死过去。大家急了，赶紧找太医来看，太医说：糟了，已经摸不到脉了。但他早年戎马生涯打下的身体底子不错，没多久居然又苏醒了。

这场病对他还是有些打击的，大家劝他以后一定要少喝，他也答应了。他的二哥察合台是真心为他好，特地指定一个人，专门为大汗掌酒，规定每天只能喝几杯。

休整了一段时间，窝阔台的身体慢慢好了，他又开始怀念这杯中物了。但二哥规定很严格，每次都喝不尽兴，怎么办？

有的是办法，因为他是大汗，身边总是少不了马屁精。察合台指定的这个掌酒者，就是一个马屁精。他想，大汗要喝酒，怎么能不让他喝高兴呢？上有政策，下有对策，不就是规定每天的杯数吗？于是，这马屁精把小杯换成了大杯，就像“四菜一汤”完全能够以另一种面目出现一样，杯数没变，但杯子大了。

聪明人啊！窝阔台自然大喜。几句表扬，若干赏赐，马屁精自然异常振奋，尝到了拍马屁得来的甜头，他誓将拍马屁进行到底。管他什么杯数呢，只要大汗能喝，就不断斟酒，他媚笑着斟满，窝阔台则欢笑着一饮而尽，如长鲸饮百川之势，那叫一个豪迈。

这一年的 12 月 10 日，隆冬季节，在欧洲，蒙古军队正准备发动凶悍的攻击；在这边，窝阔台骑射打猎五天之后归来，坐在暖烘烘的大帐篷里，开始与一众部下豪饮美酒。掌酒者自然察言观色，只要大汗杯中一空，马上倒满，什么每天限制杯数的规矩，早就忘得一干二净了。

这场大酒，喝到半夜。翌日清晨，部下进帐来问候窝阔台，发现他已经不能说话了，这应该是中风的症状。没多久，他就死了。时年 56 岁，在位十三年。

史书没有记载那个给窝阔台倒酒的马屁精的下场，他是因大汗之死被迁怒给砍掉了脑袋，还是继续谄媚地给下一位权贵倒酒？后者的可能性更大。当时蒙古贵族怀疑窝阔台是被女人下毒给毒死了，因为他们认为当年是窝阔台在酒中下毒，毒死了自己的四弟拖雷，所以遭到拖雷一系的报复。但后世一致认为，窝阔台因酗酒而死。

如果掌酒者能够坚持原则，窝阔台还能多活一些时间，世界历史也将不同。

但是，怎么能要求一个马屁精讲原则呢？

三

有趣的是，“拍马屁”一词，正好源于元朝。蒙古族百姓牵着马相遇时，常要拍拍对方马的屁股，摸摸马膘如何，并随口夸上几声“好马”，以博得马主人的欢心。博得对方欢心最重要，马是好是坏并不重要。所以即使是一匹差得不能再差的劣马，也能享受一把被拍屁股并被称为“好马”的待遇。这种没有原则的奉承讨好，就成了“拍马屁”。

但拍马屁的历史，在这个词出来之前很久，就已经存在了。拍马屁的历史，几乎与人类文明历史如影随形——有人的地方，就有差距。人嘛，有利益需求，想改变现状，缩短差距，过得好一些；人嘛，也有心理需求，包括对被拍马屁的心理需求。一个人如果可以不用实干，而是以低成本的语言和行为来取悦对方，拍拍马屁，就能得到利益，他何乐而不为？

西汉末年，王莽想称帝，需要造舆论，于是一个叫张竦的马屁精精心写了一篇马屁文章，把王莽这个乱臣贼子称为周公再世。王莽大喜，封张竦为淑德侯。拍马屁拍成了侯，也是够可以的。所以当时民间有句俗语：“欲求封，过张伯松（张竦字）；力战斗，不如巧为奏。”张竦的爷爷，也是个名人，就是每天早上给夫人画眉毛的张敞，面对皇帝质问，他坦然答道：“闺房之内，夫妇之私，有甚于画眉者。”张敞是个暖男，也是个猛男，敢于跟当时一手遮天的外戚霍光斗争。可惜他的口碑，被孙子给彻底败坏了。

历史上有无数拒绝虚伪的铮铮铁骨，更有无数马屁拍尽的奴颜媚骨。

《宋史·宗室四》记载了这样一个马屁高手：南宋庆元年间，韩侂胄专权，工部侍郎赵师择对之百般巴结。一次，韩侂胄赴宴，经过一处山庄，看到人工布置的竹篱茅舍，对赵师择说：“这里真是一派田园景象，就是缺点儿鸡鸣狗吠之声罢了。”过了一会儿，忽听草木丛中传来了“汪汪汪”的狗吠声，仔细一看，原来是赵师择蹲在那里学狗叫呢，逗得韩侂胄大笑，十分开心。不久，赵升任工部尚书。

马屁精如此之多，如果把他们的言行集纳下来，绝对是皇皇巨著。清人纪晓岚很有趣，曾在《阅微草堂笔记》写过这样的一个故事：有个读书人家的子弟，夜晚在山中迷路，看到一个岩洞，想进去休息。近了一看，却发现某位去世的长辈在里面。他很害怕，不敢进。那鬼却很热情地招呼他，于是，他就小心翼翼地进去行礼，并问：“您的坟墓在别处，为何来这里住呢？”鬼感慨地说：“我生前虽然没有什么建树，但老实做人，本分做官。没想到死后没几年，坟前突然立起一块巨碑，上面用弯弯曲曲的篆文刻着我的生平事迹。不过很多我都不知道，即便有点根据的，也都言过其实。我本来心就不安，每有游人至此，看到碑文就讥笑一番，其他鬼也为此嘲笑我。我实在受不了了，就躲到这里，只在逢年过节晚辈祭祀时，才回去看看他们。”

当然，跟电视剧《铁齿铜牙纪晓岚》不同的是，历史上真实的纪晓岚其实也是一个拍马屁的高手，他长期追随乾隆，吟诗作对，阿谀奉承之作，那是一首又一首的。

四

拍马屁只有一个目的：让对方高兴，为自己谋利。除此目的，其他都可不管。就像那个给窝阔台掌酒的马屁精一样，只要大汗喝得高兴，哪管什么原则、规矩和健康？

当然，拍马屁有高下之分，有些赤裸裸的过于直白的没有艺术含量的马屁，往往并不为对方所喜，甚至可能带来负面作用，后果很严重。明初，有个叫徐一夔的官员为朱元璋进贺表，写有“光天之下，天生圣人，为世作则”一句话，朱元璋一看，怒了：一个“光”一个“则”，不是嘲笑老子当过和尚、做红巾军时为贼吗？砍头！徐一夔就这么死了。当然，这是小说家言。

马屁精，都是人精，有急智，有文化，有想象力，还要足够无耻。

袁世凯想称帝，又担心老百姓反对，于是，以袁公子袁克定为首的一群小人，居然伪造了一份当时畅销的报纸《顺天时报》，上面天天是社会各界哭着喊着热烈拥戴他称帝的消息。袁世凯心中陶醉啊。但不料有一天，他无意中看到了一份真的《顺天时报》，全是骂他倒行逆施的。这真是能让他喷出一口鲜血的狗血故事。

“认识你自己”，是古希腊德尔斐神庙前石碑上镌刻的神谕。要认识自己，真的很难。夫差看着沦为俘虏的勾践，征服感、成就感、满足感爆发，就忘记自己是谁了，忘记眼前这个人虽然低眉顺眼、卑躬屈膝，但其实内心熊熊燃烧着无穷无尽的仇恨之火。

拍马屁，其实是一种精神贿赂。所谓“千穿万穿，马屁不穿”，一个人，无论多么强大，总有软肋。马屁精，自然都是心理学大师，深谙如何口吐莲花、一击而中。东晋末年，桓玄篡位，刚坐上御座，椅子突然塌陷。众臣大惊失色，侍中殷仲文开口说道：“这是因为陛下圣德深厚，连大地都载不起了，所以御座才陷落下去。”桓玄大悦，深为信任殷仲文。

但这种违背良心、“很会说话”之辈，又岂能个个值得信任？桓玄后来兵败，反思自己为何落了这么一个下场。有人直言：朝中一群马屁精，把您说成尧舜再世，您也欣然接受，咱们只能无语。桓玄听罢，亦无语。至于那个马屁精殷仲文，见情况不妙，早就跑路投靠他人了。

赞美他人，是一种智慧，但是凡事有度，如果为了一己私利而说出违心之言论，只为取悦，罔顾真实，小则害人害己，大则祸国殃民。

昧着良知拍马屁者，是缺乏敬畏之人，谈不上真诚，亦谈不上忠诚，谈得上的，只是掩藏于谄媚之下的利益索求，以精神贿赂来求巨大回报。相比物质贿赂，这种精神贿赂更灵活，更隐蔽，也更有毒。

固本培元，激浊扬清，坚守正道，让正能量充沛，让人际关系清清爽爽，让溜须拍马者没有市场甚至受到惩戒，让说真话干实事之人得到褒奖和重用，很重要。

窝阔台在生命的最后时刻，会不会突然悔悟，恨不能一刀砍掉那个掌酒的马屁精的脑袋？

他中了马屁的毒，但所有责任能够全部推到马屁精身上吗？

他对这毒，缺乏抵抗力，反而还受用得很。

慢悠悠的时间，沉甸甸的乡愁

“春运”期间，归心似箭。

箭脱弦而出的速度，大约是每秒50米，折合为时速180千米，在今天中国的高铁中，复兴号运营时速约为350千米，和谐号约为200千米，已远远超过了箭的速度。

如果还原古人的“春运”，我们会发现今人的幸福，同时也会发现，正是在古人慢悠悠的回乡过年路途中，沉甸甸的乡愁积攒而成的年味，才如此刻骨铭心。

一

从北京到江苏宜兴，1100多千米。在今天，自驾的话，大约要12个小时；乘高铁，只需5个多小时；最快是坐飞机，北京飞南京，不到两个小时，出机场再坐大巴，一个半小时就到了。

但是五百多年前，一个宜兴人从京城回乡过年，足足走了差不多一个月：明朝弘治十一年（1498）腊月，一代贤相徐溥成功请辞告老还乡，终于踏上了回乡之路。他从腊月初启程，腊月二十七才回到家里。后来他给同僚李东阳写信感叹说：这一路折腾啊，我这把老骨头都要散架了。这一年，徐溥已经七十多岁了。

在徐溥那个年代，从北京到宜兴，最佳路线是走京杭大运河的漕运，徐溥居内阁十二年，回乡路上享受的待遇自然不一样，但仍然累成这个样子，可以想见其他归乡人在漫漫长路上遭遇的劳苦了。

“行路难”，是今天春运路上人的慨叹，但是放在古代，那才叫真正的难。一部古今春运史，背后是中国交通史。

可以说，古代交通的发达程度，决定了古代春运的半径、规模与质量。

中国古代交通的大发展，是从秦朝开始的，到汉朝又达到一个新的高峰。秦朝对中国交通的意义，在于秦始皇推出的“车同轨”。著名学者白寿彝在《中国交通史》一书中写道：“‘车同轨’这句话，实在充分表现了秦汉交通之大一统的新精神。它在字面上，虽只是要各处车辙的度数相等，要各轮间的距离划一；实际上，也就告诉了我们，这时的车辆已可畅行中国各处，这时的交通情形已需要车辙和车轮度数的划一了。如果车辙和车轮的度数不能划一，一辆车子便不能畅行各处，便不能适应这个新时代的需要了。”

秦汉之前，交通是很落后的。遥想当年，孔子坐在缓慢前行的牛车上，奔波于各个诸侯国之间，辘辘的木车声中，时间似乎停滞。这是老子喜欢的境界：“鸡犬之声相闻，民至老死不相往来。”但秦始皇不喜欢，统一六国之后，他将发展交通作为国家行政的主要任务之一，陆路交通得以快速发展。除了在全国范围内推行“车同轨”制度，秦始皇还修建了以咸阳为中心，东至燕齐，南至吴楚，西达临洮，北达河塞，全程共 8900 多千米的驰道。

驰道算是当时的高速公路了。《中国交通史》上说，驰道所采的路线，都是按最近的距离规定的，没有什么迂回曲折的地方，所以又叫“直道”。驰道的建设，是“道广五十步，三丈而树，厚筑其外，隐以金椎，树以青松”。驰道路线之长，宽度之阔，取道之近，建筑之坚实侈丽，“真是一个前古无匹的大工程”。试想想，如果在孔子的时代有了驰道，他老人家周游列国的时间，也不会有十四年之漫长了。

汉代交通又达到一个新高度，褒斜道连通了长安与巴蜀，夜郎道延伸到云贵高原的莽莽群山之中，最有名的，当属连通西域的丝绸之路的开拓，这条路使汉代中国人的世界观焕然一新。

从中国历史的发展规律来看，大一统时代，交通就能获得长足进步：隋唐时，运河建设卓有成效，形成了四通八达的水运网，还修建了石门道，将川滇和中原连接起来；宋元明清时期，交通方式也越来越多样化，陆海交通均获得长足发展，比如明朝有堪称伟大的“郑和下西洋”，清朝丝绸之路上的茶叶贸易，也依托当时先进的交通，鼎盛一时。

但是，从一个大的时间跨度来观察中国古代的交通时，人在路上，始终是艰难的。到了晚清，错过了第一次工业革命的中国，在引进铁路、轮船和汽车之前，道路状况与交通方式千年来并无质的飞跃。“行路难”，始终是不变的主题，当时漂在外地的人，要想回乡过年，往往需要提前一两个月动身，才能赶得上在迎接新岁的爆竹声中，回到温暖的家。

1053 年 8 月，欧阳修由颍州（治所在今安徽阜阳）护送母亲灵柩南下祖籍地吉州永丰（今江西省吉安市永丰县）归葬，这年冬天，再返回颍州过春节。今天，从阜阳到永丰，不到1000千米，开车也就9个小时，但当年欧阳修在路上来回就花了两个多月时间，他感叹说：“水往陆还，奔驰劳苦。”

“奔驰劳苦”，确实是古代“春运”的主题词。

二

明朝有个叫王锡爵的大臣，有一年雇船回老家过年，经过漫长的旅程，老家在望了，开心啊，但马上心情又变差了：靠岸时码头上全是船，挤了两个时辰才挤进去。

在铁路、轮船、汽车出现之前，舟车牛马，是中国古人千年不变的交通工具。

1793年，英国人马戛尔尼率领使团以给乾隆皇帝祝寿为名抵达中国，其实是想通过谈判打开中国市场。当时马戛尔尼带了一堆代表英国工业革命成就的产品来中国推销，其中包括两辆马车。马戛尔尼对英国马车打开中国市场充满信心，因为他抵达中国后，体验过中国的马车，觉得中国马车沉重、缓慢，而且特别颠簸。他还近距离观摩过乾隆皇帝的御驾，同样是式样笨重。他带来的英国四轮马车可不一样，带着浮悬弹簧，可以有效减震，乘坐舒适度很高。

但是，马戛尔尼失望了，他无功而返，带来的各种产品被束之高阁。不是英国的产品不好，而是当时的中国太守旧，认为自己的东西已经很好了，比如马车，上千年都这么颠簸着过来了，难道还不好吗？

是的，千年不变，中国古人就乘坐着笨重的马车或牛车，在路上颠簸往返，无论是上任、赶考，还是旅行或者回家过年。

当时的交通工具究竟如何？古代没有相机，好在还有古画流传于世。以宋朝为例，从传世的宋画看，《清明上河图》《溪山行旅图》《盘车图》《雪溪行旅图》等画中的交通工具，大多是牛车，也有少量驴车。有人研究过张择端的《清明上河图》，全卷共有五百多人，六十余只动物，二十辆车，二十八艘船，八顶轿子。车、船、轿子，就是当时的主要交通工具。值得一提的是，宋朝人骑马或者乘坐马车的不多，主要原因是西北的西夏崛起后，宋朝失去了战马的主要来源，因此严重缺马，需要耗费巨资向周边买马，有钱人才养得起马，普通人家一般骑驴。当时京师开封还有专门出租驴子的商铺，相当于今天的出租车公司。能够出租马的，就等同于今天的豪华专车服务了。

在宋朝，春节已经是非常重要的节日了，著名的《东京梦华录》一书就记载过当时春节前开封城外拥堵不堪的情景。当时的车，有“太平车”“平头车”“串车”，太平车是大车，连成一排，用二十多头驴或骡子来拉，也有用六七头牛来拉的，堪称古代的大型平板货车了。名画《雪溪行旅图》中，还画出了三辆三牛厢车，以三牛牵引，双层车厢，上层低而宽，是卧铺，下层高而窄，是车厢，整个车子呈拱形。从画中可以看出，最前边的那辆车有人正从下层向上层爬去，第二辆车门大开，车上层有人裹被而卧，下层一人闲坐。最后边的车上下层皆闭门，可能是行李车。这幅画描述的是雪中赶路的情形，可以称之为“大宋春运图”了。

从古人记载来看，除了官员有公家配给，民间无论租赁车还是轿子，都有明码标价，如果没钱，就只能靠两条腿了。

当然，古代等级森严，对于乘坐什么规格的车或几人抬的轿子，都有明确规定，一旦超标，就可能给弄个“僭越之罪”，土豪们再有钱，明里也不敢乱来。历史记载的除皇帝之外最奢华的一次出行，是明神宗万历六年（1578），首辅张居正离京回湖北江陵老家。当时，他乘坐的是前八后八左八右八的三十二人抬巨无霸大轿子。这个轿子大到什么程度？像个小阁楼，里面分卧室及客室，还有小童两名在内伺候。地方官员为了让这台巨无霸轿子顺利通行，增派民夫，拓展路面，动用工匠，加宽桥梁，忙得不亦乐乎。

即使对于一人之下、万人之上的张居正来说，这轿子无疑也是严重超标了，更甚的是，还有精锐部队护卫。黄仁宇在《万历十五年》中写道：“随从的侍卫中，引人注目的是一队鸟铳手，乃是总兵戚继光所委派，而鸟铳在当日尚属时髦的火器。”

当时张居正权倾天下，这次回乡，拉风得很。但张居正死后，遭受清算，这顶巨无霸轿子成了他的一大罪状。

三

南宋诗人陆游写有中国古代第一本长篇游记《入蜀记》，当时他由山阴（治今浙江绍兴）赴夔州（今重庆奉节一带）当通判，乘船由大运河转长江水路前往，经今浙、苏、皖、赣、鄂、渝六省市，历时一百六十天才到。

如果走陆路，要花更长时间，毕竟“蜀道难，难于上青天”。在陆游那个时代的交通条件下，陆路行速相当缓慢，史载，当时“马日行七十里，驴及步人日行五十里，车三十里”。以北宋为背景的《水浒传》写道，林冲被打了一顿棍子、脸上刺上字，继而发配沧州，第一日走了三十多里路，再走了三两日，投宿村中小店，被董超、薛霸两个坏蛋蓄意用开水给他洗脚，脚底起了大血泡，翌日更走不动。可见当时林冲带枷而行，身上又有伤，每天走不了多远。

遥想当年，一个四川人在京城（无论是开封还是北京）为官，要想回乡过年，需经历何等漫长的旅程！

名山大川，是旅游好去处，却是古人回家的最大阻碍。在今天，从湖南衡阳到湖北武汉，高铁两个小时可抵达，但就在三百多年前，晚明衡阳的王船山到武汉参加乡试，回家途中，差点葬身鱼腹——当时湖南到湖北，需过洞庭湖，王船山乘坐的船过城陵矶港时，忽然狂风大作，帆船撞上礁石，散了架。

清朝康熙以前，湖南还是湖广省的一部分，治所在武昌，考举人的考场即闱场设在武昌，湖南的秀才要赶考，必须渡过八百里洞庭湖。毛泽东的岳父、湖南著名学者杨昌济曾回忆，他的外祖父向肇昆就是因为陪伴两个弟弟去武昌赴考，途中过洞庭湖时遇大风浪惊吓得心脏病发作而去世。可以说，一湖洞庭水曾经断了不少学子的闱场梦。一直到雍正元年，南北分闱，在长沙设立考场，从此湖南进入人才辈出的时代。这就是地理对地域政治、经济、社会文化的全方位影响。

试想想，王船山时代要想有“湘鄂情”，何等艰难，湖北女婿想要陪夫人回湘过个年，是要冒生命危险的。

当然，除了路途艰险，古人回家过春节，要忌惮的还有路上的强盗劫匪。据《徐霞客游记》记载，这位古代最牛“背包客”曾经在路上三次遇到强盗，其中在湘江上的一次最为惊险，差点丢了性命：当时强盗先以一男孩哭泣诱骗，徐霞客的同伴不忍心，上岸去察看，回船时，强盗趁跳板还没撤，从河滩草丛里冲出来，点燃火把扑上客船，闯进舱室挥舞刀枪向客人乱砍乱戳。船客们在狭窄的空间里躲无躲处、逃无逃处，为保命只得掀开船篷、赤身裸体往冰冷的江里跳。徐霞客最后一个跳江，倒栽下水，耳朵和鼻腔都灌了水。好在他个子高（“长六尺”），水深只齐腰，挣扎出水面后，刨着水爬到相邻的运谷船上，“身无寸丝”，有位好心的船客脱了自己身上一套单衣单裤给他遮羞御寒。

在路上，还有比强盗更可怕的。

今天，欢度春节的人们，或许会到动物园看看老虎什么的，当年，那可是老虎等在路上看人。历史上有太多关于虎患的记载，尤其是明清时代，人口繁盛，四处拓展，老虎们开始走出深山，惨烈的人虎大战开始了。公然游荡在路上甚至村庄的老虎，成了时人挥之不去的噩梦。

从这个角度来看，古代也不是想象中的那么美好。一次告别，可能就是永别了。唐代诗人陈陶有两句诗催人泪下：“可怜无定河边骨，犹是春闺梦里人。”试想想，一个妙龄女子梦见了自己的心上人，而这个人早已经是万里之外的一堆枯骨了，再也不能回家过年了。

四

明朝有个大臣叫杨廷和，是四川人，很有名。他的儿子杨慎更有名，后来中了状元，写下了著名的“滚滚长江东逝水，浪花淘尽英雄”。杨廷和曾在京城国子监求学多年，有一年春节归乡省亲，先是步行到今天的北京通州大运河，然后乘船，再转船，兜兜转转大半个月，才平安到家。

国子监是古代的最高学府，没有寒暑假、双休日，但是春节放假，学生回家，国子监还提供差旅费。令今天大学生羡慕的是，国子监学生可以请长假，长假可以长达一年，如果超过一年而又不来国子监销假，就要除名。杨廷和回四川过春节，应该是请了长假。

古代的春运人群，远不如今天规模之大。孔子说过，“父母在，不远游”，当时占人口绝大多数的农民，基本上都被禁锢在土地上，很少有远游的机会。远游在外，春节有条件回家的，基本上是这么几类人：官员、考生、商人、手工艺人。

官员春节均放假。《辽宋西夏金社会生活史》一书写道：“官员的休假，大致分为公假和私假两大类，公假有节假、旬假、国忌假（笔者注：本朝先帝、先后逝世纪念日）、外官上任假、唱名后假（笔者注：给考官放的）、朝假，还有特殊情况给假等。私假有婚嫁假、丧假、病假、探亲假、私忌假等。”有意思的是，宋代官员的婚嫁假，本人结婚有九天假，亲人结婚也放假，视血缘亲近程度，假期不一：亲兄弟结婚，有五天假；曾孙、玄孙等结婚，给一天假——能享受这个假期的，应该是白发苍苍的年迈官员了。

宋朝春节放假是“假七日，休务五日”，这里的“假”是指在京的官员免予朝参，就是皇帝不上朝了，“休务”是指各级官署停止办公。对于家乡远离京城的官员来说，这几天假期，无疑是回不了家的。官员回家，基本上都请探亲假，给假最多不超过一个月，当然这是除去路程的。

其实古代官员能够请假回家过年的，并不多，因为皇帝要请大臣们一起过年。《辽宋西夏金社会生活史》写道，宋朝的春节，朝廷准许京城百姓“关扑”三天。大家都穿上新衣服，到街上去逛，“其间开设舞场、歌馆，车马交驰，热闹异常。傍晚，贵家妇女出游、关赌，入场观看或进市店饮宴”。“朝廷举行正旦（大年初一）‘大朝会’，皇帝端坐大庆殿，四名魁伟武士站在殿角，称‘镇殿将军’。殿庭列仪仗队，百官都穿戴朝服冠冕，各州进奏官手持土特产，各路举人的解元也穿青边白袍、戴二量冠立班。”各国使臣也“随班入殿祝贺。朝贺毕，皇帝赐宴。宫城前，已结扎起山棚（灯山），百官退朝时山棚灯火辉煌，金碧相射……”

如此看来，在古代，多数家在外地的官员，是很难回家过年的：路途遥远、花费颇巨、难以请假、皇帝要陪……

唐朝诗人戴叔伦有一首《除夜宿石头驿》，写尽了不能回家过年的哀怨：“旅馆谁相问，寒灯独可亲。一年将尽夜，万里未归人。寥落悲前事，支离笑此身。愁颜与衰鬓，明日又逢春。”当时戴诗人任抚州（今属江西）刺史，他家在金坛（今属江苏），抚州到金坛，哪有万里？但是对一个春节不能回家的人来说，“万里”指的是心理距离。

古今悠悠数千年，无数人漂泊在外，春节思家，酸楚慨叹，只是除了官员、士子，绝大多数平民百姓没有留下声音，还好有歌曲。

云南哀牢山《赶马调》，记录了当年茶马古道上那些马帮春节思家的歌谣，今天听起来，仍令人潸然泪下：

可怜可怜真可怜
赶马不在家过年
世上可怜赶马人
大年初一就出门
……
腊月赶马大寒节
遇着哀牢下大雪
三十晚上回不到
老娘挂儿孙挂爷
……
富豪过年在家中
马哥过年路边蹲
哀牢山中老虎叫
骡马不走就地跪
无量山中人熊笑
骡马逃鞍收不拢
赶马要给钢铃响
钢铃响着马壮胆
……

五

二十三，祭灶官；二十四，扫房子；二十五，磨豆腐；二十六，去割肉；二十七，杀只鸡；二十八，蒸枣花；二十九，去打酒；年三十儿，捏饺子……

遥想当年，经历十几天甚至数十天跋涉才回到老家过年的游子，听到这些民谣，怎能不热泪盈眶？

春节，是中国人仪式感最强的节日。这种仪式感，作为一种文化基因，深藏于血脉中，如此顽强，很难更替。或许这正是在许多许多年前，那些在缓慢的旅程中一点点靠近家乡的古人心中积淀下来的。因为回家如此艰难，团聚如此难得，春节才如此珍贵，年味才如此浓烈。

一剂叫攀比的慢性毒药

在一个资讯过于丰富的年代，感情往往容易陷入攀比之中，生出无数烦恼来。当然，攀比从来不只局限于感情，金钱的攀比带来的烦恼或者麻烦更多。

一

攀比会让芸芸众生生出莫大烦恼，是因为攀比往往发生在以自己为中心的熟人社会。大西北农村的一个王老汉，绝不会去跟李嘉诚攀比，只会更在意隔壁李老汉——为什么我今天中午吃的是玉米窝头，他却吃了白面馒头？王老汉不会盯着李嘉诚的商业帝国，他只会盯住那一个白面馒头，梗在心里，怏怏不乐。

这种基于自身社会体验而产生的强烈的对比，很伤人。例如人们说起来意义复杂、为之伤神的同学聚会，大家都从同一个时间点散开，如今重新聚拢，境遇却各不一样。那些自认为混得差的，往往会心理失衡，也往往为掩饰这种差距，各种装。比如，有新闻说，两人在同学聚会中假装有钱抢着买单，争执不下，又喝了点酒，一人把另一人给打成重伤了。

像同学、战友或者同乡等等拥有共同特殊记忆的人，往往更容易陷入攀比——都是从同一个起点开始，为什么他就过得比我好呢？

当年，孙膑和庞涓是同学，拜鬼谷子先生为师一起学习兵法。同学期间，两人情谊甚厚，并结拜为兄弟，孙膑稍年长，为兄，庞涓为弟。结果两人反目成仇，轮番斗法，最终庞涓中了孙膑的圈套，被乱箭射死。悲剧发生的原因就在于庞涓不愿意老同学比自己强，设计把孙膑害成了下半身瘫痪。

二

在许多语境中，“攀比”是个略带贬义的词，贬义更重的是“嫉妒”，反义词则是“知足”。但大家都知道，“知足”是最困难的了。

西晋时，石崇曾与王恺斗富，以蜡代薪，作锦步障五十里。后来他因不舍得爱妾绿珠而被对头杀上门来，石崇对绿珠叹息说：“我现在因为你而获罪。”绿珠流泪说：“愿效死于君前。”然后坠楼而死，石崇想拉却来不及拉住。石崇死到临头，还把原因归结于一个女人身上，他不知道，祸根早在当年疯狂的攀比中就已埋下。

古代有首讥讽人心不知足的歌，就叫《不知足歌》：“一天忙碌只为饥，刚得饱来又思衣；衣食刚得双份足，房中缺少美貌妻；有了娇妻并美妾，出入无轿少马骑；骡马成群田万顷，无有官职怕受欺；六品七品嫌官小，四品五品也嫌低；当朝一品当宰相，又想面南当皇帝……”在古代，没有比当皇帝更宏大的志向了，因为“普天之下，莫非王土；率土之滨，莫非王臣”，也就是说，当了皇帝，就有了自由支配一切资源的能力，怎能不吸引人？

当皇帝的这个志向，一般人想都不敢想，即使想也深藏心中，说出有株连九族的危险。但《不知足歌》还没完呢：“当了皇帝想神仙；成了神仙想玉帝……”事实上，中国历朝历代皇帝中，很多人还想超越自己的至尊身份，有的“还想再活五百年”，有的沉迷于长生不老药，还有的直接把自己加封为神仙的，比如明朝嘉靖皇帝朱厚熜，一生给自己封了三次仙号，仙号长得神仙看了都头大。

跟《不知足歌》相似的是，西方有个经典童话叫《渔夫和金鱼》。渔夫放生了一条会说话的金鱼。他的老婆很贪婪，一开始找金鱼索要一个新木盆，然后要木房子，又要变身世袭的贵妇人、自由自在的女皇，最后，女皇之位也满足不了她了，她提出：“要做海上的女霸王，让我生活在海洋上，叫金鱼来侍候我，让我随便使唤。”这一次，金鱼没答应，渔夫回到家里，“他前面依旧是那间破泥棚，他的老婆坐在门槛上，她前面还是那只破木盆”。

这个故事很有些东方“黄粱一梦”的玄妙之处，耐人寻味，贪婪者最在乎的，还是不受约束的支配资源的能力，比如对渔夫妻子而言，掌握那条神奇的金鱼而不仅仅是皇位，才能让她知足。

三

1863年底，李鸿章攻克太平军占领的苏州后，看到了忠王李秀成的忠王府，虽是见多识广，也不由惊叹：“琼楼玉宇，曲栏洞房，真如神仙窟宅。”在太平天国中后期，各种王对豪宅的爱好与攀比，甚至超过了他们的敌人清朝贵族。

一直到苏州城破，忠王府还没完工。对了，今天的苏州拙政园，就是忠王府的一部分。李秀成在南京还有一处忠王府。当然，比忠王府更牛的是天王府，洪秀全打下南京才一个月，就开始大兴土木兴建天王府，以原两江总督署为基础，向外扩展十里，每天征用万余民工，拆毁民房万余间。由于建材不够，还把明故宫的一些建筑拆了，把拆下来的建材拿去建他的天王府。天王府里最多的是黄金，除了王冠，洪秀全用的浴盆、夜壶等，都是黄金打造的。但天王府藏的奇珍异宝还不是最多的，最多的是杨秀清的东王府，毕竟在复杂的太平天国领导层中，天王只是天子，而东王是天父。

太平天国的领导层多是贫苦农民出身，当初穷得没有立锥之地，打下一部分江山，还未坐稳，南京城外清兵云集，城内就开始迫不及待大兴土木起高楼宴宾客了，而且好攀比，看谁的豪宅更豪。另一个有特色的攀比，是封王。据统计，太平天国一共封了 2700 多位“王”，每个“王”都得建王府吧，都得纳王妃吧，都得养亲兵吧。

可以说，腐败搞垮了太平天国，而攀比又加剧了腐败。

在当代，这种攀比仍然可见。

四

在中国历史上，人品与文品极不相称的，唐人宋之问可算一个。

宋之问的诗文功力均很深厚，一度很得武则天的欢心，但此人人品低下，投机钻营，太平公主得势，他就讨好太平公主，后来安乐公主得宠，他又倒向安乐公主。这也成了他最后死于宫廷斗争的导火索。

但宋之问最奇葩的故事，不是他在官场上趋炎附势，而是另一桩事。据说，宋之问见其外甥刘希夷的一句诗“年年岁岁花相似，岁岁年年人不同”颇有妙处，便想占为己有。刘希夷不从，宋之问便用装土的袋子将刘希夷压死了。

舅舅为了一句好诗，把外甥干掉，确实离奇。这桩命案在唐人笔记中多有记载，也让宋之问背上了“因诗杀人”的骂名，虽然后代学者对此有过质疑，但大抵因为宋之问人品实在太差，更多人感觉这事就是他干的。

当然，不同的时代，会有不同的攀比。在唐代，李白能够因为好诗“天子呼来不上船”，白居易能够因为好诗而在长安“易居”……那是一个诗人牛气哄哄的年代，不会写诗根本没法混。

其实也是有人在背后引导攀比。

五

法国著名作家莫泊桑的《项链》，是写“攀比”写得非常好的作品：小公务员的妻子玛蒂尔德为参加一次晚会，向朋友借了一串钻石项链，来炫耀自己的美丽。那个晚上她大出风头，不料，项链在回家途中不慎丢失。她只得借钱买了新项链还给朋友。为了偿还债务，她节衣缩食，为别人打短工，整整劳苦了十年。最后，她才得知所借的项链，原是一串假钻石项链。

小说中的小公务员妻子，她是个小人物，为了一时的梦想，却要付出十年的代价。

如果按照马斯洛的需求层次理论，刚刚达到了安全需求的玛蒂尔德，在试图上一个阶梯完成自己的社交需求和更高层次的尊重需求时，付出了惨重代价。但穷人就只能停留于生理需求和安全需求吗？他们如何体面地满足更高层次的需求？这在今天，仍然是一个沉重的话题。

有一个开导人的童话故事说：一只小老鼠整天被猫追来追去，十分烦恼。于是，它去求见上帝，央求上帝说："你把我变成猫吧，这样我就不用被猫追了。"上帝答应了，把它变成了猫。可是变成猫以后，又被狗追来追去，它觉得还是老虎比较厉害，于是又央求上帝把它变成了老虎。可是，变成老虎它还是不满足，又苦苦哀求上帝把它变成了大象，突然有一天它的鼻子痒得受不了，它恨不得把自己的鼻子割下来，后来从它的鼻子里边钻出来一只小老鼠。这时，它才明白，原来做小老鼠也挺好的。从此以后，小老鼠再也不攀比了。

这个故事注定只是没有营养的心灵鸡汤，它想说明的是"做自己才是最好的"，但如果能够选择做大象，即使整天鼻子痒得要死，也比做一只老鼠好。不安于现状，有一个目标，努力改变自己，这是社会得以进步的重要推动力。问题是，如何界定一些行为是攀比，还是竞争、上进？

或许，攀比就是一剂慢性毒药，有人不用，有人需要，有人却用得过量。这就是真实的人生，或者是人生的一个过程。

越过山丘，才发现无人等候

2013年新年到来之际，李宗盛的歌《山丘》突然在微信朋友圈刷屏。准确地说，是《山丘》中的一句歌词“越过山丘/才发现无人等候”在刷屏。就像生日之于个人，没有什么比新年更让大众感觉时光逝去了。许多人在微信里互相祝贺“新年快乐”“新年平安”的时候，或许在兴奋慢慢淡去之后，开始感到由淡入深的孤独：我的心还年轻，人却老了一岁。

新年，或许就是人生中的一个山丘，你满怀憧憬地爬了上来，却发现，你期盼的人并未等在那里。

一

“再不爱，就老了”，这句话打动过很多人，但很多人的结局是“还没好好爱，就老了”。

李宗盛的《山丘》，不乏各种解读。有人说，李宗盛坐在50岁这个山头上感慨：可能还是没成熟，还是没活明白，居然就已经50岁了，快老了，可“心里活着的，还是那个年轻人”。但更多的人，将这理解为关于爱情的感怀。

“想想这一生，人生的境况是：想得的，得不到；该舍的，舍不得；50 岁了，非常悲摧，没正经事，只顾着与往事纠缠……”乐评人李皖在《李宗盛：五十岁，拍马越山丘》一文中这么写道。

每个奋力朝前奔跑的人，即使前方的希望把他的脸庞吹得明丽清爽，仍然眼中有泪，脚下沉重，那是无法摆脱的回忆。但更残酷的是，他们奔到目的地后，却发现那里并非自己所期待的样子。

时间最是无情，有些人想让时间静止，有些人却想让时间加速，早点实现自己的梦想。两千多年前，有一个孩子或许会盼望自己早点长大，长大后就能够与自己的心上人在一起。这是一个关于青梅竹马的美好故事：“（刘彻）数岁，长公主嫖抱置膝上，问曰：‘儿欲得妇不？’……长主指左右长御百余人，皆云‘不用’。末指其女问曰：‘阿娇好不？’于是乃笑对曰：‘好，若得阿娇作妇，当作金屋贮之也。’长主大悦。乃苦要上，遂成婚焉。”

这个故事出自志怪小说《汉武故事》，说的是刘彻小时候被长公主抱在怀里指着一堆美女问：“想娶老婆吗？看上她们哪一个了？”这群美女足足有百人之多，但小朋友谁也看不上，直到看到阿娇，他笑道：“就是阿娇啦，如果能娶阿娇为妻，我为她打造一座金屋，让她住在里面。”

这就是“金屋藏娇”一词的由来。这本是闲人自古至今都乐此不疲的娱乐儿童的玩笑，只是贵族开这玩笑时排场大，候选人多达百人，而且小朋友开口就是金屋的承诺。童言无忌，刘彻和阿娇，估计也没把这当作玩笑，能够想象阿娇的美丽可爱，能够想象刘彻的一见钟情。

长大成婚，是这对孩子期盼的山丘。公元前 141 年，他俩都长大了，刘彻即位，即日后赫赫有名的汉武帝，阿娇当了他的陈皇后。就像无数童话故事一样，“王子和公主，从此幸福地生活在一起了”。但这对带着儿时美好记忆与承诺走到一起的两个人，却是以悲剧结尾。

史载，陈皇后一直无子，后来刘彻爱上了卫子夫，她是汉代名将卫青同母异父的姐姐。陈皇后醋意大发，寻死觅活，刘彻对她越发不满。发展到最后，陈皇后冒天下之大不韪，与女巫楚服等人在宫内施行了巫蛊之术。元光五年（前 130），陈皇后行巫蛊的事情败露后，楚服枭首于市，相连及诛者三百余人。陈皇后被废，退居长门宫。

这无疑又是一个宫斗的故事，但能够想象，那个长大成人的女主角阿娇，那个沉浸于美好童年回忆的阿娇，在她期盼的山丘上，却发现是另一番让她痛不欲生的光景。她后来迷信女巫，是不是想通过巫术，让多年前承诺金屋的男孩，再回到她的身边？她多么盼望当年的那一幕能够重现：在百余名美女中，只有她一人被看中，她是那么自信，那么骄傲，那么光彩照人。

只是，她和他长大了，山丘上却站满了人，她被挤下了，“喋喋不休，再也唤不回了温柔……”

二

很多人在寻找与等待中，度过了自己的一生，越过一座又一座山丘，邂逅一个又一个人，青丝变白头，最终却什么都没得到。

“塞上牛羊空许约”，这是金庸小说中最令人怅然的爱情悲剧。萧峰与阿朱，两个苦命人，深深相爱，她在雁门关外苦守五天五夜，换得他的柔情初动，说等杀了仇人，陪她驰马打猎，放牛牧羊。多么令人神往的约定，但她没等到那一天，就在爱人的怀中香消玉殒了。那个“鹅蛋脸，眼珠灵动，另有一股动人气韵”的黠慧女子，从此留在时间里，只剩另一人，独自前行，虎目含泪。

这个世界上有很多关于寻找的故事，有的没找到，有的找到了，还有的也算是找到了，却是意想不到的结果。所谓造化弄人，便是如此了。

20 世纪 80 年代，徐小明导演过一部动作片《海市蜃楼》，说的是民国时期，充满浪漫主义情怀的摄影师唐庭轩，随商队行进在新疆沙漠中，这时远方突然出现了神奇的海市蜃楼，翩翩一骑骏马，载着一位神秘女郎迎面而来，唐庭轩及时拍下了这张珍贵的照片。回家后，他对神秘女郎一直不能忘怀，执意要找到她。于是又踏上了艰苦的寻梦之路，同行美女对他情有独钟，而他却执意要寻找那个只在海市蜃楼中见过的幻影，他的女主角。

男女主角后来真的会面了，只是以一个谁也没想到的情景：在与蒙面匪徒生死格斗时，唐庭轩挥刀挑开了对方的面纱。他惊呆了，对的，蒙面人就是他愿意付出生命来寻找的女主角，一个残忍的嗜血女匪。

他爱的只是幻影，而不是现实中的这个真实的人。他越过山丘，她刚好在那里，然而，他与她最终生死相搏。

无数人在寻找中坚信：那个人总会等在某一个地方，等着与我相逢。

谁能料到，是一个什么样的相逢场景？

唐朝崔护有诗《题都城南庄》：“去年今日此门中，人面桃花相映红。人面不知何处去，桃花依旧笑春风。”有时候，寻而不得，或许是件好事。越过山丘，无人等候，却有风，带来温暖的回忆。

三

人性的弱点，是选择性地相信自己愿意相信的美好结局。在美好期冀中，人们都各得其所，得偿所愿。但希望中是什么样，现实中并不一定是什么样。这种悲剧充斥着历史。正如一句哀怨的古诗，至今读起仍让人惆怅无比：“可怜无定河边骨，犹是春闺梦里人。”

她在温暖的梦中，等到他回来，结婚生子，白头偕老；而他早在遥远的某场残酷的战斗中倒下，皮肉烂尽，只剩白骨，半埋土中。

但再多的悲剧，也无法阻止一代又一代人的信念：我相信这个世界上的某个地方总有一个适合我的人，那个人一直等在一个地方，等待着在合适的时间与我相遇。

《东周列国志》中，有一个温暖的故事：一个名叫弄玉的女孩，她是秦穆公最小的女儿，“姿容绝世”，且聪明无比，擅长吹笙。这个集美貌与智慧于一身的女孩，从小立下宏愿，不做政治交易的工具，一定要找到一个同样擅长吹笙的男子，能够与她相互应和，非此良人，誓不出嫁。

秦穆公真是一个好爸爸，为女儿看似完全不可能的愿望，四处寻找合适的男生，却一直找不到。恰恰在这个时候，弄玉做了一个梦：西南方天门洞开，五色霞光，照耀如昼。一美丈夫羽冠鹤氅，骑彩凤自天而下，立于凤台之上……弄玉醒后，告诉秦穆公，穆公即刻派人去太华山访问，于是男主角萧史出现了。“山上明星岩，有一异人，自七月十五日至此，结庐独居，每日下山沽酒自酌。至晚，必吹箫一曲，箫声四彻，闻者忘卧，不知何处人也。”

这自然是一个美男子，穆公问他是否会吹笙，他却回答自己只会吹箫。穆公叹气，心想这不是适合咱女儿的人。幸好弄玉请萧史吹奏一曲，书上这么描写萧史的箫声：“才品一曲，清风习习而来。奏第二曲，彩云四合。奏至第三曲，见白鹤成对，翔舞于空中；孔雀数双，栖集于林际；百鸟和鸣，经时方散。”男女主角自然有了一个美好的结局：琴瑟和鸣，成千古佳话。

弄玉和萧史的故事，更像是一个传说，但也不妨让人想象：假如弄玉没等到萧史，她会一直等下去吗?

东汉的时候，有个著名的单身女，名叫孟光，三十岁了，还没嫁。书上说她“肥丑而黑，力举石臼”，是个黑胖的女子。这般外貌，如果择偶条件放低一点，要嫁出去也没问题，但孟光很有主见，单就单着呗；她父母也很开明，单就单着呗。直到有一天，父母问她：“为什么要将那些来提亲的人拒绝掉？你在等待的究竟是一个什么样的夫君呢？”孟光回答说：“要嫁就应该嫁给梁鸿一样的君子。”

梁鸿是当时有名的高洁之士，以人品好著称乡里，还是一个帅哥。他听说此事后，居然马上上门提亲了。这夫妻俩真的幸福地生活在一起了。史料记载，孟光每次为梁鸿呈上食物的时候，都会把食具举得与自己的眉齐高，以表示对夫君的尊敬——“举案齐眉”

就是这么来的。

即便越过山丘，可能无人等候，但依然要朝这山丘而去。在《星际穿越》中，一位女科学家为了寻找第一批出发的心上人，穿越了史上最遥远的距离，等她找到外太空那个荒凉的星球时，心上人已经不在了，而她再也回不到地球。还好，这部电影有个温暖的结尾：男主角正驾驶飞船朝她而去。她还在等待。

有句话说："还是要有梦想，万一实现了呢？"其实，不管曾有多少关于寻找的悲剧，还是要坚持寻找，万一找到了呢？

长大后，为什么会厌恶自己

为什么我会变成这个样子?

人们盼望着成长，茁壮或艰难成长，突然在某个节点，开始厌恶自己。这远不仅仅是成长的烦恼。

一

有一个男人，吃了败仗，无路可走，只能投奔一个远亲，寄人篱下，一连几年，无所事事。某一日，他与远亲对饮，喝多了几杯，去上厕所，归席后突然泪流满面。主人很奇怪，问:“你怎么了?”当然，他流泪不是因为失恋或者股市狂跌，而是因为在上厕所时，看到自己大腿上长出肥肉了。

大家或许会感觉这人太矫情，男人大腿长点肥肉有什么好哭的?你又不是模特。但这人是刘备，在《三国志》中，刘备爱哭是出了名的，哭是他的战术之一。不过，这次哭倒真是有感而发，因为他感觉自己在蹉跎岁月、浪费生命。因为此前他是一个骑马打天下的肌肉男，天天骑马，十分健壮，而不像现在这般松松垮垮地抖着两团肥肉。

在战乱年代，肥胖是一个重大缺陷。传闻明末著名的胖子福王朱常洵（据说重达300斤）在洛阳被李自成攻破之际，本来有机会逃生，结果因为太胖，翻不过城墙，结果落入闯军之手，死得极惨。他的儿子朱由崧则在大臣护卫下越城而逃，后来在南京被拥立为南明弘光帝。能够想象，当那个有着大白一样肥大的身躯却没有大白敏捷身手的胖子，在绝望地费尽全力却无法完成一次引体向上的动作时，他多么憎恨自己的一身肥肉，多么后悔没有减减肥。

这种关键时候掉链子的胖子，还有不少。例如，金哀宗完颜守绪，被蒙古军队与南宋军队团团围在城中，眼看城要破了，想突围，却因为太胖，没法骑马。他把皇位禅让给了身手敏捷的完颜承麟，希望后者能成功杀出重围，保住大金国祚，然后他自缢身亡了。想想也真可怜：凭骑马打下江山建立金国的女真人，结果居然胖得不能骑马了。金哀宗自杀前，估计也是满心悲哀，厌恶自己的一身肥肉。

厌恶自己，很多时候是因为身体原因。岁月是把杀猪刀，翩翩少年，长成了肥伯；青葱少女，变成了胖婶。多么郁闷，多么自卑。1907年，距离A.阿德勒出版著名的《超越自卑》还有二十几年的时候，他发表了有关由缺陷引起的自卑感及其补偿的论文，名声大噪。他认为：由身体缺陷或其他原因所引起的自卑，不仅能摧毁一个人，使人自甘堕落或发生精神病，在另一方面，它还能使人发愤图强，力求振作，以补偿自己的弱点。按这种理论来说，刘备应属于后者，憎恨自己大腿的肥肉，流下自卑的眼泪，然后又开始了骑马健身的生活，迎来了自己人生的一大辉煌：赤壁之战。

网上有句话很流行："体胖还需勤跑步，人丑就该多读书。"但有相当数量的中年男人不爱健身、不注意体形是出了名，他们腆着大肚子，还顾盼自“雄”，却对女人体形要求很高。这是一个奇怪的现象。只能说，在某些男人与女人心目中，权力、金钱的魅力，远远大于身材。

二

这篇文章，说的不是全民健身的重要性。事实上，很多人长大后厌恶自己，倒不完全是因为身体的缺陷，而是因为长成了自己原本讨厌的那个人。

《红楼梦》里，刘姥姥一出场，就是个被人嘲笑的对象，林黛玉甚至刻薄地讥讽其是“母蝗虫”。是啊，大观园里锦衣玉食的少女们，都以为自己老了以后会变成贾母，享尽人间富贵，她们没想到，她们很多人长成了刘姥姥，有的甚至下场比刘姥姥还悲惨得多。《红楼梦》的伟大，也正在于写出了命运变迁的悲剧。

年少的时候，总有很多梦想，总以为自己是为梦想而活着，但人生从来不是自己理想的模式。长大以后，没有考上心仪的大学，没有追到暗恋的女孩，没有获得理想的工作……照样上学、就业、结婚，时光飞逝，转眼人到中年，突然在某个夜晚难以入眠，心有不甘，恨声连连，厌恶这平庸的自我、无趣的人生。

三

越王勾践，中国历史上的优秀“演员”，兵败被俘后，堂堂一国之君，忍受着旁人无法忍受的耻辱，居然还能表现得甘之若饴，简直像一个受虐狂。

历史上这种“演员”很多，他们变成了自己厌恶的人，却因此活了下来。

帮助刘邦打下江山的萧何，是汉朝建立后少有的没有被诛杀的功臣。萧何从小就是个追求美德的人，勤俭节约，从不奢侈浪费，成为刘邦的称职大管家。刘邦在外打仗，每次萧何派人输送军粮到前方时，刘邦都要问：“萧相国在长安做什么？”使者回答：“萧相国爱民如子，除筹备军需以外，无非是做些安抚、体恤百姓的事。”刘邦听后，总是默不作声。萧何仍然勤奋工作，直到有一天门客提醒他：你快要被满门抄斩了！

萧何大骇，忙问其故。那门客分析说：你现在深得民心，老百姓都拥护你，你还在想尽办法给他们办实事，皇上怎会不以为你在收买人心呢？后果很严重啊。萧何问怎么办，门客建议就三个字：干坏事。把自己的名声搞坏了，失去民心，皇上就放心了。可萧何最看不起的就是贪官污吏了，最不愿意干的就是欺压百姓了，但摊上一个残忍多疑的皇帝，有什么办法呢？

于是，当刘邦凯旋时，有一群老百姓控告萧相国用低价强行购买民间的土地房屋，价值数千万之多。刘邦回到宫中，萧何前来拜见。刘邦笑着说：“当相国的竟然侵夺民众的财产，为自己谋利！”这一笑，内涵丰富：这老小子这么贪财，连一张老脸都不要了，自然也不会夺我的皇位了。于是萧何安全了，刘邦死了，他还活着。他跟韩信不一样，韩信喜欢装君子捞名声。

自污名节以求保全性命，这体现了极糟糕的政治生态。皇帝多疑嗜杀，最不喜欢那些为了远大理想不犯错误的臣子。臣子为保命，就得自我表白没有野心，就得故意犯错误把自己弄“脏”，就等于全无人格可言。此类例子很多，例如刚烈执着、不改初心的岳飞死了，而广置田宅的韩世忠活了下来。当时南宋还有一员名将叫吴玠，他与岳飞有“千里赠姝”的故事：吴玠为了让皇上放心，表现得很贪好女色和丹药，岳飞“家无姬侍，吴玠素服飞，愿与交欢，饰名姝遗之。飞曰：‘主上宵旰，岂大将安乐时？’却不受，玠益敬服”。吴玠一直很佩服岳飞，想送个美女给他，岳飞大义凛然地说：“皇上为了江山大业，这么辛苦，咱们做大将的，怎么能贪图安乐呢？”就把美女退回去了，经此一事，吴玠更佩服岳飞了。然后他继续过着醇酒妇人的淫靡生活，岳飞却惨死了。

不过，吴玠以女色丹药自污名节，后来也因此而死，只能说他入戏太深了，在假装堕落的路上，真的堕落了。

明朝著名大才子唐寅，是一个少年天才，大家期待、他也相信自己将金榜题名、平步青云，然而赴京会试时误入“艰难模式”，因舞弊案受牵连入狱，出狱后心灰意冷之时，被宁王朱宸濠重金聘去。这宁王正在计划造反，到处招募人才。史载，“宁王宸濠厚币聘之，寅察其有异志，佯狂使酒，露其丑秽。宸濠不能堪，放还”。唐伯虎还是比较有智慧，看出这个宁王会出大事，于是瞬间把自己从“才子模式”转换成“疯子模式”，而且疯得彻底，在大伙儿面前裸奔，宁王受不了了，觉得这是废人，就把他送走了。后来宁王之乱被王阳明平定，一堆跟着他的人都被杀了，唐大才子没事。

四

自古至今，很多人不想以后变成自己厌恶的人，他们采取了各种办法，修身养性，尤其是强调“坚持理想”与“拒绝诱惑”。例如，被捧为“千古第一完人”的曾国藩，每天记日记，对每天言行进行检查、反思，贯穿大半生，他不断给自己提出更多要求：要勤俭，要谦逊，要仁恕，要诚信，知命惜福……

像曾国藩习惯在自省中坚持自我、提高自我的人，毕竟太少。大多数人，无法坚持理想，无法拒绝诱惑，就像一个段子所言：小时候的梦想是当警察叔叔，现在实现了一半，当了叔叔。长大了，失望了，厌恶自己，继续活着。

还有一种类型的人，他们长大之后，不厌恶自己，只是怜惜自己怀才不遇：学得屠龙术，却只能用来杀鸡，满心的委屈，逢人就带着哭腔诉说命运之不公。当然，还有不得不说的另一种类型的人，他们长大之后，一点儿也不厌恶自己，反而把自个儿崇拜得不得了，换句话说，叫“自我圣化”。

明朝有个太监叫王振，读书人出身，略通经书，后来又做了教官，但是他不想走科举寻常路，于是另辟蹊径，进皇宫当太监。史称王振“狡黠”，善于伺察人意，情商很高，混得风生水起。待到他服侍的太子当上皇帝，王振自我感觉好极了，他认为自己干什么都是专家，比如打仗。1449年，瓦剌军来犯，王振怂恿皇帝亲征，俨然以明朝第一军事高手自居了。结果前方兵败，大军后撤，王振不知怎的，脑袋搭错了一根筋，要带着皇帝和大军绕道到他的老家“驾幸其第”，显摆显摆：当年我走了，现在皇帝都跟着我回来了，牛吧！

于是大军乱糟糟地往他老家走，走着走着，他脑袋又搭错了一根筋：担心大军损坏他的田园庄稼，于是又变换行军路线。结果被瓦剌军追上包围在土木堡，全军覆没，皇帝被俘，“自我圣化”的王振，被护卫将军樊忠以棰砸瘪了脑袋。

太监王振到底是什么心理？翻翻 A. 阿德勒的名著《超越自卑》，或许可以找到答案：人类的行为都是出于自卑感及对自卑感的克服与超越。个人克服自卑感，将其转变为对优越地位的追求，以获取光辉灿烂的成就。

在今天，这种心态也颇多：无法像一些学术大家那般潜心钻研，却通过一些调子很高、很吸引眼球实质上很不靠谱的言论，来获取关注与声誉。也就是说，试图克服与超越个人理性的缺陷，来博取明星的光环。

美国著名的经济学家托马斯·索维尔所著《知识分子与社会》一书，通过大量历史和现实的案例，分析说：很多时候，声名显赫的知识分子为社会病症所开出的“药方”，经常被实践证明并非良药，反而会带来巨大的、灾难性的后果。但知识分子却常常无视那些灾难而固执己见。他对“自我圣化”的知识分子进行了严厉批评，说他们习惯于“圣化自己的观念”，认为只要按照“圣化构想”去改造整个社会，就可以解决所有的问题；与此同时，他们还习惯于从“圣化自己的观念”到“圣化自身”，不仅仅把自己看成是精英，而且还是圣人般的精英。遗憾的是，他们往往严重缺乏专业性，即“媒体知名度与其学术声誉正好呈相反趋势”。

从这个角度来说，与固执的自我崇拜、自我圣化相比，偶尔厌恶自我、憎恨自我，倒是要正常得多了。

真有一种爱情，来自“霸道总裁”吗

2021 年了，“霸道总裁文”还在风行吗？

“霸道总裁”，一个很奇特的角色，很奇特地就成了万千姑娘魂牵梦绕的感情寄托。“霸道总裁爱上我”，几成她们朝着这个时代呐喊出的最强音。

但是，真的有一种爱情，来自“霸道总裁”吗？

一

霸道总裁题材的小说与影视，林林总总，主题都是年轻、英俊、多金、孤傲或曰粗暴的“霸道总裁”，突然就无法控制地爱上了中等姿色、无甚优点的“我”，而且爱得专一、爱得张扬、爱得疯狂，当然，最主要的特点是爱得霸道，爱得粗暴，爱得不容分说。

无疑，霸道总裁文，写的都是现代版灰姑娘的故事，但既然此前已有广为流传的灰姑娘的故事，模仿者很难创造新的经典，事实上，霸道总裁文流行，正是言情文学水准在当今的极大退化。

退化体现于细腻描摹爱情之能力的丧失。一个“情”字，缠缠绵绵几千年，写不尽道不完，所谓“天若有情天亦老”。爱情的魅力，就在于不可捉摸，没有固定范式可言，热恋中的男女必须全身心投入去感受与捕捉，诚如三毛曾经说过的一句话：“爱情有如佛家的禅——不可说，不可说，一说就是错。”

霸道总裁文呈现的，是一种程式化的“爱情”，或者说，对于处于弱势地位的女方来说，这是一种懒惰的爱情、一种被动享受的爱情。懒惰、被动享受，这两大关键词，恰恰是霸道总裁文创作与阅读均很红火的原因。

试想想，一个平凡女孩，不用怎么努力，不用怎么奋斗，不用怎么折腾，突然间就被某个总裁霸道地看中，然后被他宣布“你是我的女人了”，这个女孩从此半推半就地拥有了一切：充裕的物质条件和专一的男人。充裕的物质条件很关键，“霸道总裁”的关键不在于前面的“霸道”而在于后面的“总裁”，如果只是个霸道的穷光蛋，那就是老炮儿。

当然，有“总裁”兜底，“霸道”也是必不可少的。一个平凡女孩，转眼间嫁入豪门，而且豪门内还有人专一地爱着，从此开始在宝马车上笑得幸福的生活，而且拥有这幸福还不用背负任何道德上、舆论上的压力，不会被攻击为攀龙附凤、狡猾上位的心机女孩——他很霸道，我是被强迫的，我是被动享受这一切的……诚如一句网络流行语——“怪我咯”。

所以，霸道总裁的爱情，是一种突如其来、来势凶猛、居高临下、莫名其妙的爱情，创作者不用千绕百回地描摹年轻男女的微妙感觉，受众也不用烧掉一堆脑细胞去体验难以言说的恋爱味道，“虐心”足矣。这已能让读者在强烈的代入感中，感动得掩卷发呆、热泪盈眶，发出满足的叹息，畅想着，期待着某一日自己也能像灰姑娘一样，成为“王的女人”。

但是，灰姑娘只是一个童话故事。

二

宋太祖赵匡胤打下江山，建立宋朝，征服当时腐败无能的后蜀，国主孟昶出降，其妃子艳丽无双的花蕊夫人一起做了囚徒，被押到开封。

据说，宋太祖初见花蕊夫人时，照例叱责她是红颜祸水，使孟昶耽于游乐，荒淫失政而亡国。花蕊夫人无奈，诵了一首流传千古的诗：“君王城上竖降旗，妾在深宫那得知？十四万人齐解甲，更无一个是男儿。”才貌双全，还这么有思想，宋太祖对花蕊夫人一见倾心。他的爱是霸道型的，这次见面后仅过了数天，孟昶暴卒，花蕊夫人随后被召入宫中，集万千宠爱于一身。

花蕊夫人之死，有多个版本。有说她因年长色衰失宠，郁郁而死。更多的说法是，她死于宋太祖弟弟宋太宗赵光义之手。死于赵光义之手也有两个版本：一个是讲宋太祖死后，赵光义即位，他早就对花蕊夫人垂涎三尺，此时便逼她就范，遭拒绝后，恼羞成怒，一箭将她射死。但流传更广的版本是，赵光义当着宋太祖的面，“调弓矢，引满拟兽，忽回射花蕊，一箭而死”，然后抱着宋太祖的双足哭拜道：“陛下方得天下，宜为社稷自重。”意思是大哥您不能为一个女人荒废了国事，所以弟弟我替您除掉这红颜祸水。事已至此，这个皇帝哥哥还能有什么办法呢？宋太祖只能“不多言，饮射如故”，那个千娇百媚的女人，瞬间香消玉殒，他就当什么事都没发生一般。

赵匡胤与花蕊夫人，堪称古代版霸道总裁的爱情，在一个时间节点上，他们或许如胶似漆，但把这段时间拉长来看，这是极不平等的爱情，男的并不在乎，而女方亦无安全感可言。

所谓“安全感”，正是无数以强烈代入感来沉醉于霸道总裁文的受众所追求的。是的，这是一个未来太难预期、不容易寻找爱情的年代。

三

当然，没有必要去嘲笑幻想“霸道总裁爱上我”的人们。毕竟，幻想是人类基本的娱乐，不过耐人寻味的是，被幻想主体的变化。

中国古代传奇中，贵族、富家小姐突然爱上落难的贫寒书生，私订终身甚至以身相许的故事，比比皆是。这类富有前瞻眼光的小姐，往往都才貌双全、敢爱敢恨，而且不嫌贫爱富，性格坚毅，不怕等待，哪怕年华似流水，哪怕势利的父母逼婚，哪怕家道中落吃糠咽菜，她们也要等等等，为情郎守身如玉，为情郎坚贞不屈，一直等到情郎高中状元、敲锣打鼓回来娶自己，皆大欢喜，从此幸福地生活在一起。

这是穷酸书生的白日梦。据统计，中国明清两朝学子高中状元时平均年龄分别为 32.3 岁和 31.9 岁，这个年龄早已过了一般古人的结婚年龄。那些中了状元回去找于己有恩的姑娘结婚的故事，纯属虚构——古人一般十五六岁就已结婚了。但“小姐救难”之幻想，却告慰了无数的读书人，他们寒窗苦读，他们千里赶考，他们名落孙山，他们屡败屡战……他们的精神世界里，有个伟大的姑娘在专一地等着。

有人分析说，古代是年轻男子幻想“富家小姐爱上我”，今天是年轻女子幻想“霸道总裁爱上我”，原因在于古代女性识字率低，这类白日梦的故事，主要是写给男性读者看。今天当然不一样了，女性读者已占半壁江山，自然会有大量专门供给她们的读物——即使是“霸道总裁文”这类快餐读物。谁能制造幻想，谁就能赢得市场。

或许，“霸道总裁爱上我”，正是当今婚恋困境的一个折射。弗洛伊德曾说过：“幻想只发生在愿望得不到满足的人身上，幻想的动力是未被满足的愿望，每一个幻想都是一个愿望的满足，都是一次对令人不能满足的现实的修正。”不能只聚焦于女生的幻想，还要想想：中国传统文化中女性的最佳婚恋对象何时由温润如玉且多金的谦谦君子变成了霸道总裁？

很可能的是，哪怕到了 2050 年，霸道总裁小说和影视作品仍然会继续占有一席之地，只是希望炮制者更用心一些吧，让人对爱情多些美好想象，不要再出现这样的霸道示爱：“我要让所有人知道，这个鱼塘，被你承包了！”